本书受国家社科基金（12BGL036）、浙江省哲学社会科学重点研究基地（技术创新与企业国际化研究中心）、浙江工业大学人文社会科学后期资助项目的资助

中国制度背景下企业财务结构异化及其治理研究

雷新途　著

中国财经出版传媒集团
中国财政经济出版社

图书在版编目（CIP）数据

中国制度背景下企业财务结构异化及其治理研究／雷新途著．－－北京：中国财政经济出版社，2019.11

ISBN 978－7－5095－9387－5

Ⅰ.①中… Ⅱ.①雷… Ⅲ.①企业管理－财务管理－研究－中国 Ⅳ.①F279.23

中国版本图书馆 CIP 数据核字（2019）第 243879 号

责任编辑：彭　波　　　责任印制：史大鹏
封面设计：卜建辰　　　责任校对：徐艳丽

中国财政经济出版社 出版

URL：http://www.cfeph.cn
E-mail：cfeph@cfeph.cn
（版权所有　翻印必究）

社址：北京市海淀区阜成路甲 28 号　邮政编码：100142
营销中心电话：010-88191522
天猫网店：中国财政经济出版社旗舰店
网址：https://zgczjjcbs.tmall.com
北京财经印刷厂印刷　各地新华书店经销
成品尺寸：170mm×240mm　16 开　16 印张　262 000 字
2020 年 12 月第 1 版　2020 年 12 月北京第 1 次印刷
定价：68.00 元
ISBN 978－7－5095－9387－5
（图书出现印装问题，本社负责调换，电话：010-88190548）
本社质量投诉电话：010-88190744
打击盗版举报热线：010-88191661　QQ：2242791300

前　言

行为是制度的反应。企业任何行为反映了其身在其中的制度环境的特征，这是新制度经济学解释个体行为的基本结论。中国企业财务结构如何，具体而言，资产结构如何（即营运资本最优规模、长期非金融性资产专用性程度、财务柔性程度），负债期限结构如何，尤其是资产与融资期限匹配程度如何，资产与融资期限匹配是否存在流动性过剩（资产期限小于融资期限）或短融长投（资产期限大于融资期限导致短期融资用于长期投资），期限错配究竟呈现何种特征，它们生成的机理是什么，在现实层面究竟会带来什么样的经济后果等问题，是处于经济社会转型阶段中国制度背景下的财务特殊问题。众多文献（包括本书）研究表明，财务特殊问题其实是因应于制度背景的财务异化行为（financial alienation）。异化本是哲学和社会学的概念，但此处所谓财务异化是指财务表现出与西方企业主流财务所不同的特殊之处，根本上其无法借助经典、主流的财务理论尤其基于西方国家市场经验的西方学者研究文献成果来解释和预测。

以往经典文献分别从不同角度研究表明公司资产与融资期限匹配的必要性。最早关注该问题的 Morris（1976）提出的免疫假设（immunization hypothesis）从财务风险管控角度认为，资产和融资期限匹配可避免资产所产生的现金流入与债务偿还所产生的现金流出由于两者期限错配而引发财务危机。Myers（1977）则较早从债务代理冲突问题论证了资产终结期与债务偿还期应该同时发生，使企业面临再投资决策时将有正常投资激励而避免投资不足的代理成本问题。Williamson（1988，1996）在交易费用经济学框架下从资产专用性理论角度论证了资产专用性大的长期资产与资产专用性低的流动资产应分别以关系型契约性质的股权契约（如股票）和以现时契约性质的融资契约（如债券）来进行融资交易。如果采用债权融资尤其短期债权融，来满足资产专用性大、流动性不足的长期资产对资金占用，一方面将导致高居不下的交易费用，另一方面将导致资产专用性被敲竹杠（即事后的机会主义）而不利于公司资产专用性的事前投入。因此，资产专用性理论的推论是：公司资产（期限）结构决定融资（期限）结构进而决定了公司契约治理结构。Hart和Moore（1994）则通过构建一个债务契约冲突的正式模型证明将债权人投资收益的获取与项目收益特征匹配，可以避免债权人事后被企业家"敲竹杠"的不完备债务契约的机会主义问题。他们的结论是现金流回收快的资产项目其债务融资期限宜短而当折旧率较低、期限较长的资产其债务融资期限则宜长。然而，中国企业尤其民营企业普遍存在与这些经典财务经济学理论不一致的财务结构与财务行为，其中，"短融长投"就是一个具有代表性典型异化问题。

引发中国企业财务结构异化的制度背景最主要特征究竟是什么？从本书研究发现来看，主要体现三个方面：（1）国有和民营的二元产权结构。从产品市场和要素市场的准入、金融信贷支持、政府监管、法律救济等外部环境，到企业治理结构、管理特征等激励与约束的制度安排等内部环境，现阶段的中国国有企业和民营企业差异甚大。这个维度的制度背景是导致国有企业和民营企业财务结构及其经济后果差异的主因。例如，本书研究发现中国企业产权性质对其资产结构与融资结构的关系、资产结构与绩效的关系的财务异化（第一章）、企业债务期限结构异化（第三章）、企业融资约束与财务柔性差异（第四章）、企业营运资本最优规模（第五章）等所产生的重要影响。（2）法律进程滞后。整体而言，现阶段中国法律对投资者权益的保护偏弱，这是导致中国企业尤其民营企业财务特殊问题的重要原因。如本书研究发现中国企业存在的短融长投问题（第二章）就与中国法律进程滞后有关，因为法律对债权投资人（如银行）的权益保护力度不够，导致债权投资者对债权投资的期限风险和违约风险较为敏感而抑制了长期债权人投资进而产生短融长投问题。民营企业债务期限短期化与债务融资效率不高，尤其现金流全额和控制权高度分离下的债务期限与债务融资效率的财务异化（第三章）也与法律进程相对滞后密切相关。（3）金融生态环境的区域差异。中国幅员辽阔，地区之间经济社会发展不平衡是重要的国情。就财务影响而言，各区域之间的金融生态环境差异性的制度环境特征，是导致财务结构差异的重要因素。例如，本书研究发现中国企业资产结构的区域差异确实可以在金融生态环境的区域差异上寻找到较好的解释证据（第六章）。因此治理中国企业财务结构异化也应当从优化区域金融生态等制度环境入手。

本书主要分为六大部分。这六大部分分别研究不同的财务结构异化和治理问题。第一章主要研究中国制度背景下民营企业和国有企业资产结构与融资结构匹配以及资产结构本身（长期非金融资产所占总资产比例）是否具有资产专用性经济后果。本章以资产专用性理论揭示了民营和国有企业财务结构异化与在转型经济制度环境下中国企业内部普遍存在较为严重的影响关系型专用性投入的代理冲突有关。相比民营企业，国有企业尤其地方政府控股的国有企业代理冲突更严重，存在更严重的机会主义问题，关系型专用性投资更为不足。无论民营还是国有企业资产结构以及资产期限与融资结构期限匹配难以简单地采用资产专用性及其经济后果相关理论解释。第二章主要研究处在经济周期不同阶段的企业过度投资对短融长投财务结构异化问题的影响。这是本书重点研究的财务结构异化问题。本章研究表明中国企业普遍存在的过度投资是企业短融长投财务异化问题诱因，并深受经济周期的影响。换言之，随着经济快速扩张，加大企业非效率的过度投资是引发企业短融长投财务异化的原因。第三章研究中国民营企业现金流权与控制权分离下期限结构失衡与债务融资效率不高等财务异化行为，并从治理角度重点研究股权制衡对债务期限结构与融资效率财务异化的治理作用。本章研究结果表明设计合理的股权结构是治理财务异化的重要途径。第四章主要研究民营企业和国有企业财务柔性差异的机理，即不同产权性质企业融资约束对财务柔性的调节作用。研究表明民营企业财务柔性高于国有企业的原因在于融资约束，中央国有企业财务柔性高于地方国有企业的原因在于中央国有企业普遍存在预算软约束（林毅夫，2004）。第五章主要研究民营企业和国有企业营运资本最优规模差异及其原因。研究表明民营企业的营运资本最优规模大于国有企业的，而在国有企业中，地方政府控股企业营运资本最优规模大于中央政府控股企业的；且不同产权性质企业面临不同的融资约束程度是导致营运资本最优规模存在差异的原因。第六章研究区域金融生态环境的差异及其对企业资产结构的影响，研究指出金融生态环境对区域内微观企业行为会带来系统性影响，而不断建设和完善区域生态环境是优化企业资产结构、治理财务异化行为的重要的途径。

本书是雷新途教授主持的国家社科基金课题（12BGL036）研究成果，同时受到浙江省哲学社会科学重点研究基地（技术创新与企业国际化研究中心）、浙江工业大学人文社会科学后期资助项目资助。参与本课题研究的有李世辉副教授以及雷新途教授指导的研究生们，他们分别是吕晓敏（参与第二章）、郑啸（参与第三章）、俞学芳（参与第四章）、温英盈（参与第五章），在此诚挚致谢。

作者

2019年9月

目　录

第一章　产权性质与财务结构异化研究：资产专用性理论视角 ……（ 1 ）

 一、问题的提出 ……………………………………………………（ 1 ）
 二、资产与融资结构匹配及资产结构与绩效关系理论论证 ……（ 3 ）
 三、实证检验研究设计 ……………………………………………（ 8 ）
 四、资产与融资结构匹配及资产结构与绩效关系的描述统
   计分析 …………………………………………………………（ 11 ）
 五、资产与融资结构匹配及资产结构与绩效关系的回归检验 …（ 16 ）
 六、财务结构不具有专用性经济后果特征的进一步分析 ………（ 24 ）
 七、稳健性测试 ……………………………………………………（ 27 ）
 八、研究结论 ………………………………………………………（ 27 ）

第二章　中国企业短融长投机理研究：过度投资与经济周期的影响 ……（ 30 ）

 一、问题的提出 ……………………………………………………（ 30 ）
 二、经济周期与过度投资对企业短融长投的作用机理假设 ……（ 32 ）
 三、经济周期与过度投资对企业短融长投的作用机理 …………（ 44 ）
 四、经济周期与过度投资对企业短融长投的作用机理描述性
   统计分析 ………………………………………………………（ 52 ）
 五、经济周期与过度投资对企业短融长投的作用机理实证检验 …（ 56 ）
 六、稳健性检验 ……………………………………………………（ 65 ）
 七、结论与展望 ……………………………………………………（ 68 ）

第三章　民营企业债务期限结构与债务融资效率异化及其治理研究：
   现金流权与控制权分离下股权制衡视角 ……………………（ 71 ）

 一、问题的提出 ……………………………………………………（ 71 ）

二、相关理论与文献综述 …………………………………………（74）

三、理论分析与研究假设 …………………………………………（84）

四、民营企业债务期限结构异化及其治理实证研究设计 ………（89）

五、描述性统计分析 ………………………………………………（96）

六、回归检验结果 …………………………………………………（100）

七、结论 ……………………………………………………………（123）

第四章 产权性质、融资约束与财务柔性研究 ………………………（127）

一、问题的提出 ……………………………………………………（127）

二、文献综述 ………………………………………………………（130）

三、民营与国有企业融资约束及其对财务柔性的影响理论
论证和研究设计 ………………………………………………（138）

四、民营与国有企业融资约束及其对财务柔性的影响实证
检验研究设计 …………………………………………………（145）

五、民营与国有企业融资约束及其对财务柔性的影响实证
检验结果与分析 ………………………………………………（152）

六、稳健性检验 ……………………………………………………（162）

七、结论 ……………………………………………………………（165）

第五章 产权性质、融资约束与营运资本最优规模 …………………（169）

一、问题的提出 ……………………………………………………（169）

二、文献综述 ………………………………………………………（173）

三、民营与国有企业融资约束对营运资本最优规模影响的
理论分析与研究假设 …………………………………………（180）

四、民营与国有企业融资约束对营运资本最优规模影响实
证检验研究设计 ………………………………………………（188）

五、民营与国有企业融资约束对营运资本最优规模影响实
证检验结果与分析 ……………………………………………（195）

六、稳健性检验 ……………………………………………………（210）

七、结论 ……………………………………………………………（215）

第六章 区域金融生态环境对企业资产结构异化的治理作用研究 …… (218)
  一、问题提出 …………………………………………………… (218)
  二、区域金融生态环境对优化企业资产结构研究现状 ………… (219)
  三、区域金融生态环境影响资产结构的理论分析 ……………… (220)
  四、研究设计 …………………………………………………… (222)
  五、区域金融生态环境影响资产结构的实证检验 ……………… (225)
  六、结论 ………………………………………………………… (230)

参考文献 ………………………………………………………………… (231)

第一章 产权性质与财务结构异化研究：资产专用性理论视角

一、问题的提出

在交易费用经济学理论（TCE）以及不完备契约理论（GHM）分析框架中，资产专用性本质上是一种关系型专用性投资（relationship-specific investment），具有锁定效应（lock in），可以有效消除交易主体之间的机会主义行为，避免租值耗散（rent dissipation）。因此，资产专用性程度越高，越有利于企业绩效提高。另外，专用性高的资产流动性小，退出价值或清算价值低，因而其举债抵押功能较弱，导致资产专用性高的企业选择债务融资将产生高昂的交易成本（融资成本）。增进绩效的同时又决定公司融资结构的安排是资产专用性理论上最基本的两类经济后果。长期以来学者们纷纷对资产专用性及其经济后果进行研究，但如何选择合适的变量去测度资产专用性水平是困扰此类研究的一个难题。在实证研究中以全部或特定长期（非金融性）资产占总资产的比例（即资产结构）作为资产专用性的替代变量由来已久（Gopalan et al.，2012；Demsetz，1999；Williamson，1996）。虽然这种替代变量具有一定的合理性，但是学者们忽略了一个前提，即当企业内部存在严重的机会主义、缔约主体关系型专用性投资不足时，长期非金融性资产所占比例可能仅仅反映具体层面上的非流动性资产结构信息，而与资产专用性的特定内涵不相吻合，难以刻画具有特定内涵的资产专用性。在这种情况下，以此作为替代变量检验资产专用性相关经济后果无可避免将出现效度方面的偏差。

国内学者以资产结构或类似思路和逻辑确定资产专用性的替代变量，研究中国企业资产专用性的经济后果，相关结论不尽相同。例如，资产专用性与融资结构的关系在程宏伟（2004）、李青原和王永海（2006）、李青原（2007）、钟田丽等（2014）的实证中得以检验，却在钱春海等（2002）、王永海和范明（2004）、雷新途（2010）、周煜皓和张盛勇（2014）等相关研究中发现资产专用性对融资结构并没有产生与理论完全一致的影响。这些研究均隐含的一个先验性前提是中国企业长期非金融性资产具有专用性，资产结构能够反映出资产专用性信息。但是，正处在转型经济阶段的中国具有特殊的制度环境，企业缔约主体之间的冲突与代理问题从程度、类型到结构均具有特殊性，势必影响到企业资产的专用性程度以及资产结构与绩效、融资结构的关系是否符合资产专用性经济后果。同时，不同产权性质的中国企业资产包含的专用性大小可能存在差异，资产结构与绩效、融资结构的关系可能呈现出与资产专用性经济后果不同的吻合程度。

那么，如何判断企业资产结构能否反映以及多大程度反映资产专用性呢？本章提出了一个研究视角和检验方法，即资产结构是否具有资产专用性两类最基本的经济后果——如果资产结构与公司绩效、融资结构的关系不能体现资产专用性经济后果的特征，则可以判断资产不具有专用性，资产结构无法反映或较小反映专用性信息。以此方法为基础，我们选取了2001～2013年中国A股非金融类上市公司共21703个观测值，实证检验中国企业资产结构是否具有专用性经济后果特征。在全体样本的实证结果中，我们发现资产结构与绩效、负债水平均呈现显著负相关，即资产结构与绩效的关系不符合专用性经济后果特征，而资产结构与融资结构的关系与专用性经济后果保持一致。这一结果表明整体上中国企业资产专用性不大。为检验中国制度背景下的产权性质是否对企业资产专用性的影响，我们将样本划分民营控股公司样本组和国有控股公司样本组进行回归检验。我们发现，民营控股公司资产结构与绩效显著正相关，而与债务水平显著负相关。这说明民营控股公司资产结构与绩效、融资结构的关系符合资产专用性经济后果特征，显示出较大的专用性程度。相反，在国有控股公司样本组以及中央政府控股公司样本组、地方政府控股公司样本组中均发现资产结构与绩效的关系显著负相关，而与债务水平关系显著正相关。这意味着国有控股的公司长期非金融性资产与绩效、融资结构的关系未能体现专用性经济后果特征而不具有专用性。回归结果还表明地方控股的国有公司其长期非金融性资产更不具有专用性。为进一步分析中国A股上市公司长期非金融性资产为何专用性不足，我们以投资增量为主测试变量，分别以资产结构、绩效为被解释变量进行回归，结果发现投资增量与资产结构显著正相关而与绩效显著负相关，表明无效率的过度投资代理问题是造成资产专用性不足的直接原因。接着我们在民营控股公司样本组和国有控股公司样本组中，以投资增量为主测试变量分别回归检验其与绩效、融资结构的关系。结果表明投资增量有无效率是决定产权性质不同的企业专用性存在差异的原因。这说明了在转型经济制度环境中，相比民营企业，国有企业尤其地方政府控股的国有企业代理冲突更严重，存在更严重的机会主义问题，关系型专用性投资更为不足。

本章的贡献主要有：（1）我们提出了一个判断企业资产是否具有专用性的检验方法，即通过检验长期非金融资产相对规模（即资产结构）与绩效、融资结构的关系是否符合资产专用性两种最基本的经济后果特征来判断其是否具有专用性。（2）我们的实证研究发现整体上中国企业长期非金融性资产额专用性不足，长期非金融资产相对规模只是反映非流动性资产的结构信息，难以用来测度资产专用性。（3）我们结合中国制度背景下研究发现不同产权性质的企业过度投资等代理冲突问题的特殊性，导致资产的专用性程度的不同以及资产结构与绩效、融资结构的关系与资产专用性经济后果吻合程度的差异。

二、资产与融资结构匹配及资产结构与绩效关系理论论证

（一）文献回顾与理论分析

在 TCE 和 GHM 分析框架中，资产专用性是一个关键变量。公司治理结构的选择与确定（Williamson, 1979, 1988）及剩余控制权的配置（Grossman and Hart More, 1986; Hart and More, 1990）的机理，均是规避资产专用性形成的准租金被事后机会主义所攫取而为事前专用性投入提供激励。资产专用性是履约资本重要构成部分，可以促进企业契约的自我履

行（Klein，1990）①，其对交易关系具有锁定效应（lock in），可以有效消除交易主体之间的机会主义行为，避免租值耗散（rent dissipation）。从企业战略管理视野来看，资产专用性是企业能力特别是企业核心竞争力（core competency）的重要源泉，是获取超额利润的核心资源（Praharad，1993；Collis and Montgomery，1997；Mang，199；Wernerfelt，2002）。因此，就公司而言，资产的专用性越高，资产的质量越好，越有利于其提升公司绩效。这是资产专用性的经济后果之一。由于资产专用性能促进公司绩效，在公司治理的制度安排中一个核心目标是激励关系型专用性的事前投入。在 TCE 和 GHM 看来，公司融资结构的确定本质是公司治理结构的选择（Williamson，1988），因此，资产专用性自然而然也是企业确定融资结构的关键变量。公司选择关系型契约的股权融资，将控制权配置给具有产权抵押功能的股东，而不是选择债务融资将控制权配置给所投入资本具有期限性的债权人②，在一定程度上可避免资产专用性事后被"敲竹杠"（hold up）的问题。同时，资产专用性由于较低的清算或退出价值（exit value）和较低的流动性，其举债抵押功能较弱。故采用债务为专用性程度高的资产融通资金将带来不经济的交易成本（即融资成本）。因此，专用性高的资产对应的是低财务杠杆的融资结构。这是资产专用性的另一经济后果。

长期以来，学者们一直寻找不同的变量和方法测度资产专用性并进行相关实证研究。Williamson（1988）认为清算或退出价值（exit value）较低是资产专用性的标志。Shleifer 和 Vishny（1992）将资产清算售价与最佳使用价值之差定义为资产非流动性（asset illiquidity），也即资产专用性。清算或退出价值（exit value）的高低以及流动性的大小成为日后学者们选择资产专用性的测度变量的核心依据。相对流动资产较强的流动性，企业长期非金融性资产流动性差，清算或退出价值较低，所以以往研究认为长期非金融性资产相对规模即资产结构能够反映出企业资产专用性程度的大小。Williamson（1996）、Demsetz（1999）直接使用企业资产中固定资产所占比例来刻画资产专用性程度。Collis 和 Montgomery（1997）采用无形资产占总资产比例来描述企业资产的专用性程度。Cushing 和 McCarty（1996），Berger（1996），

---

① 另一项研究发现资产专用性对企业利益相关者之间的关系型财务契约的自我履行更具有促进作用。
② 通常情况下债务资本都具有期限，而股权资本在企业可持续性经营的假设前提下可视为无期性。因此，前者被认为是一种接近市场契约的现时契约，后者是一种接近企业契约的关系型契约。

李青原、陈晓、王永海（2007）则通过赋予不同期限和性质的资产不同的退出价值率构建资产专用性指数。Gopalan等（2012）通过构造一个现金及现金等价物、非现金其他流动资产、固定资产及其他资产在内的资产非流动性指数方程刻画公司资产专用性程度。程宏伟（2004）在研究企业隐性财务契约时采用"固定资产净值、在建工程、无形资产和长期待摊费用与企业总资产的比例"来度量资产专用性程度。周煜皓、张盛勇（2014）研究金融错配条件下资产专用性与融资结构的关系时也是选择四项长期资产与总资产的比例作为资产专用性的替代变量。钟田丽等（2014）以专有技术、专利技术以及研发固定资产等特定长期资产比例作为资产专用性的替代变量。这些研究共同的逻辑基础即资产专用性越高，企业长期资产所占比例越大。

Williamson（1985，1991）将资产专用资产性划分为六类，即场地资产专用性（site asset specificity）、物质资产专用性（physical asset specificity）、专项资产（dedicated asset specificity）、人力资产专用性（human asset specificity）、品牌资本资产专用性（brand asset specificity）及暂时性资产专用性（temporary asset specificity）。显然，除了人力资产专用性和部分暂时性资产专用性外，其他资产专用性投资的结果将形成企业的长期非金融性资产。因此，从这个角度来看，资产结构（长期非金融资产与总资产的比例）作为资产专用性测度变量有一定的合理性。但是，非流动性仅仅是专用性资产的必要特点而不是全部。按照交易费用经济学理论，资产专用性本质上是一种关系型专用性投资，对企业参与各方具有锁定效应，可以有效治理参与者的机会主义行为。由于较差的重新可调配性（redeployable），其退出价值较低，因而其形成的准租金极易被事后机会主义所"敲竹杠"和攫取。当企业参与主体之间代理冲突严重，势必影响企业事前关系型专用型投入。当内部存在严重的机会主义时，企业长期非金融性资产的专用性程度较低，资产结构所反映的专用性信息十分有限，其更多的是反映流动性资产与非流动性资产的结构信息。换言之，选择资产结构作为替代变量的前提是企业内部不存在机会主义，代理问题不严重，专用性投资不存在事后被"敲竹杠"的威胁。在这个前提下，企业资产结构越高表明资产专用性越强，其更具有资产专用性的经济后果特征。如果企业资产结构与绩效、融资结构的关系不具有资产专用性经济后果特征，则表明长期非金融性资产的专用性程度缺失或不足，资产结构无法反映资产专用性程度。

（二）假设发展

企业财务行为、结构与绩效是制度环境内生作用的结果，反映了制度环境的特点。企业资产结构是否反映专用性以及反映专用性程度的大小，在很大程度上取决企业身处其中的制度环境。在经济、社会转型阶段特殊制度背景下，中国企业普遍存在严重的代理问题。研究证据表明，以过度投资（overinvestment）（李云鹤，2014；张功富、宋献中，2009；杨兴全、孙杰，2007）为典型冲突类型的第一类代理问题（股东与经营者之间代理冲突）、以掏空效应（tunneling）（罗琦、胡志强，2011；孙兆斌，2006；李增泉、孙铮、王伟，2004）为典型冲突类型的第二类代理问题（大股东与中小股东代理冲突），以及债务契约冲突（唐松、杨勇、孙铮，2014；童盼、陆正飞，2005）等第三类代理问题（债权人与股东/经理之间的代理冲突）在中国企业中并存。同时，由于内外治理机制尚处发展成熟中，对各类代理问题冲突缺少有效的协调和治理机制，因此中国企业内部机会主义盛行，从而抑制了缔约主体事前关系型专用性的投资。基于社会、经济转型阶段特殊制度环境下的现实，我们推测中国企业长期资产可能存在专用性不足，资产结构可能反映不了专用性信息，其与企业绩效、融资结构的关系不一定吻合资产专用性经济后果的特征。基于制度背景可能对于中国企业资产包含的专用性程度及其经济后果的影响，我们首先提出每对内部具有竞争关系的两对假设：

H1-1a：中国企业资产结构反映资产专用性程度较小，资产结构与绩效的关系具有资产专用性经济后果的特征；

H1-1b：中国企业资产结构反映资产专用性程度较大，资产结构与绩效的关系不具有资产专用性经济后果的特征；

H1-2a：中国企业资产结构反映资产专用性程度较小，资产结构与融资结构的关系具有资产专用性经济后果的特征；

H1-2b：中国企业资产结构反映资产专用性程度较小，资产结构与融资结构的关系不具有资产专用性经济后果的特征。

中国企业制度环境主要特点之一是企业产权性质在很大程度上不仅决定其内外经营环境的不同，同时也决定其内外治理和监控机制有效性的差异。不同产权性质的企业面临不同类型与不同程度的代理问题，导致它们资产结构包含的专用性及其经济后果的差异。从内部治理来看，一般认为国有企业容易产生所有者实质缺位而出现内部人控制问题。相对中央控股的国有企业，地方控股的国有企业内部人代理问题尤其严重（方军雄，2007）。总体而言，国有企业内部代理冲突问题严重于民营企业，投资效率相对（刘瑞明、石磊，2010），其结果是国有企业资产结构的专用性含量不如民营企业。在国有企业中，地方控股的国有企业资产结构的专用性含量不如中央控股的国有企业。从外部治理来看，资产专用性因其极易沦落为沉没成本而深受外部不确定性的影响。这种不确定性主要是指社会经济系统引发的风险所产生的外生不确定性，也包括经济系统之内因信息不完全或不对称引发的不确定性。外部不确定性也会抑制了企业资产专用性的事前投入。显然，国有企业比民营企业拥有更多应付外部不确定性的资源。相比民营企业，国有企业可以获得更多的金融支持（喻坤等，2014）。中国信贷市场中主导性商业银行一直是四大国有商业银行，作为终极控制人的政府实质担当了银行信贷的担保人角色，国有企业在信贷配给中通常处于有利地位。甚至国有企业容易出现预算软约束问题（Konial，2002；林毅夫、李志赟，2004），以及存在更严重的与此相关过度投资问题（俞红海等，2010）。提高国有资产保值增值能力，激活国有企业活力，同时也为培育公平市场竞争机制，政府通过对控制的国有企业进行重新梳理，将竞争性行业的原国有企业推向市场，进行民营化产权改革（即"国退民进"），"抓大放小"。因此，目前存在的国有企业，其规模较大，且在全国或地方经济社会中发挥重要作用，自然而然更能获取政府在金融、市场准入等方面的支持。这种背景客观上更强化了国有企业债务软约束以及过度投资问题，致使其长期资产规模扩张的同时资产专用性并未随之增加①。

综上所述，我们依据产权性质不同的中国企业代理问题以及外部环境的差异，我们提出以下假设：

H1-3a：国有企业存在严重的代理问题，其资产结构与绩效、融资结构

---

① 同样也考虑到产权性质对中国企业资产专用性经济后果的影响，与这部分研究研究非常相近的是周煜皓、张盛勇（2014）的研究。他们以 2009-2013 年中国沪深两市 A 股上市公司为样本，采用"固定资产、在建工程、无形资产和长期待摊费用与企业总资产的比例"度量资产专用性，检验在中国金融错配的制度环境下中国企业资产专用性与资本结构关系。他们研究发现金融错配对不同产权性质下的企业资产专用性与资本结构的相关性产生影响，具体而言国有上市公司存在的金融错配问题，其资产专用性与资本结构正相关，而民营上市公司不存在金融错配问题，其资产专用性与资本结构负相关。但该项研究并未考虑另一经济后果，即资产专用性与绩效的关系。

的关系不具有资产专用性经济后果特征。

H1-3b：相比国有企业，民营企业资产的专用性相对较高，因此，其资产结构与绩效、融资结构的关系具有资产专用性经济后果特征。

三、实证检验研究设计

（一）样本与数据来源

为了检验中国企业资产结构能否专用性程度，本章选取 2001~2013 年中国 A 股上市公司为样本企业。样本中剔除了财务结构具有特殊性的金融类企业和财务数据异常的 ST 类企业。同时也剔除了资产结构（AS）、净资产收益率（ROA、资产负债率（Lev）等连续型关键变量极端值的样本。样本区间起始年份选取 2001 年是因为自 2001 年始我国财政部取消之前分行业的会计制度，规定所有行业上市公司从 2001 年开始执行相同的会计制度。本章选取的数据主要来自 Wind 金融数据库，部分变量的数据来自 Ifind 金融数据库。由于使用的金融数据库均考虑到 2007 年上市公司开始执行新的企业会计准则（2006）而对之前年份的报表数据依据新准则进行了相应的调整，故无须考虑样本数据 2007 年前后会计核算准则的差异问题。最后，我们共获得了21703 个观测值，具体样本信息报告如表 1-1 所示。

表 1-1 样本结构

Panel A							
年份	2013	2012	2011	2010	2009	2008	2007
样本量（个）	2528	2373	2531	2012	1656	1501	1444
年份	2006	2005	2004	2003	2002	2001	—
样本量（个）	1331	1293	1229	1389	1212	1204	—
Panel B							
产权性质	民营控股		国有控股		中央国有		地方国有
观测值（个）	10478		11225		3516		7709

（二）模型建立与变量定义

1. 为检验资产结构是否具有资产专用性促进绩效的经济后果特征，本章建立第一个基本回归模型：

$$\begin{aligned}
ROA_t = {} & \beta_0 + \beta_1 \times AS_t + \beta_2 \times Lev_t + \beta_3 \times LMS_t + \beta_4 \times Sholder_t \\
& + \beta_5 \times MAgency_t + \beta_6 \times Owner_t + \beta_7 \times Owner_t \times AMS \\
& + \beta_8 \times Size_t + \beta_9 \times Growth_t + \beta_{10} \times Beta_t + \beta_{11} \times TobinQ_t \\
& + \beta_{12} \times HHI + \beta_{13} \times GDP_t + \sum \beta \times Industry_t \\
& + \sum \beta \times Year_t + \varepsilon
\end{aligned} \quad (1-1)$$

其中，被解释变量 ROA 用来衡量公司绩效，检验资产结构是否具有资产专用性增进效率的经济后果。不采用 ROE 是因为 ROE 会受企业财务杠杆的影响，不能直接反映资产专用性带来的组织效率的增量。同样，采用市场价值指标也难以较好地反映资产专用性带来的组织效率的增量。模型中主测试变量为资产结构 AS，由于本章是试图揭示企业资产专用性程度的大小，因此采用由固定资产、在建工程、长期待摊费用和无形资产等四项长期非金融性资产净值所占企业总资产的比例作为资产结构的比例。理论上资产专用性可增进组织绩效，如 AS 反映较强的资产专用性，则其与绩效应呈正相关，故其预期符号为正。

除此之外，模型中引进对 ROA 有理论解释作用的其他变量作为控制变量。主要包括三类：（1）引进对绩效有影响的代理成本与治理效应的变量。首先，债务可以有效抑制代理成本，提高企业绩效，且债务期限结构也会影响治理效应的差异，故资产负债率 Lev、债务期限结构 LMS 分别被引进模型中，且预期符号均为正。其次，股权结构方面，"一股独大"容易导致"掏空"效应（tunneling）的第二类代理问题而损害价值（LLSV，1992），故模型引进第一大股东持股比例 SHolder，其预期符号为负。再次，管理层代理（即第一类代理问题）会损害效率也须引进模型中。借鉴大多文献的做法，以管理费用与资产总额的比例 MAgency 作为替代变量，刻画管理层代理成本（喻坤等，2014），预期符号为负。最后，引进产权性质的虚拟变量 Owner。当上市公司为国有控股时，Owner 为 1，否则为 0。中国制度背景下的产权性质不同的企业其内外经营环境不同，导致其资产专用性存在差异，最终反映在资产结构与绩效的相关性的不同。其预期符号为负。同时模型中引进产权性质与资产结构交乘项 Owner × AS，如果回归系数显著为正且大于 Owne、AS 回归系数，则表明国有产权性质使企业资产专用性及其经济后果更为显著。(2) 引进包括规模、成长性、投资机会与风险等企业异质性变量。Size 代表资产规模，以资产总额的自然对数表示，考虑边际报酬率递减原理，其预期符号为负。Growth、Invest 分别表示公司的成长性和投资机会，具体采用市盈率 PE、Tobin Q 值来刻画，预期符号为正。Beta 系数用来衡量企业系统风险的高低，预期符号为正。(3) 引进两个外生变量，即行业集中度 HHI 和 GDP 增长率，且预期符号均为正。另外，模型也将控制住行业 Industry 与年份 Year 的影响。表 1-2 是变量的具体定义与说明。

表 1-2 变量的具体定义

变量符号	变量名称	变量定义或说明
ROA	总资产回报率	ROA =（净利润 + 所得税 + 利息）/总资产
AS	资产结构	AS =（固定资产净值 + 在建工程净值 + 无形资产净值 + 长期待摊费用）/总资产
Lev	资产负债率	Lev = 负债总额/资产总额
LMS	债务期限结构	LMS = 短期债务/长期债务
Owner	产权性质	当国有上市公司时，Ownership = 1，否则 Ownership = 0
Size	企业规模	Size = Ln(总资产)
Growth	企业成长性	PE = 每股收盘价/每股收益
Tobin Q	投资机会	Tobin Q =（总股本 × 股价 + 负债的账面价值）/资产的账面价值
Beta	企业风险状态	企业总体风险
TAT	资产营运效率	TAT = 营业收入/总资产
SHolder	第一大股东持股比例	采用第一大股东持股比作为股权集中度的变量
MAgency	管理层代理成本	MAgency = 管理费用/营业收入
HHI	行业集中度	赫芬达尔指数，行业中所有单个企业营业收入与行业营业总和之比的平方和累加
GDP	经济景气程度	GDP 增长率
Industry	行业控制变量	当样本为 i 行业时，则 Industry = 1，否则 year = 0。
Year	年份控制变量	当样本为 t 年时，则 year = 1，否则 year = 0。

2. 为检验企业资产结构是否具有资产专用性影响融资结构的经济后果特征，这部分研究建立第二个基本回归模型

$$Q = C + \alpha_0 SEP + \alpha_1 LR + \alpha_2 SG + \alpha_3 TAN + \alpha_4 SIZE + \alpha_5 AGE + YEAR\_FE + INDU\_FE + \varepsilon \qquad (1-2)$$

模型（1-2）变量定义如表1-2所示。Lev 为被解释变量用来衡量公司融资结构安排。AS 为主测试变量，如其反映资产专用性的信息大则公司使用负债比例低，故预期符号为负。考虑到国有企业债务软约束问题，预期 Owner 符号为负。模型中也引进产权性质与资产结构的交乘项 Owner × AS，如果回归系数显著为负且大于 Owner、AS 回归系数，则表明国有产权性质使企业资产结构与负债的关系体现资产专用性的特征更为显著。SHolder 越大公司越有举债动机，故预期符号为正；MAgency 越大表明管理层越有可能倾向举债，其预期符号为正。公司资产营运效率越高，对外部举债依赖越小，故 TAT 预期符号为负；企业规模越大债务规模越大，Size 预期符号为正；成长性与投资机会也会使企业提高举债水平，故 Growth、Tobin Q 预期符号均为正；企业风险会加大资产替代效应（Myers，1972），企业越有动机举债，故 Beta 预期符号为正。同样，模型也将控制住行业 Industry 与年份 Year 的影响。

四、资产与融资结构匹配及资产结构与绩效关系的描述统计分析

（一）主要变量描述统计

表1-3是中国 A 股上市公司全部样本资产结构（AS）的描述统计信息。近13年全部样本 AS 均值为33.21%，中位数为31.10%。但上市公司之间差异较大，最大值为98.89%，最小值为0，标准差为21.87%。从2013年来看，AS 与总体情况大致相同，均值为33.60%，中位数为31.22%，同样，公司之间差异大，标准差为21.34%。表1-4中的 Panel A 显示有中央控股、地方控股与民营控股三类不同产权性质的上市公司 AS 总体情况。统计表明，国有控股的上市公司 AS 普遍高于民营控股上市公司，两者中位数分别为

33.53%、29.10%。在国有控股上市公司中,地方控股上市公司 AS 又普遍高于中央控股上市公司,两者中位数分别为 33.81%、32.84%。图 1-1 是中央控股、地方控股与民营控股三类不同产权性质的上市公司资产结构。首先,无论是国有控股上市公司还是民营控股上市公司 2001~2013 年资产结构变化的趋势与整个公司变化趋势基本一致。其次,图 1-1 显示民营控股上市公司 2001~2013 年几乎每年长期资产所占比例低于国有控股上市公司,而地方控股的上市公司 2001~2013 年几乎每年长期资产所占比例均高于中央国有控股上市公司。

表 1-3　　　　　　　　2001~2013 年 AS 描述统计

年份	均值	中位数	最大值	最小值	标准差
2001	38.31	35.83	93.24	0.00	19.79
2002	39.74	37.84	94.83	0.10	20.23
2003	39.63	38.22	95.33	0.13	20.35
2004	39.63	38.82	95.23	0.19	20.21
2005	40.36	39.22	94.64	0.13	20.70
2006	37.37	34.96	98.89	0.03	21.50
2007	35.23	32.68	97.97	0.00	21.26
2008	35.85	33.79	96.75	0.00	21.05
2009	34.31	32.22	97.19	0.00	21.34
2010	31.57	28.34	97.86	0.00	21.26
2011	31.34	28.41	97.38	0.00	20.66
2012	32.70	29.63	97.38	0.00	20.75
2013	33.60	31.22	97.09	0.00	20.67
2001~2013	33.21	31.10	98.89	0.00	21.87

表 1-4 中的 Panel A 也呈现了近 13 年中国全体 A 股上市公司以及三类不同产权性质企业的绩效和债务。全体 A 股上市公司 13 年总平均 ROA 为 6.81%。图 1-1 显示出中国 A 股上市公司绩效与资产结构 2001~2013 年逐年变化的趋势。如果资产结构反映较强的资产专用性信息,ROA 与 AS 两条趋势曲线就应当同向协同变化,但事实上图 1-1 显示两条曲线并未呈现同向协同变化的趋势。描述统计显示,中国企业资产结构并未体现出资产专用性促进组织效率的经济后果,与假设 H1-1a 不一致。

民营控股与国有控股上市公司 ROA 分别 8.12%、5.72%,民营控股企业

ROA 远高于国有控股企业。而在国有控股企业中,中央控股上市公司平均绩效(5.97%)高于地方控股上市公司(5.61%)。这在一定程度支持了我们之前理论分析所认为的地方政府控股的企业存在更严重的代理问题的判断。描述统计特征表明,三类不同产权性质企业的绩效差异与资产结构差异,明显不符合资产专用性促进效率增长的经济后果逻辑,即民营企业平均资产结构最低但其绩效最高,地方政府控股企业平均资产结构最高但其绩效却最低,这也与假设 H1-1a 不一致。图 1-3、图 1-4 分别所呈现的国有控股上市公司与民营控股上市公司资产结构与绩效在 2001~2013 年变化趋势曲线,两类企业的两条曲线的协同性,基本上反映不出资产结构具有资产专用性的特征。

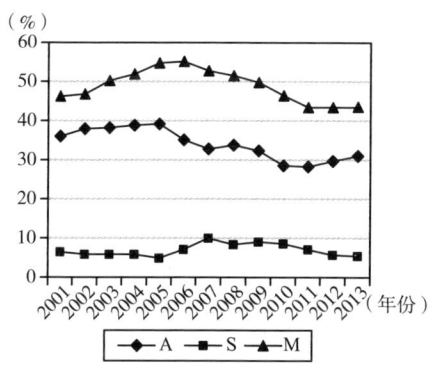

图 1-1　2001~2013 年中国上市公司
资产结构、绩效与融资结构变化

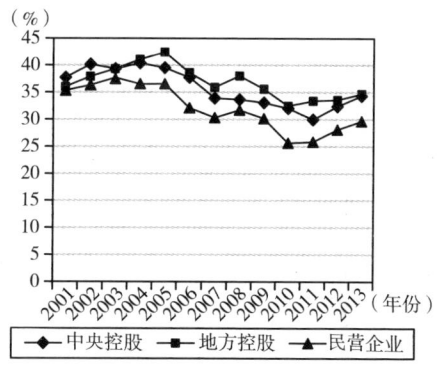

图 1-2　不同产权性质企业资产结构

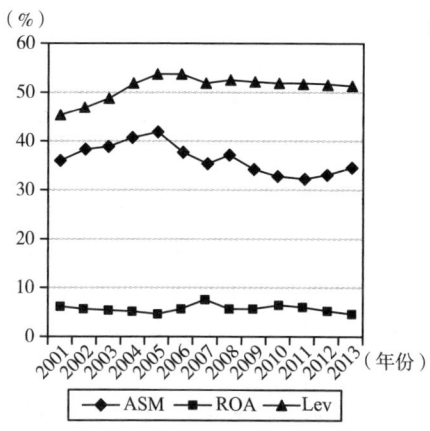

图 1-3　国有控股企业资产结构、
绩效与融资结构变化曲线

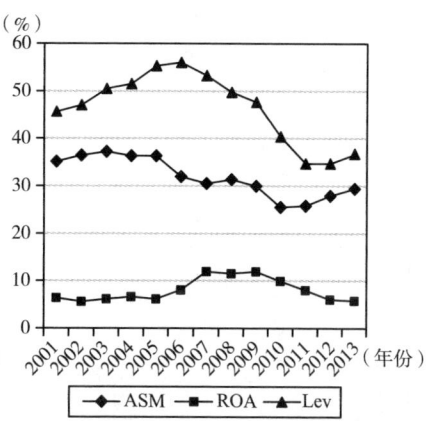

图 1-4　民营控股企业资产结构、
绩效与融资结构变化曲线

表 1-4 变量描述统计及连续型变量 Pearson 检验

Panel A 其他变量描述统计

变量	全部	民营	国有	中央	地方
ROA	6.81	8.12	5.72	5.97	5.61
Lev	48.68	45.87	51.22	50.65	51.54
LMS	8.64	6.15	11.54	10.62	11.91
MAgency	4.20	4.34	4.04	4.04	4.05
Size	21.31	20.96	21.64	21.71	21.62
BETA	1.050	1.051	1.048	1.057	1.044

变量	全部	民营	国有	中央	地方
TAT	0.50	0.52	0.58	0.60	0.57
PE	36.23	38.07	34.60	35.77	34.20
TobinQ	1.887	2.12	1.70	1.77	1.67
SHolder	36.23	30.830	41.62	43.54	40.41
HHI	0.0086	0.0083	0.0088	0.0086	0.0092
GDP	9.24	9.24	9.24	9.24	9.24

Panel B 连续型变量 Pearson 检验

	AS	Magency	Lev	LMS	GDP	Size	HHI	SHolder	ROA	Growth	TobinQ	BETA
AS	1											
Magency	0.005	1										
Lev	0.005	0.0983**	1									
LMS	0.043**	-0.010	0.008	1								
GDP	0.003	0.011	0.020**	-0.038**	1							
Size	-0.034**	-0.067**	-0.066**	0.316**	-0.084**	1						
HHI	-0.002	0.004	0.001	0.021**	-0.009	0.014*	1					
SHolder	-0.009	-0.014*	-0.013	0.050**	-0.011	0.211**	0.009	1				
ROA	-0.007	-0.013	0.048**	-0.004	0.016*	-0.023**	0.002	0.006	1			
Growth	0.012**	-0.002	-0.002	-0.021**	-0.002	-0.056**	0.011	-0.029**	-0.006**	1		
TobinQ	0.038**	0.0946**	0.0961**	-0.012	0.023**	-0.128**	0.015*	-0.026**	0.151**	0.011	1	
BETA	-0.020**	-0.019*	-0.024**	0.067**	-0.330**	0.125**	0.021**	0.027**	-0.043**	0.003	-0.048**	1

注：* 在0.01水平（双侧）上显著相关，** 在0.05水平（双侧）上显著相关。

债务方面，近13年全体中国A股上市公司Lev中位数为48.68%。图1-1中有中国A股上市公司负债水平2001~2013年逐年变化的趋势曲线。资产结构与负债水平两条曲线协同模式与假设H1-2a不一致，即资产结构不具有资产专用性影响融资结构的经济后果。另外，民营控股与国有控股上市公司Lev中位数分别45.87%、51.22%，民营控股企业负债水平低于国有控股企业。而国有控股企业中，中央控股上市公司负债率中位数为50.65%，低于地方控股上市公司的中位数51.54%。首先，统计数据在一定程度上反映了民营企业存在债务约束而国有企业却存在债务预算软约束问题，且地方政府债务软约束更严重。其次，统计显示三类不同产权性质企业的债务水平差异与资产结构差异，也明显与假设H1-2a不一致，即民营企业资产结构与负债水平同时呈现双低，地方政府控股企业资产结构与负债水平同时呈现双高的特征。图1-3、图1-4分别所呈现的国有控股上市公司与民营控股上市公司资产结构、负债水平在2001~2013年变化趋势曲线，两类企业的两条曲线的协同性，也基本上反映不出资产结构具有资产专用性的特征。

（二）其他变量描述统计及连续型变量Pearson检验

表1-4 Panel A同时也报告了其他变量的描述统计信息。中国上市公司债务期限结构LMS中位数为8.64%，表明大部分企业债务均由短期债务组成，其中民营企业长期债务比例最低，仅为6.15%，远远低于国有企业的11.54%，表现出一定的长期债务约束特征。企业规模Size统计表明，国有企业特别是中央控股的国有企业平均规模高于民营企业。管理费用比率Magency民营企业高于国有企业，这并不意味着民营企业管理层代理成本高。在国有企业管理费用率低很可能与其资产规模相对较大有关。民营企业Growth中位数大于国有企业，表明整体上民营企业的成长性高于国有企业。民营企业和国有企业Tobin Q中位数分别为2.115、1.702，表明民营企业的投机机会好于国有企业。在国有企业中，中央控股企业的TobinQ又要高于地方国有企业。从Beta值来看，民营企业、中央控股国有企业的系统风险高于地方政府控股的企业。股权结构方面，中国上市公司第一大股东持股比例SHolder均值为36.22%，体现出转型经济国家股权集中的特点。其中，中央控股国有企业、地方政府控股的国有企业、民营企业SHolder中位数分别43.54%、40.41%、30.83%，显示出国有企业股权相对民营企业更为集中，"一股独大"问题尤

其严重。在各个连续型变量的 Pearson 检验中,相关系数均小于 0.4,因此基本可以判断变量之间不存在严重的多重共线性问题。在 Pearson 检验值中,我们注意到了资产结构 AS 与 ROA 负相关,与 Lev 正相关,但不显著。

五、资产与融资结构匹配及资产结构与绩效关系的回归检验

(一)资产结构与绩效的关系是否具有资产专用性经济后果特征的回归检验

我们拟以 ROA 为被解释变量,资产结构 AS 为主测试变量,以全体观测值进行回归检验。为消除混合截面数据存在的异方差,采用残差绝对值的平方为权重进行加权最小二乘法(WLS)回归。表 1-5 Panel A 是模型 1~模型 4 的回归结果。在四个模型中,调整后 R 的平方值 27%~28%。D-W 值在 1.9~2.0,表明解释变量与随机项不相关,即不存在自相关问题。

在回归结果中,我们发现主测试变量 AS 在四个模型中的回归系数均在 5% 水平上显著负相关,表明公司非金融性长期资产相对规模并不会促进公司绩效,恰恰相反,随着资产结构指标 AS 变大,公司绩效反而下降。这说明,整体上中国上市公司资产结构不具有资产专用性可促进效率的经济后果特征,支持研究假设 H1-1b。同时,我们注意到了产权性质哑变量 Owner 回归系数均显著为负,表明样本企业越是国有产权性质其绩效的概率越高。表 1-5 模型 4 中的交乘项 Owner × AS,回归系数为 -0.166,P 值为 2.84,显示出在 1% 水平上显著性,意味着国有产权性质的企业资产结构与绩效呈现更大的负相关性,偏离资产专用性在效率方面的经济后果特征。

另外,表 1-5 模型 2~模型 3 中分别引进的负债水平 Lev、长期负债比例 LMS。我们注意到了 Lev 回归系数在 1% 水平下显著为正,显示出负债的治理作用(非财务杠杆 DOF 的倍数作用)。但 LMS 却在 1% 水平上显著为负,显示出长期负债对绩效具有负面作用。这从一个角度说明中国上市公司长期负债比例低甚至很多公司长期负债为零的一个原因,即长期负债对绩效具有负面作用。MAgency 在 1% 水平上显著为负,符合我们的预期,即管理层代

理成本损害效率。在企业异质性变量回归结果中，Tobin Q 与预期符号一致，其在 1% 水平上显著为正且回归系数很大，说明企业投资机会越大，绩效越好。但是，Growth 显著为负，意味着企业成长性越大的企业其绩效越低，表明快速成长的企业绩效并未随之提升。Size 也在 1% 水平上显著为正，表明整体上中国上市公司存在规模效应。Beta 回归系数为负，但并不显著。在外生变量中，GDP 回归系数虽然为正，但未通过显著检验，无法表明公司绩效受到 GDP 变动的很大影响。HHI 在 1% 水平上显著为负，表明市场集中度越高越不利于绩效的提升。

接下来，我们以产权性质为基础划分不同的样本组，同样以 ROA 为被解释变量，分别进行回归检验①。表 1-5 中的 Panel B 是四个不同产权性质的公司样本组的模型回归结果。我们发现，表 1-5 模型 1 中的民营控股公司样本组 AS 回归系数在 5% 水平上显著为正，其资产结构体现出专用性的效率特征，但系数较小，回归结果支持假设 H1-3b。模型 2 国有控股公司样本组的 AS 在 1% 水平上显著为负。进一步地，模型 3、模型 4 分别以中央政府控股的公司样本和地方政府控股的公司样本组进行回归，系数均在 1% 水平上显著为负。结果说明两类产权性质的国有企业资产结构与绩效的关系均未体现出资产专用性的特征，支持了研究假设 H1-3a。

在 Panel B 四个模型中，民营控股企业 Lev 在 1% 水平下显著为正，国有控股企业却在同水平下显著为负。这表明民营企业债务治理效应明显，而国有企业存在债务软约束不仅无治理效应且债务效率低下。民营企业 LMS 回归系数在 1% 水平下显著为负，国有企业回归系数虽然也为负但并不显著。中国上市公司长期负债比例低，尤其民营企业长期债务比例更低的真实原因可能与长期负债并不增进绩效有关，支持了方军雄（2007）研究发现的民营上市公司长期债务低的原因不在于信贷歧视而在于长期债务低效率本身的考虑。第一大股东持股比例中，国有控股公司 Sholder 回归系数显著负相关，表明"一股独大"带来效率的损失。地方政府控股的企业 Sholder 回归系数也显著负相关，同样说明"一股独大"的代理成本存在地方政府控股的企业。管理层代理问题的变量 MAgency 在民营企业和所有国有企业中均显著为负，说明各类产权性质的企业均存在对绩效负面作用的管理层代理成本问题。在企业

---

① 同样为消除混合截面数据存在的异方差，我们具体采用残差绝对值的平方为权重进行加权最小二乘法（WLS）。

表 1-5　ROA 为被解释变量的回归结果

Panel A 全样本回归结果

变量	模型 1 系数	模型 1 T值	模型 2 系数	模型 2 T值	模型 3 系数	模型 3 T值	模型 4 系数	模型 4 T值
Constant	-95.024***	-12.75	-90.141	-12.112	-95.873***	-12.689	-94.473***	-12.84
AS	-0.027**	-2.555	-0.024**	-2.350	-0.024**	-2.402	-0.024**	-2.511
Lev			0.031***	10.290	0.032***	10.637	0.032***	10.65
LMS					-0.093***	-4.325	-0.091***	-2.74
Owner							-0.258**	-2.491
Owner × AS							-0.366***	-2.84
SHolder	0.005	0.189	0.004	0.165	0.000	0.014	0.008	0.334
MAgency	-0.636***	-77.20	-0.755***	-53.43	-0.760***	-53.627	-0.759***	-53.59
Size	4.459***	13.441	4.230***	12.756	4.607***	13.444	4.429***	13.63
Growth	-0.003***	-2.730	-0.003**	-2.514	-0.003**	-2.557	-0.003**	-2.528
BETA	-0.591	-0.648	-0.807	-0.887	-0.726	-0.799	-0.760	-0.834
Tobin Q	3.681***	80.539	3.380***	62.389	3.378***	62.376	3.370***	62.46
HHI	-0.731***	-2.784	-0.597**	-2.278	-0.672**	-2.561	-0.762***	-3.23
GDP	0.208	0.920	0.134	0.593	0.115	0.512	0.234	1.12
Industry	yes		yes		yes		yes	
Year	yes		yes		yes		yes	
Adj R²	27.2%		27.7%		27.8%		27.70%	
F	547.835***		516.902***		481.801***		518.600***	
D-W	1.993		1.986		1.987		1.987	

续表

Panel B 不同产权性质的样本企业回归结果

变量	模型1（民营控股）		模型2（国有控股）		模型3（中央国有）		模型4（地方国有）	
	系数	T值	系数	T值	系数	T值	系数	T值
Constant	−117.00***	−6.86	−32.63***	−12.860	−13.49***	−5.480	−43.068***	−11.72
AS	0.045**	2.18	−0.012***	−15.498	−0.024***	−3.477	−0.063***	−13.82
Lev	0.254***	33.66	−0.043***	−41.945	−0.113***	−24.721	−0.043***	−36.17
LMS	−0.288***	−4.35	−0.010	−0.422	−0.025	−1.572	−0.013	−0.859
SHolder	0.038	0.73	−0.025***	−3.229	−0.008	−1.030	−0.030***	−2.906
MAgency	−1.75***	−52.29	−0.406***	−24.161	−0.470***	−25.776	−0.352***	−15.761
Size	5.83***	7.693	1.802***	16.777	1.139***	11.152	2.285***	14.539
Growth	−0.001	−0.69	−0.002***	−6.264	−0.001***	−2.636	−0.004***	−6.352
BETA	−1.459	−0.797	−2.123***	−6.602	−1.775***	−5.639	−2.344***	−5.293
Tobin Q	2.07***	23.141	2.018***	46.533	1.039***	10.724	2.068***	40.254
HHI	−0.735	−1.51	−0.036	−0.433	0.273***	3.598	−0.105	−0.901
GDP	−0.455	−1.03	0.051	0.717	0.155**	2.219	0.062	0.636
Industry	yes		yes		yes		yes	
Year	yes		yes		yes		yes	
Adj R²	0.393		0.244		0.390		0.241	
F	401.682***		270.892***		165.249***		184.890***	
D−W	1.934		1.914		1.863		1.923	

注：*、**、*** 分别表示回归系数在10%、5%、1%水平上显著。

异质性变量中，规模 Size 均显著正相关。而成长性 Growth 变量方面，除了民营企业回归系数为正但不显著外，两种类型的国有企业样本均显著为负，表明国有企业成长扩张的无效率。Tobin Q 在三类企业中均显著为正，说明投资机会确实能够增进绩效。在外生变量中，我们只有在中央控股的公司中发现绩效与 GDP 增长率正相关，与行业集中度 HHI 正相关，说明央企直接受益宏观经济与市场垄断。

（二）资产与融资的结构关系是否具有资产专用性经济后果特征的回归检验

表 1-6 中 Panel A 是以 Lev 为被解释变量，资产结构 AS 为主测试变量，对全体总观测值进行回归的结果。同样，为了消除混合截面数据存在的异方差，我们采用残差绝对值的平方为权重进行加权最小二乘法（WLS）。各个模型调整后 R^2 及 F 值均较大，整体解释度和显著性均较强。D-W 值表明解释变量与随机项不相关，即不存在自相关问题。在三个模型回归结果中，我们发现主测试变量 AS 回归系数均在 1% 水平上显著负相关，意味着长期非金融性资产相对规模越大，负债率就越低。回归结果显示了长期非金融性资产具有资产专用性影响融资结构的经济后果特征，支持了假设 H1-2a。这一结果与李青原（2006）保持一致。表 1-6 模型 2、模型 3 中的产权性质哑变量 Owner 均显著正相关，表明国有产权公司其负债水平相对较高，与描述统计一致。同时，交乘项 Owner×AS 显著正相关，表明国有产权性质前提下资产结构越大，负债水平越高。

在其他变量回归结果中，我们注意到 MAgency 回归系数均在 1% 水平上显著正相关，说明管理层代理问题越严重越倾向举债。在企业异质性变量中，TAT 均显著为负，表明资产营运管理效率高的企业，对负债依赖程度较低。Size、Beta、Tobin Q 回归系数分别均在 1% 水平上显著。说明企业规模、（系统）风险水平以及投资机会是企业举债的诱因，与模型构建时的预期一致。Growth 虽也显著负相关，说明企业成长性越快，举债越大。在两个外生变量中，HHI 在 1% 水平上显著为负，显示出产业集中度越高的企业举债越低。合理的推测是产业集中度高的企业更多依赖直接或间接的权益融资而非负债。GDP 在 1% 水平上显著为正，说明企业举债受到宏观经济发展的影响。

表 1-6 中 Panel B 是以产权性质为划分依据的样本组，以 Lev 为被解释

变量的四个模型回归结果。我们发现民营控股的公司样本与国有控股的公司样本，AS 回归系数符号截然不同。民营控股的公司样本回归模型 1，AS 在 1% 水平上显著为负，即资产结构变量越大，债务水平越低，体现了资产专用性与融资结构关系的经济后果特征，支持了研究假设 H1-3b。而国有控股样本公司回归模型 2，AS 在 1% 水平上显著为正，且回归系数较大，与假设 H1-3a 一致。再进一步分别以中央政府控股的公司和地方政府控股的公司为样本组进行回归，我们发现中央政府控股的国有企业 AS 回归系数在 5% 水平上显著为正，地方政府控股的公司 AS 回归系数在 1% 水平上显著为正，且回归系数高于前者。回归结果表明：（1）民营控股企业负债与资产结构的关系体现了资产专用性的经济后果特征，而国有控股企业负债与资产结构的关系没有体现出相应的特征。（2）国有控股企业资产结构变量越大，负债越高，体现出与资产专用性经济后果截然相反的特征。（3）在国有控股企业中，地方政府控股的国有企业资产结构与债务水平的关系，体现出与资产专用性经济后果相反的特征更为明显。

另外，在各个模型其他变量回归结果中，我们注意到民营控股的公司与中央政府控股的公司 SHolder 显著负相关，而地方政府控股的公司 SHolder 显著正相关。意味着民营企业和中央控股国有企业第一股东持股比例高负债相对较低，而地方政府控股的国有企业第一股东持股比例高具有举债冲动。这可能表明相比民营企业和中央控股国有企业，地方控股企业存在严重的债务软约束问题。管理层代理成本 MAgency 回归系数，民营控股企业虽正相关，但不显著。而两类产权性质的国有控股企业 MAgency 回归系数均显著为正，且地方政府控股的企业更为显著。表明国有控股企业尤其地方国有控股企业管理层代理对负债的影响更大。三类产权性质的企业规模 Size、Beta 回归系数均显著正相关，再次印证了规模以及风险水平是举债的诱因之一。Tobin Q 回归系数在民营控股企业和国有控股企业样本中均显著为正，投资机会是企业使用更多的债务资本。Growth 回归系数，民营控股企业不显著为正，而国有控股企业尤其地方国有控股企业显著为正，表明国有控股企业的成长更多依赖债务资金来源。外生变量中市场集中度 HHI 在民营控股企业和国有控股企业样本中均显著为负，意味着集中度高的企业使用更小的财务杠杆。GDP 在三类企业中均显著为正，意味着宏观经济对各类产权性质企业融资结构会有影响。

表 1-6　Lev 为被解释变量回归结果

Panel A 全样本回归结果

变量	模型 1 系数	模型 1 T值	模型 2 系数	模型 2 T值	模型 3 系数	模型 3 T值
Constant	-159.310***	-8.537	-163.343***	-8.742	-120.179***	-6.426
AS	-0.078***	-11.562	-0.078***	-11.573	-0.084***	-12.564
Owner			2.176***	3.128	2.004**	2.512
Owner × AS					0.204*	1.762
SHolder	0.019	0.310	0.030	0.495	0.068	1.134
Magency	3.819***	184.929	3.833***	182.683	3.814***	183.052
TAT	-0.374***	-2.944	-0.597***	-3.739	-0.365**	-2.295
Size	7.516***	9.043	7.707***	9.258	6.670***	8.057
Growth	0.007***	-2.850	0.007***	2.916	0.007***	2.924
BETA	7.241***	3.169	6.905***	3.021	3.537	1.554
TobinQ	9.742***	85.067	9.728***	84.942	9.808***	86.281
HHI	-4.306***	-6.548	-4.317***	-6.567	-2.802***	-4.258
GDP	2.303***	4.072	2.447***	4.317	1.521***	2.694
Industry	yes		yes		yes	
Year	yes		yes		yes	
Adjusted R²	97.6%		97.7%		97.7%	
F	60653.974***		56030.867***		52921.158***	
D-W	1.976		1.979		1.980	

续表

Panel B 不同产权性质的样本企业回归结果

变量	模型 5（民营企业）		模型 6（国有企业）		模型 7（中央国有）		模型 8（地方国有）	
	系数	T 值	系数	T 值	系数	T 值	系数	T 值
Constant	-173.121***	-6.500	-194.47***	-7.916	-29.647***	-3.071	-188.966***	-5.159
AS	-0.334***	-2.805	0.1965***	-12.801	0.133**	2.409	0.204***	23.596
TAT	-0.508**	-2.419	-0.047	-0.229	0.060	0.720	-0.037	-0.130
SHolder	-0.141*	-1.740	0.081*	1.762	-0.164***	-5.274	0.250***	2.863
Magency	4.143	0.935	0.3915**	2.408	0.360***	14.179	0.469***	4.224
Size	9.708***	8.271	10.3365***	9.709	4.177***	10.345	9.835***	6.051
Growth	0.004	-1.264	0.060***	6.002	0.001	1.385	0.098***	6.816
BETA	1.993	0.704	13.2785***	4.307	3.550***	2.958	13.361***	3.046
TobinQ	7.943***	76.749	25.2445***	73.668	0.434	1.146	26.420***	63.577
HHI	-3.291***	-3.929	-2.6905***	-3.073	-0.439	-1.352	-3.329***	-2.584
GDP	2.190***	2.849	-0.271	-0.379	0.742***	2.622	0.139	0.139
Industry	yes		yes		yes		yes	
Year	yes		yes		yes		yes	
Adjed R²	97.7%		37.1%		18.9%		39.2%	
F	52921.158***		456.601***		56.357***		346.492***	
D - W	1.980		1.948		1.911		1.959	

注：*，**，*** 分别表示回归系数在 10%、5%、1% 水平上显著。

六、财务结构不具有专用性经济后果特征的进一步分析

上述回归检验表明，整体上中国企业资产结构与绩效的关系不具有资产专用性的经济后果特征，即长期非金融性资产相对规模扩大并不能增进公司绩效的提升。但是，资产结构与融资结构的关系却具有资产专用性的经济后果性质，即债务比例随着长期非金融性资产相对规模扩大而下降。我们注意到了表1-5中的Panel A回归模型引进的企业异质性变量回归结果，Tobin Q在1%水平上显著为正且回归系数很大，说明企业投资机会越大，绩效越好。但是，Growth显著为负，表明企业成长性越大的企业其绩效越低，意味着快速成长的企业绩效并未随之提升。另外，在Pearson检验中，我们发现Growth与资产结构AS显著正相关而与ROA显著负相关。但Growth与Tobin Q不具有相关性。三个变量的关系似乎勾勒出这样的逻辑链：投资扩张带来企业快速成长，其反映在长期非金融性资产相对规模（AS）的变大。但是，在投资机会较低的条件下，投资扩张只是扩大了企业非金融性资产相对规模，而并没有带来绩效的提升。换言之，中国企业资产结构与绩效的关系不具有资产专用性的经济后果特征原因可能在于普遍存在的非效率投资扩张。

为了检验非效率投资扩张是中国企业资产结构与绩效的关系不具有资产专用性的经济后果特征的原因，我们依次做以下回归：（1）以AS为被解释变量，以年投资增量ΔInvest为主测试变量，并引进四类主要控制变量（股权结构与代理问题、企业异质性、外生变量以及年份与产业哑变量）进行加权最小二乘法回归①。投资增量ΔInvest采用年度投资活动引起的现金流出量与总资产的比例。回归结果如表1-7模型1所示。模型1回归结果显示投资增量Δ系数显著为正，表明长期非金融性资产相对规模随着投资扩张而变大。同时，Growth呈现显著正相关，符合预期。（2）以ROA为被解释变量，以年投资增量ΔInvest为主测试变量，并引进主要控制变量（债务治理、股权结构与代理问题、企业异质性、外生变量以及年份与产业）进行回归（表1-7

---

① 表1-7中的模型1~模型6为了消除混合截面数据存在的异方差，均以残差绝对值的平方为权重进行加权最小二乘法（WLS）。

中模型2）。回归结果显示投资增量Δ系数显著为负。这支持了投资增量ΔInvest不能增进企业绩效的提升而表现为一种非效率扩张，其仅仅加大了非金融性资产相对规模的预期。表1-7模型回归结果解释了为中国企业资产结构不具有资产专用性的经济后果，即非效率投资扩张仅仅加大了非金融性资产相对规模，而并没有提高资产专用性程度。

在模型2中我们也发现，产权性质Owner为负，交乘项Owner×ΔInvest显著为负且回归系数高于Owner，表明国有产权性质企业投资增量更具有非效率特征。为此，继续以年投资增量ΔInvest为主测试变量分别对民营控股公司样本组与国有控股公司样本组进行回归，结果如表1-6中模型3、模型4所示。结果表明民营控股的企业ΔInvest回归系数显著为正，而国有控股的企业ΔInvest回归系数显著为负，这也分别从非效率投资扩张角度解释了不同产权性质的企业资产结构所具有专用性经济后果的差异。

上部分表1-6中Panel A回归结果显示，中国企业负债率与资产结构负相关，呈现了资产专用性影响融资结构的经济后果特征。同时，我们在产权性质不同的企业中发现，民营控股企业负债与资产结构的关系体现了资产专用性的经济后果特征，而国有控股企业负债与资产结构的关系没有体现出相应的特征。这很可能是国有企业债务软约束带来的无效率扩张产生的结果，即投资扩张引起长期非金融性资产相对规模扩大，进而诱发国有企业债务膨胀。为了检验投资扩张是导致国有企业债务膨胀的原因，我们以Lev被解释变量，投资增量ΔInvest为主测试变量，分别对民营控股与国有控股公司样本进行回归。表1-7中模型5、模型6即民营控股与国有控股样本企业的回归结果。

表1-7　投资增量（ΔInvest）为主测试变量的回归结果

模型	模型1	模型2	模型3	模型4	模型5	模型6
被解释变量	AS	ROA	ROA	ROA	Lev	Lev
样本	全样本	全样本	民营	国有	民营	国有
Constant	115.895*** (5.607)	-95.884*** (-13.037)	-117.00*** (-7.02)	-64.53*** (-14.379)	-191.582*** (-7.131)	-201.38*** (-6.448)
ΔInvest	0.217*** (2.951)	-0.023*** (-8.333)	0.083** (2.67)	-0.071*** (-18.046)	-0.030*** (-3.495)	0.2437*** (-8.376)
Lev		0.032*** (10.670)	0.290*** (27.15)	-0.043*** (21.07)		

续表

模型	模型1	模型2	模型3	模型4	模型5	模型6
Owner	12.319*** (5.624)	-0.245** (-2.601)				
Owner×ΔInvest		-0.152*** (-2.843)				
TAT					-0.801** (-3.535)	-0.093 (-0.346)
SHolder	-0.080 (-1.225)	0.008 (0.360)	0.049 (0.91)	-0.063*** (-4.049)	0.031 (1.140)	0.129* (1.803)
MAgency	-0.112** (-2.429)	-0.760*** (-53.603)	-2.10*** (-36.41)	-0.307*** (-18.724)	1.097 (1.163)	0.4629** (2.533)
Size	-3.716*** (-4.074)	4.459*** (13.725)	4.79*** (6.034)	1.009*** (13.625)	12.003*** (4.947)	9.007*** (7.683)
Growth	3.937*** (22.834)	-0.012** (-2.542)	-0.029 (-0.82)	-0.059*** (-5.041)	0.012 (1.336)	0.181*** (5.992)
BETA	-4.046 (-1.591)	-0.772 (-0.848)	-1.603 (-0.871)	-1.692*** (-5.121)	1.007** (2.504)	3.046*** (3.506)
TobinQ	1.046 (1.591)	3.371*** (62.430)	4.39*** (18.205)	3.93*** (37.994)	9.123*** (64.901)	12.947*** (26.048)
HHI	-0.286 (-0.433)	-0.641*** (-3.70)	-0.602* (-1.79)	0.075** (2.633)	-2.840*** (-2.944)	-1.063** (-2.577)
GDP	1.533*** (2.632)	0.318 (1.29)	-0.773 (-1.52)	0.078 (0.831)	2.004*** (3.207)	-0.379 (-0.599)
Industry	yes	yes	yes	yes	yes	
Year	yes	yes	yes	yes	yes	
Adjusted R^2	36.2%	27.9%	37.5%	27.5%	96.9%	
F	651.259***	358.482***	484.046***	279.005***	53206.610***	
D-W	1.972	1.983	1.925	1.982	1.944	

注：*、**、*** 分别表示回归系数在10%、5%、1%水平上显著。

我们发现，在国有控股企业样本中，投资增量 ΔInvest 回归系数显著为正，支持了国有控股企业无效率扩张，加大长期非金融性资产相对规模，进而引发了国有企业债务膨胀。而民营投资增量 ΔInvest 回归系数显著为负，表明民营企业投资扩张加大长期非金融性资产相对规模,却并未引发债务膨胀。恰恰相反,由于民营企业债务融资约束的存在,长期非金融性资产相对规模扩大的同时,由于资产专用性的套牢效应降低了资产流动性,进而进一步降低了举债能力。不同产权性质的企业投资扩张均会引起长期非金融性资产相对规模的扩大,但投资效率以及融资结构因产权性质不同而产生差异。这是中国长期非金融性资产不具有专用性的经济后果的直接原因。

七、稳健性测试

本章采用三种方法进行稳健性检验:首先,以单一行业样本进行回归。虽然我们在回归检验中控制了行业的影响,但由于不同的行业,公司固定资产、在建工程、长期待摊费用和无形资产等四项长期非金融性资产净值及其所占企业总资产的差异较大,其样本数据可能产生偏差。因此,我们依据中国证监会新的行业选择制造业作为我们的研究样本,并且控制住制造业明细行业(行业代码二位数)的影响。在新的样本中,我们重新利用基本模型(1-1)和模型(1-2)对中国A股上市公司以及三类产权性质的上市公司进行加权最小二乘法回归。回归结果显示大部分变量的符号基本保持一致,特别是主测试变量AS的回归系数的符号没有改变。其次,以PM(营业净利率)替代ROA作为公司绩效指标的替代变量。同样,我们利用基本模型(1-1)和模型(1-2)对各类样本进行回归,大部分变量回归系数的符号仍然稳定,没有改变。最后,为进一步剔除极端值样本,我们对AS、ROA、Lev三个连续型核心变量两端分别进行Winsorise 3%的收尾处理,观测值由原来21703个最终将至19807个。在此样本上重新进行回归,显示回归结果具有一定的稳健性。

八、研究结论

以往研究文献以流动性较低的全部或特定的长期非金融性资产所占总资产的比例即资产结构来作为企业资产专用性的替代变量。虽然其有一定的合理性,但是当企业内部存在严重的机会主义、缔约主体关系型专用性投资不足时，资产结构仅仅反映具体层面上的非流动性和流动性的结构信息，而与资产专用性的特定内涵不相吻合，难以刻画具有特定内涵的资产专用性。基于本章提出了一个判断企业长期非金融性资产是否具有专用性的检验方法，即长期非金融资产具有专用性的必要条件是其相对规模与绩效、融资结构的关系符合资产专用性经济后果特征。否则，可以判断企业资产专用性不足或缺失。正处在转型经济阶段的中国具有特殊的制度环境，企业缔约主体之间的冲突与代理问题从程度、类型到结构均具有特殊性，势必影响到企业专用性程度以及资产结构与绩效、融资结构的关系是否与资产专用性经济后果特征吻合。我们选取了 2001~2013 年中国 A 股非金融类上市公司共 21703 个观测值进行实证分析。

首先，在全部观测值的检验中，虽然上市公司资产结构与负债水平均呈现显著负相关，符合专用性影响融资结构的经济后果特征，但是资产结构与绩效也呈现显著负相关，并未表现出专用性促进绩效提升的经济后果另一特征。表明整体上中国企业资产专用性是不足的，资产结构难以反映专用性信息的。

其次，结合中国制度背景，本章检验了中国企业产权性质对资产结构是否反映以及在多大程度上反映专用性可能产生差异化的影响。在民营控股公司的样本组中研究发现资产结构与绩效显著正相关而与债务水平显著负相关。这说明民营企业资产具有相对较高的专用性，其长期非金融性资产相对规模与绩效、融资结构的关系符合资产专用性经济后果特征。相反，在国有控股公司样本组以及中央政府控股的公司样本组、地方政府控股的公司样本组中，检验结果表明资产结构与绩效的关系显著负相关，而与债务水平关系显著正相关，表现出与专用性经济后果恰恰相反的特征。这意味着国有企业资产专用性严重不足或缺失，导致长期非金融性资产相对规模与绩效、融资结构的关系未能体现专用性经济后果特征。研究还表明地方控股的国有公司其长期非金融性资产更不具有专用性。在进一步分析中，本章检验了投资效率对中国企业资产专用性产生的作用机理。研究表明无效率的过度投资代理问题是造成中国企业资产专用性不足的直接原因，且过度投资主要存在国有企业中。

本章通过检验长期非金融资产相对规模与绩效、融资结构的关系是否反映资产专用性两种最基本的经济后果特征，以此判断企业资产是否具有专用性的检验方法。研究结果揭示了在转型经济制度环境中，中国企业内部普遍存在严重的代理冲突的现实。由于机会主义对资产专用性"准租金"的事后攫取，抑制了企业缔约主体对其事前的投入（其直接体现在过度投资等代理问题），造成了中国企业资产专用性严重不足或缺失。因而，整体上中国企业资产结构所反映的专用性信息十分有限，其仅仅反映资产流动性与非流动性的结构信息，而与资产专用性的"关系型专用性"的特点及资产专用性的异质性、粘着性和稀缺性战略价值相去甚远。同时，本章也确认了以往相关文献的研究发现，即中国制度背景下企业产权性质对其财务行为、结构与绩效的不同影响，具体而言，民营企业资产质量较高，资产结构反映专用性程度较大。相比之下，国有企业尤其地方政府控股的国有企业代理冲突严重，关系型专用性投资不足，资产质量较低，资产结构不能反映专用性程度的信息。

第二章 中国企业短融长投机理研究：过度投资与经济周期的影响

一、问题的提出

企业作为一个主体在一定的制度环境与条件下运转，必然受到制度、法律法规约束。在中国特殊体制背景下，企业短融长投不仅是一种投资行为，也是企业投资期限与负债期限的错配行为。影响企业短融长投行为的因素很多，包括制度因素、产权因素及公司治理因素等，本章主要研究的是企业过度投资对短融长投行为的影响。短融长投是指企业短期融资筹集的资金，投放于一年以上长期投资项目的非正常财务现象。由于其明显违背了投资期限与债务期限应当匹配与吻合的免疫假说（immunization hypothesis）（Morris, 1976a），因此，短融长投本质上是一种与特定制度背景密切相关的财务异化行为。

目前我国经济处于转轨期，债务融资主要来源于银行贷款，企业债务期限结构难免会受到国家融资制度的影响。随着市场化水平的不断提高，在法律对债权人的保护机制仍不足的背景下（孙铮等，2005），银行出于风险控制，上收长期贷款管理权限，银行对长期贷款的审查条件也变得非常严格，且手续较为复杂。赵丽荣、张俊瑞等（2012）认为我国正处于新兴的市场经济和经济体制转型期，存在着商业金融银行的功能不完善、公司债券市场发展滞后、国家相关法律对债权人的保护较弱、公司股权过于集中等特殊的制度背景，使我国债权人面临很高的代理成本，因而产生长期贷款"惜贷"倾向，即偏好发放短期贷款，进而导致企业存在明显的"短债常借"现象，造成企业债务期限结构极不合理。另外，大量研究也都指出长期以来的一个现象就是我国上市公司的债务期限中的中短期融资占比达到了一个较高的水平，并有向短期化发展的趋势，此占比达到86%。他认为这是在我国这种经济制度不完善、法律体制不健全的环境下，债权人与债务人企业相互博弈而产生的（王东静，2007；袁卫秋，2007；方军雄，2010；杨棉之、黄世宝，2013）。在这样的背景下，短融长投成为许多企业的普遍选择。近年来的数据显示，在银行的贷款总量中，出现了明显的短期贷款化趋势，中长期贷款所占比例出现显著下降。短期借款的借款期限不超过1年，企业需要在一个较短的借款期限内还清贷款本金，如果企业是将这笔贷款用于长期的投资，那么企业在贷款到期时能用这项投资带来的现金用于偿还的可能性非常小，因为长期投资是难以在短期内（1年内）转化出大量的现金的。虽然短融长投在一定程度上让企业快速扩张，但它的危害也是不可小觑的。

我国短融长投这一概念的运用始于对德隆系问题的研究，2004年民营企业集团"德隆系"被短融长投击垮，该问题曾引起社会广泛关注。饶育蕾等（2008）较早地运用实证研究支持短融长投的存在。2008年，以美国次贷危机为导火索的经济危机席卷全球，我国的各行各业也受到了不同程度的影响。2008年金融危机袭来后，由短融长投而造成资金链断裂的民营企业相当普遍，其危害更是暴露无遗。而2011年温州地区又发生了部分民营企业主因债务危机相继爆发"跑路"现象。可见如何应对突如其来的流动性风险是当下经营管理者需要重视的头等问题，许多运营水平很高的企业在此次危机中陷入了困境。

在宏观经济状况较好的条件下，该财务风险被很好地掩盖，企业通过这种循环方式可以拥有较大的资金流；而当宏观经济状况恶化时，这种恶性循环的风险和隐患就会暴露。短融长投其实是一种非常危险的财务操作方式，企业必须有足够的能力保持较为良好的经营活动现金流，一旦企业资产的盈利能力下滑，缺乏足够的经营活动现金流，企业的资金周转就会发生困难，进而导致企业的流动比率下降，偿债能力减弱，甚至是难以偿债，使企业陷入不可自拔的财务危机中。

基于以上的背景与危害，针对"短融长投"的研究已是刻不容缓，但是国内外的相关研究却相对匮乏。学术界对短融长投这一非正常的财务异化行为的基本问题缺乏系统、严谨、深入的研究。西方已有研究文献（Diamond and Rajan，2001）从银行理论（theory of banking）角度证明银行的短债长借导致其高居不下的坏账是金融危机的一大根源。因此，企业、金融机构、政府监管部门从不同的角度迫切需要依托可靠的理论依据来治理和防范企业短融长投问题，以保障企业、社会经济的健康稳定发展。揭示和剖析企业短融长投的内部诱因，是从微观层面有效治理短融长投的关键性问题，也亟待严谨的理论研究和可靠的实证检验。

本章拟选取中国 A 股上市公司（剔除金融行业）的财务数据进行分析，考察这些公司的过度投资程度、债务期限匹配或短融长投情况，探究过度投资对短融长投问题的影响，并分析在不同经济周期阶段我国上市公司过度投资与企业短融长投行为关系的影响，进而证明企业的过度投资行为是否是造成不同经济发展状况下企业短融长投的内部诱因之一。

二、经济周期与过度投资对企业短融长投的作用机理假设

（一）文献回顾

资本结构研究对于我国企业乃至整个国家的经济发展都是意义深远的。资本结构方面的研究已经比较全面与深远，主要侧重于融资结构对公司治理的效果，有效加深了转轨经济下企业在融资决策、公司治理手段等方面的理解，丰富了公司治理研究。但是，大量的资本结构研究忽略了债务期限结构的重要性，企业的财务危机不仅与投资效率与负债比例有关，更与债务期限结构有关。期限匹配理论指出，若债务期限与资产期限不匹配就会导致财务危机。曾秋根（2006）的研究指出资产债务期限错配主要表现在两个方面：一是较短的债务期限与较长的资产期限之间的错配（即所谓的"短融长投"问题）；二是较短的债务期限与较高的财务杠杆之间的错配。这两个方面的错配使企业陷入流动性不足风险与较高的债务代理成本中。而本章主要研究的是前者，即关于短期融资用于长期资产占用的错配，即"短融长投"财务异化行为。

国内外对于"短融长投"行为的研究却相对匮乏，尤其对于微观的影响因素研究方面，较为多的是对企业"短融长投"行为存在性的研究，主要包括对"短融长投"行为的界定以及其对企业风险管理、企业绩效产生的影响

的理论分析和经验研究。而过度投资从投资期限角度影响企业的投融资期限错配行为。过度投资的相关研究颇为丰富,从企业过度投资的原因、机理到其对企业绩效或企业价值的影响再到相应的应对都比较全面,但是在涉及其对企业资产债务期限错配方面的研究相对较少。查阅较多文献之后,本章将围绕过度投资、短融长投以及过度投资对短融长投行为影响等这几点进行文献的梳理,并从相关文献中获取短融长投的研究思路与方法。

1. 过度投资的研究回顾

20世纪70年代后期,美国的石油公司和烟草公司对许多净现值为负的项目进行了大规模的投资,由此引起美国学术界对低效率投资问题的大量研究,并提供了诸多的解释。中国改革开放40年来也存在着大规模的非效率投资现象。2008年的金融危机导致许多大型国有上市公司通过大规模的经济刺激计划获得了充足的资金,并相应地加大了投资的规模,其中不乏非理性的过度投资。根据Jensen和Meckling在1976年的研究表明,企业进行净现值为负的过度投资的危害很大,不仅会损害企业价值,使未来业绩更低,未来财务风险也更大,而且易造成资源的不合理分配,浪费资源,不利于企业可持续发展(Richardson,2002)。

Jensen(1986)和Richardson(2002)的相关研究也都指出,过度投资是指企业将自己的现金流投入于对其价值而言并非最优甚至不可持续的投资中,进而降低了企业资金配置效率,造成企业流动性不足,是一种低效率的行为。在MM定理所描述的无摩擦的完美资本市场上,企业总能以等于边际收益的成本筹集到外部资金,从而满足其投资支出的需求。因此,Modigliani和Miller(1958)指出企业的投资决策不受融资约束的影响,两者相互独立。然而在现实的世界却并不是如此的,交易成本以及国家的税收等的存在产生市场摩擦。更重要的是,资本市场上存在的信息不对称、道德风险以及委托代理理论等诸多问题往往导致企业的投资行为偏离了企业价值最大化的目标,使企业产生非效率投资。唐雪松、周晓苏等(2007)研究了我国上市公司的非效率投资及企业现存的一些制约过度投资行为的对策有效性时发现我国企业的过度投资行为已经非常明显,并认为引起过度投资的根源是由于两权分离导致的经理人与股东之间的代理问题,经理的机会主义使其倾向于进行符合自己利益的决策。Richardson(2006)的研究结果与代理理论的相一致,他根据会计信息框架来度量自由现金流量,发现过度投资较多都发生于那些自由现金流水平较高的企业。国内学者也对现金流量与过度投资之间关系进行了较为充分的研究。张功富（2007）针对我国工业类的上市公司来研究企业的过度投资决策的影响因素，研究表明过度投资主要集中于具有大量自由现金流的公司中，更有很大一部分是用于非效率的过度投资。同样地，黄琚（2012）从我国房地产业的上市公司出发，并利用 Richardson 的模型对过度投资进行衡量，同样直观地发现这些企业的显著的过度投资行为，且有利用手中自由现金流的倾向。于富生等（2011）以深圳证券市场 A 股上市公司为样本，研究发现，高管层过度自信的心理特征是通过影响企业的投资行为造成过度投资。另外，还有一些研究学者从管理层背景、经历（万明，2013），管理者从众心理以及迎合投资者的心理（郝春雁，2013）的角度验证了过度投资的普遍存在。胡元林等（2013）从投融资关系角度对我国上市公司过度投资、资本结构与企业价值进行研究，结果发现我国的上市公司的确普遍存在过度投资，并且上市公司的这一投资行为对其的公司价值的影响很大。李云鹤（2014）通过直接度量管理者代理行为对中国企业过度投资问题，结果发现部分是由管理者滥用企业资源的行为所致，部分是由管理者过度自信行为所致。

根据代理理论，管理层与股东的利益并不一致，管理层很可能进行一些有利于自己而并非最大化股东利益的投资项目。通过过度投资，尤其是高风险项目，如果成功可以获得显性利益，即使失败，管理层也可以得到隐性利益，控制更多的资源，拥有更多的在职消费，增加非现金报酬等。詹雷、王瑶瑶（2013）证实公司规模的扩大有利于管理者。而固定资产、对外股权投资等的投资属于长期投资，其产生的效益和对经营业绩的影响需要较长时间才能充分体现，管理层也更倾向于长期投资的过度投资。因此，可以认为，过度投资更多的是非效率性的长期投资。这为本章研究短融长投提供了理论基础。

2. 短融长投行为的研究回顾

短融长投作为短期融资用于长期投资的债务资产期限配置问题。较直接地提出短融长投并对企业的短融长投的存在性进行实证的是饶有育等（2008）的研究，他们对我国企业短期融资券募集资金是否存在短融长投进行了实证研究，以营运资本、固定资产及长期投资现金支出为被解释变量，结果发现短期融资券期限长，多为一年期，且短期融资券发行额与营运资本增加额负相关，与长期资产现金支出正相关，表明企业短期融资的资金不完全用于解决企业流动性问题，而是用于长期投资建设上，样本企业存在短融长投的现象。另外，早期一些研究者也注意到了这些问题，他们投融资期限匹配角度进行了分析（李倩，2005；曾秋根，2006）。因此，本节将对企业融资期限的相关文献进行梳理，以更好地理解其与短融长投之间的关系。

债务期限错配主要有以下两个方向的表现：一是较短的债务期限与较长的资产期限的错配（即所谓的"短融长投"问题）；二是较短的债务期限与较高的财务杠杆之间的错配。目前几乎所有的实证研究都表明资产负债率与债务期限成正比，因此，较短的债务期限与较高的财务杠杆之间的错配只是个别公司的个体行为而非整体存在的问题。而中国目前的状况是企业的长期债务占比较少，这意味着短期负债被长期使用，债务期限与资产期限并不匹配（曾秋根，2006）。袁卫秋（2005）对以1999～2002年汽车制造行业为样本的研究中发现，资产到期日或者说资产的特性对样本公司的债务期限结构决策有一定程度的影响，企业必须注重资产与债务期限的匹配情况，而该结论与汽车制造业的固定资产投资比重较高也有一定的关系。除了股权对长期资产的支持之外，这种结果意味着企业的长期资产并不是主要依靠长期债务来支撑的，而是依赖短期融资用于长期，即通过循环滚动的短期借款用来进行一部分的长期投资。由于短期债务在短期内（1年内）就要偿还本金和利息，而长期投资的收益是不确定的，甚至当期可能是没有收益的，一旦公司的经济情况发生变化，现金流入不能满足现金支出，就会陷入财务困境之中。当投资的资金流难以继续维持时，企业的经营与发展就会受到较大的影响，资产债务期限错配的财务风险由此形成。综上所述，鉴于债务短期化的问题，企业会更多地选择短期负债，企业要进行的长期投资尤其是过度投资将不得不用短期债务来投资而加重企业短融长投程度。

对于短融长投财务异化行为危害的相关文献虽然不多，但是还是有一些值得我们借鉴的。相关性较大的有戴璐（2007）基于上海科技与东盛科技的案例分析，其发现上市公司短期借款和现金存量占总资产比重较高，且长期借助短期借款循环融资来进行为满足控股股东的自身利益而非企业价值的低效扩张或非可持续的过度投资，法律对债权人保护不足导致银行监管乏力，而上市公司却陷入举新还旧的恶性循环，财务杠杆负效应放大，公司经营能力严重下滑。李玮玮（2011）以浙江省上市公司2007～2009年度财务数据为样本，对浙江省上市公司总体以及各行业的短融长投问题进行了研究。研究的结果发现,一方面,样本上市公司的债务期限具有明显的短期化现象,占比较大;另一方面,样本公司在投资时的长期投资又占主导地位,因此浙江省上市公司存在短融长投的问题。

另外,有一些文献较早地关注到资本结构对企业绩效或价值的影响。吴树畅(2003)的分析结果表明,流动资产比率对净资产报酬率有显著影响,即资产结构对企业绩效有显著影响。逯全玲(2004)的研究结果得出,企业的资本结构以及资产结构对企业的成长性、企业价值或者企业绩效都有一定的影响。另外,王凤(2007)对我国旅游上市公司的资本结构与企业绩效之间的相关性进行了研究,发现企业资本结构与企业绩效呈显著正相关关系,且较高的财务杠杆水平意味着存在较大的财务风险。汪旭晖等(2009)以我国流通服务业上市公司为样本分析了资本结构对公司价值的影响,表明长期负债比对公司绩效存在显著正相关关系。李凌(2013)以中小板上市公司为样本对象研究资产结构对经营绩效的影响,结果发现,中小板上市公司中企业往往选择短期融资作为主要的融资方式,在企业的负债总额中,2008~2012年的短期融资的比例均在80%以上,有的企业甚至将短期融资作为全部融资手段。中小企业短期融资过高的问题会影响企业经营绩效,甚至会产生较大财务问题导致企业破产。肖俊斌、许倩丽(2015)同样针对中小企业的研究发现,中小企业资本结构长期负债比例过小,而长期负债比例越高对于企业价值越有利。

3. 过度投资对"短融长投"行为的影响研究回顾

投资与融资的关系密不可分,而"短融长投"和过度投资作为投融资问题的典型代表更具有研究价值,本章将把两者联系起来研究两者之间的相关性,并围绕过度投资对企业短融长投行为影响的相关文献进行梳理。国内外对于过度投资的研究都已相对成熟,前面已有详细描述,本章只列举几个与"短融长投"相关度较大的研究。

首先对我国现阶段的债务期限特征进行梳理。大量的研究显示我国转型经济环境下企业债务期限的短期化现象。袁卫秋(2007)研究指出我国不同行业和地区之间的债务期限存在显著性系统差异,同时也发现市场化程度、投资者保护以及市场监管与公司债务短期化密切相关,因而认为企业债务短期化是银行基于我国现行制度背景下自我保护的一种可能的替代机制。对于民营企业而言,银行等金融机构放贷门槛过高,程序繁杂冗长,短债对于长债门槛低，程序简单。郑建明、谢潇潇（2008）的研究同样也证明了我国上市公司在债务期限结构上的短期化现状。陈志勇、毛晖、张佳希（2015）在研究地方政府性债务期限错配中也发现了债务与资产期限错配而导致企业陷入流动性风险加大。企业的债务期限主要以中短期为主，具有明显的贷款期限中短期化的状况，而资金却投向那些回收期限较长的项目，从而导致"借新还旧"的现象相当普遍，地方政府性债务期限错配。

另外，根据代理理论与信息不对称理论，企业股东与债权人之间存在信息不对称与代理问题（谭燕等，2011），企业进行过度投资成功获得的收益是由股东取得的，而一旦失败却由债权人承担，企业会倾向于过度投资，但是理性债权人在贷款时会正确预期到股东未来的投资行为，从而要求得到较高的回报率，由此导致了负债的一种代理成本。因此，在过度投资行为下，代理成本高，获得长期贷款难，企业会转向短融。

江伟等（2005）从股东与债权人的这种代理冲突出发，研究了企业进行过度投资的诱因。发现股东倾向于进行 NPV 为负的过度投资，而让债权人承担过度投资失败的后果。而童盼、陆正飞（2005）也指出由于负债而存在股东、债权人冲突，股东会倾向于选择增股权价值减企业价值（债权）的项目，即会发生过度投资。戴璐（2008）研究了股权再融资后的超额短期借款融资现象，指出在事前动机上，上市公司实际控制人私有利益驱动下为了满足扩张冲动和资金占用的需要，股权融资后短期借款不断增长出现"超额"，而在事后效应上的短期负债"超额"是由于企业非效率投资的经营业绩恶化造成的。宋小保（2013）通过建立实物期权模型，分析了集中股权结构下股东异质性所导致的控股股东代理冲突对企业投资决策和负债融资代理成本的影响。研究发现，集中股权结构下的控股股东价值最大化动机会导致过度投资的产生，并显著提高负债融资的代理成本。林隆华（2004）和双达（2005）指出在金融危机发生之前，许多企业为扩大规模达到利益最大化而进行短融长投，在金融危机时，由于资金链的断裂，营运资本不足导致财务危机，引起破产，如 2004 年"德隆系"的倒台，就是由于德隆过度扩张与短融长投导致资金链断裂。

基于前述对过度投资、短融长投以及过度投资对短融长投财务异化行为影响的文献梳理，可以发现，国内外关于过度投资的研究较多且较为成熟。对过度投资与短融长投之间关系的研究却不多，但是仍有可借鉴之处。过度投资的研究中可以发现过度投资多为非效率的长期投资，且与自由现金流水平有关。而短融长投的相关研究，主要是从企业资本结构、投融资期限错配方面的研究，但主要是短融长投这一财务异化行为的存在性以及对公司治理的危害的探索。另外，在我国转轨经济背景下，债务期限特征表现为明显的短期债务高于长期债务，有些企业短期债务甚至是长期债务的几倍乃至几十倍。基于我国这一债务期限特征，我国企业过度投资对短融长投行为的影响研究进行梳理，可看出相关研究较少，且很少有学者在经济周期这一宏观经济环境因素的背景下探讨过度投资对企业"短融长投"行为作用的差异情况。现有研究主要是关于经济周期对企业投资的影响，而不同的宏观经济条件必然会影响企业的融资约束状况以及代理成本，过度投资对企业"短融长投"行为之间的影响必然会有所不同。因此，在研究过度投资与"短融长投"行为的影响的基础上，引入经济周期这一宏观变量具有一定的理论意义和现实意义。将这些相关文献梳理在一起就得到了清晰的研究思路与方法。

（二）过度投资对短融长投行为影响理论分析

1. 基础理论

关于企业过度投资与短融长投行为的关系，本章通过对过度投资原因的分析来探究其对企业短融长投的影响机理。Dale W. Jorgenson 曾以 MM 理论为基础，提出了一个最优资本函数，并以企业价值的最大化为目标的古典投资理论，他认为能使企业价值最大化的投资才是最优的。研究者一般以净现值的大小来衡量投资的可持续性，当净现值为正时，企业应该进行投资。而这部分研究的过度投资是一种净现值为负的非效率投资行为，这种投资行为并不能达到企业价值的最大化。在 MM 定理所描述的无摩擦完美资本市场上，企业总能以等于边际收益的成本筹集到外部资金，从而满足其投资支出的需求。可是，实际上我们的世界并非是完美的、理想的，国家税收以及交易成本的存在会引起市场的摩擦。更重要的是，资本市场上存在的信息不对称、道德风险以及委托代理理论等诸多问题往往导致企业的投资行为偏离了企业价值最大化的目标，使企业产生过度投资，且过度投资多为固定投资等长期投资，资金难以在短时期内收回。过度投资最重要的特点是净现值 NPV 小于零，使资金的可回收概率更小，基于以上的考虑，理性债权人会进行两个方面的应对：第一，提高代理成本，对于企业而言就是贷款利息、手续费的大幅度提升；第二，只提供短期借款，使资金风险相对更加可控。而债权人的以上行为的结果，都会驱使企业更多地选择短期融资，投入过度投资，最终导致企业短融长投的恶化。

通过以上的理论分析，我们对过度投资与短融长投的关系有了较为直观的理解，接下来有必要对其中的理论进行一定的补充解释，因为这些理论是分析过度投资对短融长投行为影响的基础。这些理论分别为委托代理理论、信息不对称理论及期限错配理论，具体解释如下：

（1）委托-代理理论。

委托-代理理论是最早提出、也是最具影响的理论，其他理论解释要么直接受其影响，要么与其共同发挥作用。该理论最早可追溯到1932年，当时Berle和Means指出企业两权分离之后会形成经理人与股东之间因利益不一致而产生冲突。即经理层出于私利，借助自己对企业的控制权，在明知新项目的NPV很低甚至为负的情况下，仍采取过度投资的决策行为。Jensen和Meckling（1976）的研究认为经理人确实会为私利牺牲股东的利益，并指出建立激励机制是解决这类问题的一个途径，如给予经理人优先认股权。紧接着，Jensen（1986）在随后的研究中指出经理人与股东利益不一致，而扩大企业规模是经理最快速、最明显的方法。因此，经理人会在利用自己的权利，在企业自由现金充足时不顾企业价值进行扩大规模，从而获得经济物质上与非物质上的利益。其研究认为经理人收益是企业规模的增函数，且企业规模扩大后，除了物质上的收益外还有非物质上如名誉、权利等的利益。综上可知，经理人在自身利益的驱动下会利用手中的自由现金流进行非效率的过度投资，且自由现金流越多越严重。

第二类委托-代理问题也同样受到学者们的重视，即债权人和股东的代理问题。债权人是收取固定收益的委托人，而股东作为公司所有人受托将负债资金投入特定项目。从20世纪70年代开始西方就开始了对第二类委托-代理问题的研究与讨论，最早的应该是1972年Fama和Miller在《财务理论》一书中首先提到了关于企业债权人与股东之间的代理问题所带来的影响。Fama和Miller认为，当企业在具有一定风险的条件下举债，暂不考虑企业股东与债权人之间的交易成本时，企业很难同时顾及股东与债权人的利益，也就是说，如果企业选择有利于股东的投资决策却不能保证债权人的利益，或企业保障了债权人的利益却无法保证企业股东的利益。Jensen和Meckling（1976）的研究同样证实了这一点，他们认为股东极有可能会倾向于去投资成功机会很小但若成功收益颇丰的项目，因为如果成功可以获得较大收益，如果失败债权人将承担大部分风险。Brealy 和 Myers（2000）在其关于企业财务困境的研究中也提出了关于股东与债权人之间的代理冲突，指出在企业面临困境时股东却为了个人私利而不顾债权人的权益，通过种种非效率手段使企业陷入更严重的困境。

综上所述，不管是第一类代理问题还是第二类代理问题，都表明经理人或股东会为了自身的利益而进行过度投资，而过度投资是一种非效率投资行为，同时这些企业债务期限结构也更多地趋于短期化，使这些经理人或股东实质上正在进行短期融资用于长期投资的"短融长投"行为。

（2）信息不对称理论。

信息不对称理论也是研究过度投资问题的重要理论基础之一，由于不对称信息（asymmetric information）的存在，委托－代理问题才有了存在的基础，代理成本才得以产生。因此尽管股东和经理人的冲突问题被提出得更早，不对称信息却能够从更深的层面上解释代理问题造成的严重后果，过度投资就是这些严重后果的一个具体体现。

研究表明，我们处于一个信息不对称的世界里，由信息不对称带来的问题会影响企业的投资决策。而前面提到的委托－代理问题与信息的不对称有着密切的联系，当经理人与企业股东之间不存在信息不对称时，经理人不顾股东利益而进行的过度投资就不会发生。另外，Narayanan（1988）认为在我们处于的这个信息不对称的环境下，企业在进行投资时无法全面了解投资项目的信息，从而发生投资过度。他还认为市场无法区分所有公司项目的净现值，外部人无法比内部人了解更多，在投资时，可能会被企业的某些信息误导而对企业净现值较低的项目进行投资。因此，在信息不对称的环境中，那些 NPV 小于零的项目也可以从被高估的股票中获利，从而引发企业进行过度投资。

企业与债权人之间存在信息不对称，债权人无法全面得知企业的经营状况，对资金风险的把控不足，有效监控企业资金的流向，从而增加了代理成本，也驱使企业选择更为方便简单的短期融资，深化债务期限结构的短期化。另外，信息不对称也使经理人或股东有机会为自身利益而进行非效率的长期投资（过度投资）。

（3）期限匹配理论。

资本结构的研究是我国金融理论研究的热点，但是大量的相关研究将不同类型的债务结构等同看待，往往忽略不同债务期限结构对公司财务的影响。

企业的财务危机不仅受负债比例影响，也受到投融资期限结构的影响。现实中我国企业更是存在债务期限结构过短的问题。而这部分研究的短融长投问题，主要涉及资产与债务期限在匹配上的问题，因此有必要在这里简单讲述一下期限匹配理论。期限匹配理论也称为免疫假设（immunization hypothesis），认为资产与债务期限相匹配是企业进行投资与融资期限结构决策时需要遵循的一项原则，即短期债务一般与流动资产相匹配，而长期资产一般与长期债务相匹配。该理论指出企业的债务期限应与企业资产产生的现金流期限相互匹配对应，才能更好地为企业发展。Hart（1995）通过严格的理论模型分析后认为，长期负债应该用于租赁设备和不动产抵押等资产投资上，短期负债应该被用于流动资产项目投资上。长、短期贷款期限结构应与资产投资使用期限相匹配。最早提出这一理论的是Morris（1976），他认为资产与债务期限的匹配非常重要，因为它可以避免企业陷入流动性不足的困境，降低无法偿还利息而产生的财务风险，避免企业在金融危机爆发时陷入不可自拔的困境。因此，期限匹配理论对于投资与融资问题的相关研究有很好的借鉴性。由前面的研究梳理可知，企业的资产结构对于企业的债务期限选择决策有较大的影响，如果资产结构与债务期限之间匹配度不好，则会引起企业的短融长投问题。简单而言，企业进行了短期融资，并将这些资金投入较长期的项目中，当债务到期须归还时，资产并未到期导致无法归还，从而引发财务问题。这部分研究的短融长投问题，其实质也是因为资产与债务期限不相匹配带来的投融资相关问题。之后Hart和Moore（1994）的研究从资产折旧与债务期限关系的角度，对期限错配理论进行了验证与补充。

2. 过度投资对短融长投作用机理的研究假设

基于上述的理论基础的分析可知，造成过度投资的原因很多，包括代理问题、信息不对称以及公司持有的现金流水平等。其中最主要的原因之一是两权分离，即所有权与经营权的分离，导致经理人倾向于个人利益的追求而从事一些NPV为负的非效率投资。另外，企业进行过度投资成功获得的多数利益是由股东取得的，而一旦失败却须由债权人承担，基于此，企业也会倾向于去进行过度投资，但是理性债权人在贷款时会正确预期到股东未来的投资行为，从而要求较高的回报率，由此导致了负债的一种代理成本。因此，在企业存在过度投资行为时，其融资的代理成本较高，获得长期贷款较难，企业会转向相对较易获得的短期债务融资，投入于长期投资。当然，银行等金融机构或债权人公司为了更好地保证资金的安全性，降低风险也会选择给企业短期债务融资。从而加剧了企业的资产债务期限错配，恶化短融长投行为。李玮玮（2011）在研究浙江省的上市公司的短融长投情况时验证了以上的说法。另外，相关企业资本结构决策的研究结果也表明，在市场机制不完善和法律体系不健全的情况下，银行会相对较少地提供长期债务融资，因为相比于长期融资，短期债务融资更有利于银行对企业进行更加紧密的监督与控制；而当企业面临财务困境或破产时，银行也能尽快获知，利于及时收回资金。此外，杨兴全、曾义等（2014）指出由于对债权人保护的法律体系不完善，为了更好地监督公司内部人的机会主义行为，债权人更多地选择短期债务来应对公司内部治理的不完善。综上所述，基于我国债务期限趋向于短期化的特征，过度投资对企业的短融长投存在一定的影响，且相比于不存在过度投资的企业，存在过度投资的企业的短融长投程度可能更加严重。从而本章提出以下假设：

H2-1：存在过度投资的公司比不存在过度投资的公司的"短融长投"程度更高。

3. 经济周期不同阶段对过度投资与短融长投相互关系的作用机理假设

经济的发展影响着一个国家的方方面面，在我国经济转轨阶段，研究经济的发展对企业投融资的影响，尤其是对于企业债务资产期限的影响，对企业针对不同宏观经济状态下作出不同的战略计划以及政府的政策、宏观调控也尤其重要。孙铮（2006）的研究表明不同经济发展状况下的不同地区对债务期限的影响不同。具体而言，企业所在地区的市场化程度越高，则负债期限结构中的短期负债的占比就越高。那么，从时间横向来说，不同时段或者说不同经济周期下，债务期限也会有所不同。吴娜（2013）研究了经济周期对营运资本的影响，通过GDP增长率来衡量经济周期，结果发现在不同的经济周期阶段，营运资本的调整速度是不一样的，而营运资本直接关系企业的资金流动性。经典财务理论认为，合理的运营资本规模应保持200%的流动比率，长期融资不仅需要满足长期资产的资金占用，同时还需要维持必要的运营资本。根据债务期限匹配原则，债务期限与资产期限应当匹配、吻合，否则，将带来财务危机。可见经济发展对资产债务期限匹配有一定的关联。而当债务期限与资产期限不匹配，且债务期限倾向于短期融资时，即导致债务期限的短期化问题（程建伟，2007；杨棉之、黄世宝，2013），当短期融资用于长期投资时，即会发生"短融长投"的财务异化问题。

经济周期对短融长投的影响并非是直接的，而是一种间接的作用。经济周期主要通过市场需求、资金供求及经济增长波动影响企业的投资决策，进而影响短融长投行为。宏观经济周期的波动影响市场需求，经济学认为产品的市场需求与收入呈正比关系，进而影响企业的投资。当经济周期处于上行期时，人们收入增加，消费欲望会随之增强，从而对产品的需求增加，进而带动了企业扩大生产规模。销售量增加，盈利上升，企业有更强的动机进行扩大规模甚至不惜过度投资。而当经济周期处于下行期时，人们收入水平往往会下降，就业率降低，由需求的收入弹性可知，人们消费欲望会下降，市场需求下降，投资减少。

企业的投资需要资金，而内部融资有限，企业往往需要通过外部融资。企业的外部融资约束主要取决于市场上的资金供求关系，因而经济周期对外部融资环境的影响也比较大。经济上行期，银行有充足的流动资金，信贷条件较宽松，同时市场需求充足，企业销售情况较好，还款能力强，从外部资本市场获得资金的机会也较大，企业现金量充足，过度投资冲动也较强。经济下行期，货币供应量小，银行信贷较难获得，现金流量不足，投资减少。而宏观经济的不确定性对企业投资有很大的影响，因为企业不得不考虑投资的风险，如金融危机的爆发，宏观经济的不确定性以及政府的政策对企业的投资至关重要。当宏观经济不确定性较强时，处于谨慎性的考虑，企业高层会减少投资，保证财务安全；当不确定性较弱时，企业则会相应地扩大投资规模。

从前面对经济周期与企业投资的文献梳理得出，经济周期对企业投资的影响且主要表现在两个方面：一方面，许多研究都表明宏观经济周期对企业投资环境的影响，在经济上行期，宏观经济环境较好，市场需求较大，企业的销售量增加，企业有了充足的资金与动机去进行更大的投资，因此投资也会增加；而在经济下行期，宏观经济条件较差，市场需求减弱，销售量较少，企业表现低迷，资金不足，投资减少。另一方面，政府的政策也会有所不同，在经济上行期，政府会出台一些紧缩性政策；而在经济下行期，则会出台一些适当的扩张性政策鼓励投资。但综合两方面，政府的政策只能起到辅助作用，并不能改变整体。因此，在经济上行期，企业投资较多，结合信息不对称、委托代理理论以及自由现金流假说等，可知企业经理人在外部经济状况较好、自由现金充足的条件下，进行对其自身有益的过度投资，另外，经济环境较好,企业为了抓住机会进行投资尤其是长期投资,需要大量资金,倾向选择较易获得且手续相对简单的短期融资来滚动用于长期投资,而在良好的经济环境,这样的财务异化行为不凸显。结合前面相关理论可知,当经济外部环境较好时,企业过度投资较为严重,而存在过度投资的公司,其过度投资程度越高短融长投程度也越高。在经济下行期,外部宏观经济环境较差,融资困难,企业投资减少,自由现金持有量低,企业过度投资会减少,而过度投资行为较严重的公司资金链断裂的风险更大,出于谨慎性,会更注重资金匹配问题,以保证一定的流动性,会更多地选择长期融资来进行投资。因此,此时过度投资的公司其过度投资程度较高的短融长投现象的影响反而更小。经济周期不同阶段,存在过度投资的企业短融长投行为均高于不存在过度投资的企业,但是过度投资程度不同对企业短融长投行为的影响却不同。

H2-2a:经济上行期,过度投资程度越高的企业短融长投程度越高;

H2-2b:经济下行期,过度投资程度越高的企业短融长投程度反而越低。

三、经济周期与过度投资对企业短融长投的作用机理

(一)样本选择与数据来源

为了检验上市公司的短融长投行为程度,并分析不同经济周期阶段下,过度投资对企业短融长投的影响,尽可能地避免随机因素干扰,选择较长时期的数据使其更具有说服力,避免该分析在时间上的不稳定性。为确保数据的真实有效,本章选取了我国上市的所有A股上市公司2001~2013年的数据为样本。样本区间从2001年开始,是因为2001年开始我国财政部取消之前分行业的会计制度,规定所有行业上市公司从2001年开始执行相同的会计制度。本章选取的数据主要来自Wind金融数据库。为了尽可能地保证样本的同质性,对上述样本进行如下筛选:(1)剔除金融业及保险业类的公司,因为此类公司财务结构具有特殊性,主要是以不同期限的债务来进行牟利,与其他类型公司的债务期限不具备可比性;(2)剔除数据不完备或异常的公司;(3)剔除财务数据异常的ST或*ST公司,最后共获得了22498个观测

值,其中错配指数大于 0 的有 15420 个,错配指数小于 0 的有 7078 个,这部分研究的是企业短融长投的影响因素,因此,最后获得了观测值有 15420 个。具体样本信息报告如表 2-1 所示。

表 2-1　　　　　　　　　　　样本结构

年份	2013	2012	2011	2010	2009	2008	2007
样本量（个）	1501	1436	1421	1479	1513	1351	1246
年份	2006	2005	2004	2003	2002	2001	—
样本量（个）	1221	1135	1014	977	894	772	—

（二）过度投资的度量

过度投资是指接受对公司价值而言并非最优的投资机会,尤其是净现值 NPV 小于零的项目,从而降低资金配置效率的一种低效率投资。这部分研究需要研究过度投资对短融长投的影响,首先需要对企业的过度投资情况进行衡量。实证中如何衡量过度投资是争论的焦点之一,主要包括:第一,Fazzari Hubbard 和 Petersen（1988）建立投资—现金流敏感性模型（简称 FHP 模型）,从敏感性角度判断公司的非效率投资行为;第二,Vogt（1994）构建的计量模型,包含了投资机会与现金流,并采用了交互项,他利用代表企业价值的托宾 Q 值与自由现金流的关系,来判断企业是否投资过度（简称 Vogt 模型）;第三,Richardson（2006）基于会计框架使用残差来对公司的非效率投资进行度量（简称 Richardson 模型）。詹雷等（2011）对以上三种衡量过度投资的基本模型进行了较为具体的介绍与评价,还介绍了我国学者对三种模型的应用,他们认为以上三类典型的模型具有各自的优势与不足。FHP 模型无法区分投资支出与现金流敏感性是由过度投资还是投资不足引起的,且模型中的边际 Tobin's Q 在我国上市公司中难以被度量;Vogt 模型只能判断是否存在过度投资或投资不足,不能衡量样本公司过度投资的程度,且现金流与投资机会交乘项可能并不适合研究中国上市公司,因为多数中国上市公司表现为低成长低盈利特征,这与 Vogt（1994）认为的有出入。Richardson 模型是对 Vogt 模型的发展,不仅可以判断公司是否存在过度投资或投资不足,还可以有效度量样本公司过度投资或投资不足的水平,为后续学者的研究带来便利,但是,也存在预期新增 NPV 为正的项目投资（最优投资水平）INEWt＊度量结果准确性不足的问题。

我国学者们基于现实状况进行了一定的改进，就目前的研究整体而言，Richardson 模型（2006）更加科学，运用的范围也相对较广，不仅可以衡量企业的投资—现金流敏感性，区分过度投资和投资不足的状况，而且还可以对过度投资的水平进行衡量，有利于人们更直观地了解企业的过度投资状况，为后续学者们对过度投资的相关研究提供基础。因此，2006 年以来，我国学者们更多的选用 Richardson 模型（2006）来度量企业的过度投资状况，如魏明海、柳建华（2007），罗进辉（2008），谭燕、陈艳艳、谭劲松等（2011），黄珺、黄妮（2012）都采用了该方法进行衡量企业过度投资。基于此，这部分研究也将借鉴 Richardson 模型（2006）来进行对过度投资的度量。

本章将企业实际投资规模与理想投资规模进行比较，基于企业的投资与其规模、成长性等之间的关系建立回归方程，预测理想投资规模，然后再比较实际投资与理想投资，当实际投资大于理想投资时，则认为存在过度投资。企业的总投资由维持性投资与新增投资组成，维持性投资等于上一期的折旧与摊销之和，而新增投资包括适度投资与非效率投资。其中的适度投资是指预期 NPV 为正的投资。本章借鉴 Richardson（2006）研究得到计算思路如图 2－1 所示：

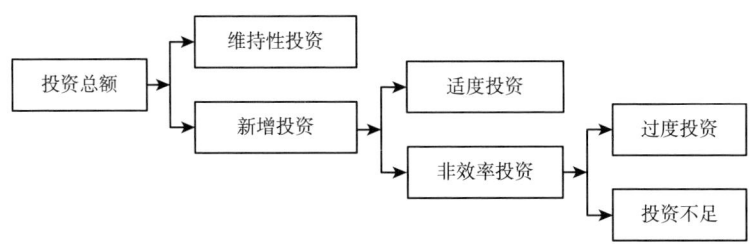

图 2－1　过度投资的计算思路

过度投资的计算模型如下：

$$INEW_t = I_t - IMT_t \tag{2-1}$$

$$INEW_t = \alpha_0 + \alpha_1 Growth_t + \alpha_2 Lev_t + \alpha_3 Cash_t + \alpha_4 Age_t + \alpha_5 Size_t + \alpha_6 INEW_{t-1} + \sum IND + \sum YEAR + \varepsilon_t \tag{2-2}$$

$$INEW_t^* = \alpha_0 + \alpha_1 Growth_t + \alpha_2 Lev_t + \alpha_3 Cash_t + \alpha_4 Age_t + \alpha_5 Size_t + \alpha_6 INEW_{t-1} + \sum IND + \sum YEAR \tag{2-3}$$

其中,企业的成立年限、财务杠杆、成长机会、规模大小、上期新增投资等均为影响企业正常投资支出的变量。因变量 INEWt 代表企业的新增投资,模型的拟合值 INEWt * 为企业的合理新增投资,模型回归后得到的残差 ε 则代表非效率投资,因此,当 ε>0 时代表企业存在过度投资,ε<0 则代表企业存在投资不足。过度投资各相关变量的含义如表 2-2 所示。

表 2-2　　　　　　　　　　过度投资相关的变量定义

I_t	总投资	公司第 t 年的现金流量表中"购建固定资产、无形资产和其他长期资产支付的现金"加上"投资支付的现金"减去"处置固定资产、无形资产和其他长期资产收回的现金净额",除以年初总资产
IMT_t	保值投资	公司第 t 年现金流量表中折旧与其他长期资产的摊销之和,除以年初总资产
$INEW_t$	新增投资	据式 (2-1) 计算得出,即总投资 I_t 减去保值投资 IMT_t
$INEW_t^*$	合理新增投资	据式 (2-2)、式 (2-3) 计算得出
ε_t	非效率投资	模型残值
NI_t^ε	过度投资虚拟变量	$\varepsilon_t>0$ 取 1,$\varepsilon_t<0$ 取 0
$Pos\_NI_t^\varepsilon$	过度投资变量	$\varepsilon_t>0$,$Pos\_NI_t^\varepsilon = \varepsilon_t$;$\varepsilon_t<0$,$Pos\_NI_t^\varepsilon = 0$
$Growth_t$	公司成长性或增长机会	t 年营业收入增长率
Lev_t	财务杠杆	公司 t 年末的资产负债率
$Cash_t$	现金持有量	公司第 t 年资产负债表中现金资产除以期末总资产
Age_t	公司成立年限	截至第 t 年公司的成立年限
$Size_t$	公司规模	公司第 t 年年末总资产额的自然对数
IND	行业控制变量	行业虚拟变量,1 表示隶属该行业,0 表示其他,采用证监会行业分类标准,除制造业取 2 位行业代码外,其余均取 1 位,剔除金融业,分为 17 个行业,共 16 个虚拟变量
YEAR	年度控制变量	年度虚拟变量,1 表示隶属该年的研究样本,0 表示其他,共 13 年,设置 12 个虚拟变量

(三) 短融长投的度量

短融长投这一概念的运用始于我国德隆系问题的分析,最直接进行实证的是饶有育等 (2008) 对我国企业短期融资券融资时的短融长投存在性研究中。他们采用营运资本增加额、固定资产及长期资投资现金支出作为被解释变量,如果短期融资券发行额与营运资本增加额负相关,与长期投资现金支出正相关,则表明样本企业存在短融长投。另外,也有一些研究者(李玮玮,2011;曾秋根,2006)从投资与融资的期限出发,分别统计企业的债务期限与资产期限,发现企业融资以短期为主却主要进行长期投资,存在资产债务期限错配问题,从而认为必然存在短融长投行为。以上文献都只能在一定程度上判断企业短融长投问题的存在性,对于直接度量"短融长投"问题,缺乏文献参考,因此本章在借鉴以上文献的基础上,结合期限错配原则构建了短融长投度量指标。

经典财务理论一般认为,合理的运营资本规模应保持200%的流动比率,即流动资产为短期负债的2倍。但是考虑到应付账款、预收账款等非计息流动负债是自然性商业信用融资,难以用于长期投资,故需要剔除。因此,本章的目标流动资产为双倍的计息流动负债。换言之,长期融资不仅需要满足长期资产的资金占用,同时为维持长期投资必要的运营资本,还须满足数量上与计息流动负债相等的目标营运资本。这部分流动资产对资金的占用需求与长期资产具有同样性质。本章将流动负债与应付预收账款之差作为计息流动负债统计。因此,设计的测算企业资产与融资期限匹配模型如下:

$$\text{MMI} = \frac{\text{L-asset} + (\text{CL} - \text{AP}) - \text{Equity} - \text{L-Lability}}{\text{L-asset} + (\text{CL} - \text{AP})} \quad (2-4)$$

资产与融资期限匹配指数的绝对值大,说明可能存在期限错配,且绝对值越大,错配程度越大。匹配指数符号有正有负,正负含义不同。正,表明存在一定程度短融长投;负,表明资产流动性可能存在剩余。L-asset为长期资产,CL为流动负债,AP为应付预收账款(即非计息负债),(CL-AP)为数量上等于计息流动负债的目标营运资本,Equity为所有者权益,L-Lability为长期负债。

(四) 经济周期指标及其阶段的划分

经济周期是指经济运行中经济扩张与经济紧缩周期性的波动,且相互交替更迭、循环往复的一种现象。对其较为权威的定义是1946年Mitchell和Buns提出的,并将它分为繁荣、衰退、萧条和复苏四个阶段。这些阶段下特征周而复始出现,形成一定的周期性。在市场经济体制下,企业的经营状况受内部与外部的环境影响,内部环境一般包括组织结构、企业文化与资源条件等,而外部环境主要取决于宏观经济状况与市场环境状况,对于企业自身来说无法改变其外部的宏观环境只能积极地去适应它,同时改变其内部环境来改善经营状况增大自身的竞争力。因此,了解经济波动以制定相应适应周期波动的对策对一个企业相当重要。对于一个完整的经济周期应该分为几个阶段,国内外研究各有不同。有些研究认为应分为衰退、增长、恢复三个阶段,也有的认为分为紧缩、恢复、繁荣和衰退四个阶段,但是我国学者经常使用两阶段,即扩张期和紧缩期两个阶段。本章参考吴娜(2013)的分法,也采用两阶段法,但是采用经济上行期和下行期代替扩张期与紧缩期。经济阶段的划分主要考虑划分依据与周期起点。其中对于周期起点的选择,有的学者采用"谷—谷"法,而有的则选用"峰—峰"法研究,但是,近年来,采用"谷—谷"法的较多,如吴娜、刘树成等,这部分研究也将采用"谷—谷"法。而对于划分依据,我国学者基本上达成一致,选择GDP的年增长率作为划分依据。

如表2-3所示,本章按照"谷—谷"法划分,我国于2000年进入新中国成立后的第10个经济周期,2001~2007年,GDP增长率总体上逐年上升,划分为经济周期上行期;2008年,我国经济受到全球金融危机的影响,总体上表现为下降,将该期间为经济周期的下行期。本章先采用GDP增长率(GRGDP)作为衡量经济周期的替代变量。在我国经济体制下,宏观经济环境对企业的生存具有重要意义,对于企业投融资决策尤甚。因此,不同经济周期下企业短融长投行为的不同研究是本章的研究重点之一,为更直观地观测出经济周期的波动性与企业短融长投的关系,将引入一个虚拟变量来衡量经济周期。根据以上对经济周期的划分,设置虚拟变量EXP代表经济上行期,即当处于上行期时(2001~2007年),$EXP=1$;反之,当处于下行期时(2008~2013年),则$EXP=0$。

表2-3　　　　　　　　　国民生产总值及其增长率

	2001年	2002年	2003年	2004年	2005年	2006年	2007年
经济上行期	8.3%	9.1%	10%	10.1%	11.3%	12.7%	14.2%
	2008年	2009年	2010年	2011年	2012年	2013年	—
经济下行期	9.6%	9.2%	10.45%	9.24%	7.8%	7.7%	—

(五) 影响短融长投的控制变量

短融长投是资产与债务期限错配行为，本章主要依据委托代理理论和期限匹配理论（Myers，1977；Simith，1986），并参考 Barclay（1995）、袁卫秋（2005）、孙铮（2005）、饶有育等（2008）等经验研究，选择现金持有量、公司成立年限、企业规模、资产负债率作为控制变量，同时为了控制不同行业的影响，引入虚拟变量对行业进行控制。具体如下：

(1) 现金持有量（Cash）。

现金持有量影响过度投资，张功富（2007）研究证明，现金持有量与企业过度投资正相关，而虽然过度投资正向影响短融长投，但是并非所有的过度投资行为都会影响短融长投，需要的是短期融资用于过度的长期投资投资，而现金持有量的增加使企业进行短期融资的必要性减少，因此现金持有量与企业短融长投行为之间是负相关关系。

(2) 公司成立年限（Age）。

企业成立时间越长，短融长投行为越严重。因为成立时间短的企业往往比较谨慎，且刚成立不久的公司一般资金较为充足，进行外部融资也较少，长期投资也较少，因为很少有公司刚成立就去大规模扩张的（应千伟、罗党论，2012）。公司成立时间越长，需要面对的问题也越多，易出现代理问题、过度投资问题，融资约束也较大，因此短融长投行为会越严重。本章采用上市公司披露的上市年限作为替代变量。

(3) 企业规模（Size）。

企业的规模越大，企业进行短融长投的行为越少。因为公司规模大，公司的影响力也就越大，就会得到政府支持，会存在一定的预算软约束（方军雄，2010），融资较容易，冒险进行短融长投的概率较小。

(4) 资产负债率（Lev）。

戴璐（2008）在研究股权再融资中的超额短期借款用于投资的现象时，认为资产负债率作为财务杠杆反映企业资本结构影响企业投融资期限匹配，并发现企业存在超额短期借款使资产负债率也较高。资产负债率表示公司总资产中有多少是通过负债筹集的，该指标是评价公司负债水平的综合指标。同时也是一项衡量公司利用债权人资金进行经营活动能力的指标，也反映债权人发放贷款的安全程度。资产负债率与企业短融长投行为为正相关关系，企业在债务压力的作用下会增加短期融资,从而加剧了短融长投行为。

(5) 行业控制变量(IND)。

不同行业公司的绩效之间存在很大的差异,本章以证监会规定的行业分类为标准,除制造业取 2 位行业代码外,其余均取 1 位,剔除金融业,分为 17 个行业,共 16 个虚拟变量,1 表示隶属该行业,0 表示其他。

(六)过度投资对短融长投作用机理的检验模型构建

过度投资与短融长投的影响因素研究实证较少,因此对于这部分研究在参考了吴娜(2013)与谭燕(2011)研究相关影响因素中的回归模型,并结合过度投资与短融长投的度量,得到了模型(2-5),其中 MMI 为资产债务期限错配指数,代表短融长投的程度,NI_t^e 为过度投资虚拟变量,Lev、Age、Size、Cash 分别为资产负债率、企业成立年限、企业规模与现金持有量,IND、YEAR 为行业控制变量。

$$MMI_t = \lambda_0 + \lambda_1 NI_t^e + \lambda_2 Lev_t + \lambda_3 Age_t + \lambda_4 Size_t + \lambda_5 Cash_t \\ + \sum IND + \sum YEAR + \varepsilon_t \qquad (2-5)$$

对模型(2-5),若 NI_t^e 的系数为正,表明存在过度投资的企业比不存在过度投资的企业的短融长投行为更为严重。为了下一步研究不同经济周期阶段下,过度投资与短融长投的关系,本章还将进一步从不同经济周期(2001~2007 年和 2008~2013 年)下,分析过度投资存在与否对短融长投的影响。

(七)不同经济周期阶段对过度投资与短融长投关系的影响检验模型构建

由前面关于经济周期对企业投资行为的研究分析可知,宏观经济周期会通过影响市场需求、资本供求、经济发展的不确定性等间接影响企业的投资决策,进而再影响企业的短融长投行为,为验证假设,引入变量资产负债率、企业成立年限、企业规模大小、企业现金持有量以及行业虚拟变量。接着,本章借鉴其他研究者的研究方法,在模型中加入交互变量来考察多个解释变量共同对一个被解释变量的影响作用。加入过度投资与经济周期的交互变量,构建模型(2-6),根据交互变量系数的不同研究不同经济周期下过度投资与短融长投的关系。为了更好地研究非效率投资(过度投资)对企业短融长投行为的影响，本章采用残差来描述非效率投资（过度投资）的程度，得到的模型如下：

$$MMI_t = \lambda_0 + \lambda_1 pos\_NI_t^{\varepsilon} + \lambda_2 EXP_t + \lambda_3 EXP_t \times pos\_NI_t^{\varepsilon} + \lambda_4 Lev_t$$
$$+ \lambda_5 Age_t + \lambda_6 Size_t + \lambda_7 Cash_t + \sum IND + \varepsilon_t \quad (2-6)$$

模型中 Lev、Age、Size、Growth 分别为企业的资产负债率、成立年限、公司规模、成长机会，是模型的控制变量，另外，IND 为行业虚拟变量，需要进行控制。我们定义其中的自变量 $Pos\_NI_t^{\varepsilon}$，当 Richardson（2006）模型中残差 $\varepsilon_t > 0$ 时，则 $Pos\_NI_t^{\varepsilon} = \varepsilon_t$；当残差 $\varepsilon_t < 0$，则 $Pos\_NI_t^{\varepsilon} = 0$。当过度投资与经济周期的交互变量 $EXP \times Pos\_NI_t^{\varepsilon}$ 的系数为正时，表明经济周期处于该阶段时，企业的过度投资程度越高则短融长投行为越严重；系数为负，表明经济周期处于该阶段时，企业的过度投资程度越高，短融长投行为反而越弱。

四、经济周期与过度投资对企业短融长投的作用机理描述性统计分析

（一）核心变量的描述性统计分析

这部分研究的核心变量主要有三个，分别是经济周期、过度投资与短融长投的相关变量。从表 2-4 统计结果可知，期限错配指数（MMI）大于 0 的样本量为 15420 个观测值，占总样本量的 68.54%，MMI 小于 0 的样本量为 7078，占样本总量的 31.46%，由此可见，在流动性问题上，相比于流动性过剩，短融长投现象较为普遍，本章的研究很有意义。由于本章研究的是企业的短融长投行为，因此本章将针对 MMI > 0 的数据为样本进行进一步处理与分析。

表 2-4　　　　　　　　　　期限错配指数统计

	观察值	比例
MMI > 0	15420	68.54%
MMI < 0	7078	31.46%
合计	22498	100%

表 2-5 为我国 2001~2013 年的 GDP 增长率和期限错配指数平均值的列表，其中期限错配指数 MMI 是筛选后的全部 A 股上市公司样本量中（期限错配指数大于零）的每一年的均值。从表 2-5 中可以看出，经济上行期，GDP 增长率较大，从 2001 年的 8.30% 增长到最高 2007 年的 14.20%，逐年递增，而期限错配指数（MMI）也随之逐渐增大；而在经济下行期，GDP 增长率在 2010 年稍有波动，大体上处于逐年递减趋势，其中，2008 年受到全球金融危机的影响，我国的 GDP 增长率从 2007 年的 14.20% 跌到 2008 年的 9.60%，到 2013 年达到了 7.70% 的水平，期限错配指数（MMI）也随之逐年减小，从 2008 年的 0.437 跌到 2013 年的 0.378。由此可以看出公司受到宏观经济环境的影响，说明研究不同经济阶段下，过度投资对短融长投行为的影响具有意义。为了使数据更加直观，这部分研究把表 2-5 数据运用 Excel 软件进行初步处理，得到图 2-2 的 GDP 增长率（GRGDP）与期限错配指数（MMI）的趋势图。由图 2-2 可知，GDP 增长率与期限错配指数（MMI）两者的趋势很相近，并表现出了明显的不同经济周期下不同的发展趋势，同样也表明了经济周期这一因素的必要性，为以下研究不同经济周期过度投资对短融长投行为的影响研究提供依据。

表 2-5　　　　　　　　GDP 增长率与期限错配指数

	年份	2001	2002	2003	2004	2005	2006	2007
经济上行期	GRGDP	8.30%	9.10%	10.00%	10.10%	11.30%	12.70%	14.20%
	MMI	0.352	0.374	0.397	0.422	0.453	0.457	0.442
	年份	2008	2009	2010	2011	2012	2013	—
经济下行期	GRGDP	9.60%	9.20%	10.45%	9.24%	7.80%	7.70%	—
	MMI	0.437	0.407	0.397	0.395	0.388	0.378	—

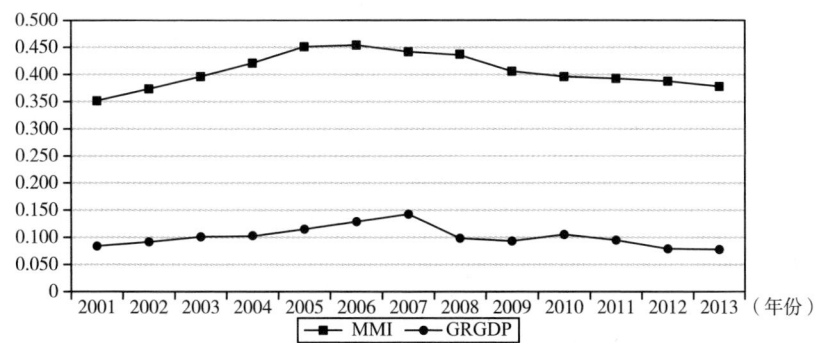

图 2-2　GDP 增长率与短融长投程度的趋势图

表 2-6 是对样本上市公司的投资情况的统计结果,从表 2-6 中可知,企业总投资支出占上期总资产的比例均值为 10.884%,其中维持性投资占 3.862%,而新增投资比例为 7.022%,说明样本上市公司的新增投资高于维持性投资。采用 Richardson (2006) 模型回归得到的残差来衡量过度投资,结果表明,超过 35% 的公司存在过度投资,而近 65% 的公司存在投资不足。同时,在存在过度投资的公司中的期限错配指数 (MMI) 均值为 0.41447,而存在投资不足的公司中的期限错配指数 (MMI) 均值为 0.40663,低于存在过度投资的公司,说明存在过度投资的公司较不存在过度投资的公司的短融长投情况更严重一些,这与这部分研究的假设 H2-1 一致,但仍需要进一步研究。

表 2-6　　　　　　　　　　企业过度投资与短融长投

企业投资构成	观察值	均值	中位数
总投资支出 I_t	15420	0.10884	0.07067
维持性投资 IMT_t	15420	0.03862	0.02473
新增投资 $INEM_t$	15420	0.07022	0.04376
过度投资与投资不足	观察值	比例	MMI2 均值
$\varepsilon_t > 0$ (过度投资)	5411	35.09%	0.41447
$\varepsilon_t < 0$ (投资不足)	10009	64.91%	0.40633

(二) 其他变量的描述性统计分析

首先对整个研究期 (2001~2013 年) 进行描述性统计,接着分别对不同经济周期下 (2001~2007 年和 2008~2013 年) 的相关变量进行了描述性统计,结果统计如表 2-7 所示。

表 2-7 报告了所涉及各变量的均值、中值、标准差、最小值及最大值。统计结果显示,企业期限错配指数的均值在经济上行期为 0.42,相比经济下行期均值 (0.40008) 较高,说明在经济上行期经济稳定持续增长的情况下,企业对经济前景看好,所以进行较多的长期投资,短融长投情况较严重;在经济周期下行期,恶劣的宏观经济环境,资金周转困难,企业变得谨慎,抑制了企业进行短融长投行为。而从标准差来看,经济周期上行期 (0.25909) 低于下行期 (0.27009),这可能是由于在经济下行期,多数企业凭借谨慎性

而减少短融长投行为，一些企业由于经济状况不好，已经即将进入短融长投的恶性循环机制，为了拯救企业或者继续之前的长期投资而不得不继续进行短融长投，甚至更多；在经济上行期，企业看好经济前景，绝大多数企业选择了短融长投这一机制来进行投资与融资。

表 2-7　　　　　　　　　　　描述性统计

变量	经济周期阶段	观察值	均值	中位数	标准差	最小值	最大值
MMI	样本总量	15420	0.40919	0.38929	0.26529	0.00004	7.85232
	上行期	7050	0.42000	0.40257	0.25909	0.00004	2.10990
	下行期	8370	0.40008	0.38013	0.27009	0.00020	7.85230
GRGDP	样本总量	15420	9.96%	9.60%	1.82%	7.70%	14.20%
	上行期	7050	11.11%	11.30%	1.93%	8.30%	14.20%
	下行期	8370	9.00%	9.20%	0.98%	7.70%	10.45%
$Size_{t-1}$	样本总量	15420	21.42744	21.30206	1.33692	12.31425	28.40521
	上行期	7050	21.10477	21.03345	1.09569	12.31430	27.42660
	下行期	8370	21.69922	21.60554	1.45611	14.15810	28.40520
$Growth_{t-1}$	样本总量	15420	0.86554	0.15723	42.51171	-1.00000	3784.37190
	上行期	7050	1.54743	0.17615	62.69220	-1.00000	3784.37190
	下行期	8370	0.29119	0.14257	4.30514	-0.99970	367.53200
Lev_{t-1}	样本总量	15420	0.60998	0.54913	1.32513	0.00907	0.96960
	上行期	7050	0.72036	0.53321	11.92292	0.00907	1.01320
	下行期	8370	0.64845	0.56479	2.05410	0.01642	0.96960
$Cash_{t-1}$	样本总量	15420	0.14841	0.12482	0.18226	0.00002	18.68033
	上行期	7050	0.14004	0.11715	0.10029	0.00020	0.74360
	下行期	8370	0.15547	0.13032	0.22940	0.00002	18.68030
Age_{t-1}	样本总量	15961	15.61	11	5.204	0	54
	上行期	7259	9.10	9	4.294	0	29
	下行期	8702	13.71	14	4.961	1	54

GDP 增长率在经济紧缩阶段的均值（9.00%）和中值（9.20%）均低于经济扩张阶段（11.11%，11.30%）。由于本章是用 GDP 增长率及其变动趋势作为划分经济周期阶段的标准，所以这里的统计结果与前面的划分一致。

营业收入增长率在经济周期下行期的均值（0.29119）和中值（0.14257）显著低于经济周期上行期（1.54743，0.17615），而且经济下行期的标准差

(4.30514) 显著低于经济扩张阶段(62.69220),说明当经济周期处于下行期时,大部分企业由于受到不利宏观经济环境的冲击,营业收入增长率的下滑趋于集中。

企业现金持有量在经济下行期的均值(0.15547)和中值(0.13032)均高于经济上行期(0.14004、0.11715),说明企业在经济环境较差时,现金持有水平高于经济环境较好时。这与罗绮(2009)、江龙和刘笑松(2011)的研究是一致的。从标准差来看,在经济下行期为0.22940,相比经济上行期(0.10029)较高,说明在经济周期下行期,企业现金持有量的差异情况较大。这可能是因为一些企业由于前期经济高速增长的积累,使企业的现金水平仍然较高,而一些企业由于突然而来的经济危机陷入财务困境,造成现金短缺。

资产负债比率的统计结果显示,在经济下行期其均值(0.64845)显著低于经济上行期(0.72036),这可能是由于在宏观经济收缩期,企业的内源性资本减少,只能依赖外部融资,此阶段,由于整个经济体的不确定性程度很大,投资者对企业融资进行的项目投资与企业管理层之间的信息更加不对称,企业将选择债务融资,企业杠杆下降。

五、经济周期与过度投资对企业短融长投的作用机理实证检验

本章对模型中的变量进行了相关性检验。表2-8与表2-9是Richardson模型和短融长投程度影响因素模型主要相关变量相关性检验的结果,其中由于过度投资虚拟变量NI_t^e和经济周期替代变量EXP为非连续变量,因此只采用Spearman相关性检验,而Richardson模型分别采用Pearson和Spearman相关性检验。

表2-8　短融长投程度影响因素模型变量的Spearman相关性矩阵

	MMI	Cash	Age	Size	Lev	EXP	NI_t^e	GRGDP
MMI	1							
Cash	-0.179***	1						
Age	0.114***	-0.087***	1					

续表

	MMI	Cash	Age	Size	Lev	EXP	NI_t^ε	GRGDP
Size	0.006	0.013	0.199 ***	1				
Lev	0.343 ***	-0.177 ***	0.183 ***	0.135 ***	1			
EXP	0.041 ***	-0.067 ***	-0.455 ***	-0.226 ***	-0.088 ***	1		
NI_t^ε	-0.045 ***	0.110 ***	-0.080 ***	0.335 **	0.141 ***	-0.064 ***	1	
GRGDP	0.090 ***	-0.061 ***	-0.200 ***	-0.150 ***	0.041 ***	0.523 ***	-0.057 ***	1

注：*、**、*** 分别表示在10%（双侧）、5%（双侧）、1%（双侧）水平上显著。

表 2-9　　　　　　　Richardson 模型自变量的相关性矩阵

	$INEW_{t-1}$	$Cash_{t-1}$	Age_{t-1}	$Size_{t-1}$	$Growth_{t-1}$	Lev_{t-1}
$INEW_{t-1}$	1	0.170 ***	-0.220 ***	0.122 ***	0.254 ***	-0.219 ***
$Cash_{t-1}$	-0.002	1	-0.087 ***	0.013	0.112 ***	-0.177 ***
Age_{t-1}	0.004	-0.040 ***	1	0.199 ***	-0.156 ***	0.183 ***
$Size_{t-1}$	0.013	-0.016 *	0.149 ***	1	0.038 ***	0.135 ***
$Growth_{t-1}$	-0.001	-0.003	-0.002	-0.005	1	0.005
Lev_{t-1}	-0.002	-0.006	0.024 ***	-0.077 ***	0.001	1

注：*、**、*** 分别表示在10%（双侧）、5%（双侧）、1%（双侧）水平上显著。

（一）样本总体的相关性分析

Richardson 模型自变量的相关性分析结果显示，在 Pearson 检验下，上期新增投资 $INEW_{t-1}$、公司成长性 $Growth_{t-1}$ 与其他变量相关性不显著，而在 Spearman 检验下，各变量之间相关性基本上都是显著的。现金持有量与公司规模大小之间正相关，但是并不显著，公司成长性与资产负债率也是正相关而不显著。

短融长投程度影响因素模型变量的相关性分析结果显示，在 Spearman 检验下，期限匹配指数（MMI）与 GDP 增长率都具有显著的正相关性。期限匹配指数（MMI）与虚拟变量代表过度投资的虚拟变量 NI_t^ε 之间在1%的显著性水平下正相关，这符合我们之前的预期，但是单变量检验存在不稳定性，想要验证这部分研究的假设仍需要进行进一步的分析。期限匹配指数（MMI）与公司成立年限（Age）、财务杠杆（Lev）之间呈正相关关系，且在1%水平上显著，说明公司成立年限越长，财务杠杆越高，短融长投行为越严重。期限匹配指数（MMI）与现金持有量（Cash）、企业规模（Size）有显著的负相关关系，也都通过了双尾检验。另外，由表2-8与表2-9可以看出各变量之间的相关性系数均小于0.4，说明不存在严重的多重共线性。

（二）不同经济周期阶段的相关性分析

对不同经济周期阶段的相关变量进行相关性分析，由于虚拟变量NI_t^ε为非连续变量，因此只采用Spearman相关性检验，结果见表2-10和表2-11。从表中数据可知，无论经济周期处于上行期还是下行期，期限错配指数MMI与现金持有量、企业规模大小负相关，与公司成立年限、财务杠杆正相关，与总体样本下得到的结果基本一致。而从表2-10中可知，经济上行期时期限错配指数MMI虽与企业规模大小呈正相关关系，但是并不显著，这可能与单变量不稳定有关需要进一步研究。其他变量都与期限错配指数MMI显著相关。

经济周期上行期，期限错配指数与GDP增长率呈显著的正相关关系（Spearman相关系数0.123），通过双尾检验，表明短融长投程度随GDP增长率的上升而显著增加；经济下行期，期限错配指数与GDP增长率也呈显著的正相关关系（Spearman相关系数0.035），通过双尾检验，表明短融长投程度随GDP增长率的下降而显著减少。MMI与过度投资虚拟变量（代表存在与不存在）之间存在显著的正相关关系，符合预期。单变量不稳定，须进一步分析。

表2-10　　　　　　经济周期上行期各变量的相关性矩阵

N = 7050	MMI	Cash	Age	Size	Lev	NI_t^ε	GRGDP
MMI	1						
Cash	-0.201***	1					
Age	0.198***	-0.170***	1				
Size	-0.026	0.040***	0.062***	1			
Lev	0.659***	-0.222***	0.198***	0.039***	1		
NI_t^ε	0.016***	0.149***	-0.154***	0.272***	0.076	1	
GRGDP	0.123***	-0.072***	0.341***	0.127***	0.192***	-0.032***	1

注：矩阵左下为Pearson相关性系数，右上为Spearson相关性系数；*、**、***分别表示在10%（双侧）、5%（双侧）、1%（双侧）水平上显著。

表 2-11　　　　　　　经济周期下行期各变量的相关性矩阵

N = 8370	MMI	Cash	Age	Size	Lev	NI_t^ε	GRGDP
MMI	1						
Cash	-0.158***	1					
Age	0.117***	-0.098***	1				
Size	-0.050***	-0.034***	0.139***	1			
Lev	0.642***	-0.150***	0.053***	0.186***	1		
NI_t^ε	0.078***	0.069***	-0.098***	0.387***	0.189***	1	
GRGDP	0.035***	0.002	-0.214***	-0.178***	0.020*	0.014	1

注：矩阵左下为 Pearson 相关性系数，右上为 Spearson 相关性系数；*、**、*** 分别表示在 10%（双侧）、5%（双侧）、1%（双侧）水平上显著。

（三）回归检验

基于以上描述性统计和相关性检验的分析可知，过度投资与企业的短融长投之间的相关性并不稳定，这主要是由于企业的短融长投行为除了受过度投资的影响外，还会受到其他诸多相关因素的影响。所以本章首先建立模型 4-7 对过度投资对企业短融长投行为的影响进行回归分析。然后再用模型 4-8 回归，来检验经济周期不同阶段，过度投资对企业短融长投的影响作用。

1. 过度投资回归检验结果

表 2-12 列示了模型 4-2 过度投资度量模型 Richardson 模型回归结果。从表中可以看出，样本组通过了显著性水平为 1% 的 F 检验，说明该回归模型具有统计意义。方差膨胀因子远小于 10，说明模型变量之间不存在严重的多重共线性。调整后的 R^2 为 0.469，拟合度在可接受的范围内，表明该模型对被解释变量的解释程度在 46.9% 左右。

公司的新增投资与上年的新增投资之间正相关，且在 1% 水平上显著，表明企业进行新增投资时一般会参考上年的新增投资，企业新增投资具有一定的延续性。企业现金持有量水平与新增投资之间正相关，且在 1% 水平上显著，表明在企业具有较高的现金持有量水平时，经理人会进行更多的投资，这与预期相符。公司成立年限与企业新增投资之间也是正相关，且显著，表明企业成立的时间越久，扩张的动机越大，进行的投资也就越多。新增投资与资产负债率、成长机会负相关，表明企业负债较多会促使债权人的监控更加严格，从而使企业减少新增投资。而模型残差将作为过度投资替代变量，并经过一定的计算处理后进入下一步的回归中。

表 2-12　　　　　　　　　过度投资的回归结果

模型 4-2			
变量	回归系数	t	Sig.
（常量）	0.360***	12.468	0.000
$INEM_{t-1}$	0.005**	2.060	0.039
$CASH_{t-1}$	0.038***	3.676	0.007
AGE_{t-1}	0.011***	11.539	0.000
$SIZE_{t-1}$	0.011***	2.419	0.000
$Growth_{t-1}$	-0.0025*	-0.468	0.086
LEV_{t-1}	-0.152***	-6.946	0.000
IND	控制	控制	控制
Year	控制	控制	控制
R^2		0.469	
$Adj-R^2$		0.469	
F	598.609***	Sig.	0.000

注：*、**、***分别表示在10%、5%、1%水平上显著。

2. 过度投资对短融长投作用机理的回归检验结果

经过理论分析得知，存在过度投资与不存在过度投资的企业的短融长投行为不同，为了验证企业过度投资与短融长投之间的关系，这部分研究构建了模型 4-5，并进行了回归分析见表 2-13。

表 2-13　　　　　　　　　样本总体的回归结果

模型 4-5			
变量	回归系数	t	Sig.
（常量）	0.680***	23.329	0.000
NI_t^ε	0.096***	14.971	0.000
$CASH_{t-1}$	-0.141***	-12.360	0.000
AGE_{t-1}	0.007***	17.537	0.000
$SIZE_{t-1}$	-0.020***	-12.910	0.000

续表

模型 4-5			
变量	回归系数	t	Sig.
LEV_{t-1}	0.003 ***	11.928	0.000
IND	控制	控制	控制
R^2		0.163	
$Adj-R^2$		0.163	
F	297.417 ***	Sig.	0.000

注：*、**、*** 分别表示在10％、5％、1％水平上显著。

根据表 2-13，模型 4-5 调整后的 R^2 为 0.163，F 统计量在 1％ 的显著性水平下显著，说明模型通过了检验，模型的拟合度不高，但是在可接受范围内，即该模型对被解释变量的解释程度在 16.3％ 左右。方差膨胀因子远小于 10，说明模型变量之间不存在严重的多重共线性。

从表 2-13 中看出，现金持有量、企业规模与企业短融长投行为呈显著的负相关关系，表明当企业的现金持有量充足时，其受外部融资约束较小，能保持较好的流动性，短融长投程度较低，这与预期一致。企业规模与短融长投程度呈显著负相关，表明当企业规模较大时，具有一定社会影响力，使其资源丰富，融资约束相对较小，短融长投程度也就相对不严重。企业成立年限、资产负债率与企业短融长投行为呈显著的正相关关系。这表明当企业成立时间越久，需要面对的问题也越多，且易出现代理问题，过度投资相对较为严重，受融资约束，从而导致企业的短融长投行为也较为严重。而当企业负债越多时，银行等债权人对企业的监管力度越大，也会控制长期借款的比例，企业会提高短期融资比例以用于长期投资，短融长投情况也就越严重。

在回归结果中，过度投资虚拟变量 NI_t^e 的系数为 0.096，且在 1％ 的显著性水平下显著，说明存在过度投资的企业比不存在过度投资的企业的短融长投程度更高，过度投资多为长期投资，且获得长期融资的难度较大，因而存在较为严重的短融长投行为，从而验证了假设 2-1。为更好地研究过度投资与短融长投的关系机理，本章还分不同经济阶段来探究过度投资存在与否对企业短融长投的影响，结果见表 2-14。从回归结果可知，经济周期上行期与下行期的回归分析的 F 统计量均在 1％ 的显著性水平下显著，说明模型的解释作用较强，而两个经济周期阶段调整后的 R^2 分别为 0.223 和 0.195，该模型对被解释变量的解释程度（根据不同经济周期阶段），分别在 22.3％ 和

19.5%左右。整体而言,模型的拟合效果比较好。过度投资虚拟变量 NI_t^e 的系数分别为 0.210 与 0.025,都为正相关关系,且 1% 水平上显著,表明经济周期基本并不影响上述结论,即不管经济周期处于什么阶段,存在过度投资的的企业都比不存在过度投资的企业的短融长投行为更为严重。但是,也可看出当经济周期处于上行期时,期限错配指数与过度投资虚拟变量之间的相关系数要显著大于经济周期处于下行期时的相关性系数值,为了更深入研究经济周期这一宏观因素对过度投资与短融长投行为关系的影响,这部分研究需要进一步进行实证研究。

表 2-14　　　　　　　　不同经济周期阶段的回归结果

变量	经济上行期 EXP = 1			经济下行期 EXP = 0		
	回归系数	t	sig.	回归系数	t	sig.
(常数)	1.002***	17.708	0.000	0.464***	9.804	0.000
NI_t^e	0.210***	13.938	0.000	0.025***	8.279	0.000
$CASH_{t-1}$	-0.489***	-16.766	0.000	-0.080***	-5.997	0.000
AGE_{t-1}	0.012***	17.068	0.000	0.006***	10.554	0.000
$SIZE_{t-1}$	-0.029***	-11.060	0.000	-0.007***	-2.864	0.004
LEV_{t-1}	0.003***	11.360	0.000	0.031***	21.922	0.000
IND	控制	控制	控制	控制	控制	控制
R^2	0.224			0.196		
$Adj-R^2$	0.223			0.195		
F	299.210***			257.018***		

注：*、**、*** 分别表示在 10%、5%、1% 水平上显著。

3. 不同经济周期阶段过度投资对短融长投影响的回归检验结果

在前面研究的基础上,为了进一步对不同经济周期阶段,企业过度投资对"短融长投"行为的影响进行实证分析,本章构建了模型 4-6,探究了经济周期对于过度投资程度与短融长投行为之间关系的影响。并分别对样本总体和按照不同经济周期阶段划分的分样本进行回归,以更好地检验经济周期不同阶段,过度投资对企业短融长投行为影响的作用机理。

(1) 样本总体的回归分析。

为研究不同经济周期阶段,过度投资程度与短融长投行为的关系,本章建立了模型 4-6。根据表 2-15,模型 4-6 调整后的 R^2 为 0.136,F 统计量在 1% 的显著性水平下显著,说明模型通过了检验,模型的拟合度不高,但是在可接受范围内。现金持有量、企业规模与企业短融长投行为呈显著的负相关关系，企业现金持有量越充足，公司规模越大，扩张动机明显，企业短融长投越严重。企业成立年限、资产负债率与企业短融长投行为呈显著的正相关关系，企业成立年限越大，资产负债率越高，企业的短融长投也相对越严重，与前面的回归结果一致，不再进行具体描述。

表 2-15　　　　　　　　　　样本总体的回归结果

变量	回归系数	t	Sig.
模型 4-6			
（常量）	0.627***	17.878	0.000
EXP	0.047***	9.813	0.000
$pos\_NI_t^\varepsilon$	0.086***	11.188	0.000
$EXP \times pos\_NI_t^\varepsilon$	0.101***	5.046	0.000
$CASH_{t-1}$	-0.133***	-11.734	0.000
AGE_{t-1}	0.009***	20.265	0.000
$SIZE_{t-1}$	-0.016***	-9.732	0.000
LEV_{t-1}	0.002***	9.630	0.000
IND	控制	控制	控制
R^2		0.137	
$Adj-R^2$		0.136	
F	199.382***	Sig.	0.000

注：*、**、***分别表示在10%、5%、1%水平上显著。

在回归结果中，期限错配指数与经济周期虚拟变量之间呈显著的正相关关系，相关性系数为0.047，表明经济周期这一宏观因素对企业的投融资期限决策存在一定的影响，且在经济上行期时，企业的短融长投程度相对较高。而期限错配指数与过度投资替代变量 $pos\_NI_t^\varepsilon$ 之间也是显著的正相关关系，相关性系数为0.086，表明企业过度投资对短融长投行为有一定影响，且经济上行期，企业过度投资的程度越严重短融长投行为的程度也越严重。这与企业在经济环境较好的条件下盲目进行扩张，融资期限结构短期化有关。另外，企业短融长投程度与过度投资及经济周期上行期的代理变量的交叉项 $EXP \times pos\_NI_t^\varepsilon$ 具有显著的正相关关系，相关性系数为0.101，说明在经济周期上行期，代理问题严重，企业对经济形势保持乐观态度，进行大规模扩张甚至过度投资，融资期限趋于短期化，造成短融长投较为严重，从而验证了本章假设 H2-2a。为了更加直观地观察在不同经济周期阶段,过度投资对企业短融长投行为的影响差异,有必要按照不同的经济周期阶段分别进行回归分析。

(2) 按经济周期阶段划分的回归分析。

根据表2-16,企业错配指数与企业现金持有量、企业规模呈负相关关系,且显著,其中企业规模的显著性水平在经济下行期时略有下降,企业错配指数与企业成立年限、资产负债率呈正相关关系,且都在1%水平上显著。以上自变量的相关性都与预期的一致。而在经济周期上行期,过度投资变量$Pos\_NI_t^\varepsilon$与企业短融长投程度呈显著的正相关关系,而在经济下行期呈显著负相关相关关系。这说明在经济周期不同阶段,过度投资的程度不同对企业短融长投行为影响也是不同的。进一步地,经济周期上行期,过度投资的回归系数为0.192,并在1%显著性水平下显著,表明当经济周期阶段处于上行期,过度投资对企业短融长投行为具有促进作用,即企业的过度投资程度越高,其短融长投的行为越严重,验证了假设H2-2a。经济周期下行期的回归结果显示,过度投资变量前的系数为-0.146,且在1%显著性水平下显著,表明当经济周期处于下行期,企业的过度投资程度越高,反而会降低企业的短融长投程度,验证了假设H2-2b,即经济周期下行期,由于企业存在严重的外部融资约束,过度投资程度越高的企业一般受融资约束小,且因恶劣的宏观经济环境而变得更加谨慎,短融长投程度较低。

表2-16　　　　　　　　不同经济周期阶段的回归结果

变量	经济上行期 EXP=1			经济下行期 EXP=0		
	回归系数	t	sig.	回归系数	t	sig.
(常数)	0.920***	16.162	0.000	0.459***	10.777	0.000
$Pos\_NI_t^\varepsilon$	0.192***	10.869	0.000	-0.146***	-11.159	0.000
$CASH_{t-1}$	-0.474***	-16.189	0.000	-0.070***	-5.736	0.000
AGE_{t-1}	0.011***	16.480	0.000	0.006***	10.867	0.000
$SIZE_{t-1}$	-0.026***	-9.696	0.000	-0.007**	-3.786	0.001
LEV_{t-1}	0.002***	6.948	0.000	0.054***	23.086	0.000
IND	控制	控制	控制	控制	控制	控制
Year	控制	控制	控制	控制	控制	控制
R^2	0.215			0.202		
$Adj-R^2$	0.214			0.201		
F	268.292***			269.298***		

注:*、**、***分别表示在10%、5%、1%水平上显著。

六、稳健性检验

(一) 公司成立年限控制

考虑到刚上市不久的公司相对都资金充足,不会进行大规模的长期投资以及较多的短期融资,企业进行短融长投行为的概率较低,可能影响回归结果。因此,我们将刚成立 3 年以内包括 3 年的公司排除,在进行以上回归分析。回归结果见表 2-17,变量显著性不变,系数正负性不变,大小变化也不大,结果稳健。

表 2-17　　　　　稳健性检验结果

MMI (公司成立年限)	样本总体	EXP = 1	EXP = 0
(常量)	0.694*** (18.800)	1.073*** (17.004)	0.493*** (11.301)
EXP	0.050*** (10.182)		
$pos\_NI_t^\varepsilon$	0.085*** (10.893)	0.204*** (10.989)	-0.147*** (-11.152)
$EXP \times pos\_NI_t^\varepsilon$	0.118*** (5.687)		
$CASH_{t-1}$	-0.133*** (-11.505)	-0.516*** (-16.311)	-0.071*** (-5.753)
AGE_{t-1}	0.009*** (18.378)	0.010*** (12.962)	0.007*** (11.263)
$SIZE_{t-1}$	-0.019*** (-11.049)	-0.032*** (-10.967)	-0.009*** (-4.640)
LEV_{t-1}	0.002*** (9.315)	0.002*** (6.537)	0.053*** (22.920)
IND	控制	控制	控制
Year	控制	控制	控制

注:*、**、***分别表示在10%、5%、1%水平上显著。

（二）期限错配控制

为了更好地反映经济周期不同阶段，过度投资与短融长投之间的关系，而错配指数较小的话可能会影响结果。因此我们将样本总量针对期限错配指数的值进行划分区间，低区间为（0, 0.1），高区间为大于 0.1 的区间，取错配指数 MMI 较高区间进行上述的回归。如表 2 - 18 所示，变量显著性不变，系数正负性不变，大小变化也不大，结果稳健。

表 2 - 18　　稳健性检验结果

MMI （MMI 大于 0.1）	样本总体	EXP = 1	EXP = 0
（常量）	0.821 *** (24.543)	1.042 *** (18.657)	0.665 *** (16.754)
EXP	0.028 *** (6.132)		
$pos\_NI_t^\varepsilon$	0.096 *** (12.080)	0.199 *** (11.010)	- 0.158 *** (- 11.584)
$EXP \times pos\_NI_t^\varepsilon$	0.112 *** (5.292)		
$CASH_{t-1}$	- 0.291 *** (- 15.043)	- 0.412 *** (- 13.864)	- 0.179 *** (- 6.896)
AGE_{t-1}	0.008 *** (18.265)	0.011 *** (16.138)	0.006 *** (9.864)
$SIZE_{t-1}$	- 0.021 *** (- 15.086)	- 0.030 *** (- 10.875)	- 0.013 *** (- 6.578)
LEV_{t-1}	0.002 *** (9.215)	0.001 *** (6.953)	0.054 *** (21.653)
IND	控制	控制	控制
Year	控制	控制	控制

注：*、**、*** 分别表示在 10%、5%、1% 水平上显著。

(三) 行业控制

为了计量过度投资，研究短融长投的影响，我们建立了模型并同时加入行业控制变量。为了进一步证明，行业因素对这部分研究结果不产生影响，我们对 Richardson (2006) 模型以及对短融长投的影响模型进行单一行业回归，为了使其更具有信服力，房地产样本相对较大，本章随机选取了房地产作为样本，进行回归。如表 2-19 所示，虽然 t 值有所降低，过度投资虚拟变量 $pos\_NI_t^e$ 的显著性也有所减小，但是总体而言，与研究结果一致，回归结果稳健。

表 2-19　　　　　　　　　稳健性检验结果

MMI（房地产业）	样本总体	EXP = 1	EXP = 0
(常量)	1.505 *** (10.103)	1.724 *** (7.365)	1.186 *** (6.765)
EXP	0.037 ** (2.072)		
$pos\_NI_t^e$	0.069 * (3.651)	0.518 *** (4.987)	-0.087 * (-2.062)
EXP × $pos\_NI_t^e$	0.536 *** (4.964)		
$CASH_{t-1}$	-0.502 *** (-5.872)	-0.589 *** (-5.114)	-0.312 *** (-7.097)
AGE_{t-1}	0.004 * (1.897)	0.006 ** (2.012)	0.001 (1.809)
$SIZE_{t-1}$	-0.049 ** (-7.850)	-0.060 *** (-5.798)	-0.033 *** (-4.887)
LEV_{t-1}	0.001 *** (4.436)	0.001 *** (3.781)	0.061 *** (4.097)
Year	控制	控制	控制

注：*、**、*** 分别表示在 10%、5%、1% 水平上显著。

根据前面的理论分析，本章根据筛选后的我国 A 股上市公司为研究样本，利用 2001~2013 年数据实证检验了对经济周期不同阶段，过度投资与企业短融长投行为的关系。实证结果显示，过度投资对企业的短融长投行为有显著的影响，在不同的经济周期阶段，这种影响存在着一定的差异。在进一步的分析研究中，首先研究了过度投资存在与否对企业短融长投行为的影响，接着又设置了交叉项来检验经济周期、过度投资对企业短融长投行为的影响作用，以及经济周期不同阶段这种影响作用的差异性。从实证研究结果来看，在经济上行期，宏观经济状况较好，企业存在短融长投行为，委托代理问题严重，经理层倾向于过度投资，过度投资程度较大，进一步加剧企业短融长投行为。而在经济下行期，外部融资约束较强，宏观经济环境恶劣，存在过度投资的企业会更加谨慎，以防财务危机，因此反而短融长投行为较弱。本章的结果显示，由于经济周期的阶段下特征，过度投资在不同阶段对企业短融长投行为的影响作用不同，因此本章分经济周期不同阶段研究过度投资与企业短融长投行为的关系具有现实意义。

七、结论与展望

本章从理论与实证两个角度对经济周期、过度投资与企业短融长投行为进行了比较深入的探讨，从委托代理理论、信息不对称理论、期限错配理论等理论出发，利用筛选后的我国 A 股上市公司 2001~2013 年数据对理论分析进行了检验，得到如下结论：

第一，过度投资对短融长投的影响研究结果表明，存在过度投资的企业比不存在过度投资的企业的短融长投行为更为严重。资本市场上存在的信息不对称、道德风险以及委托代理理论等诸多问题往往导致企业的投资行为偏离了企业价值最大化的目标，使企业产生过度投资，且过度投资多为固定投资等长期投资，资金难以在短时期内收回。另外，过度投资行为的存在使资金的可收回概率更小，基于以上的考虑理性债权人会提高代理成本，对于企业而言就是贷款利息、手续费的大幅度提升，或者只提供短期借款，使资金风险相对更加可控。而债权人的以上行为的结果，都会驱使企业更多地选择短期融资，来投入于过度投资，最终导致企业短融长投的恶化。

第二，在经济周期不同阶段，存在过度投资的企业总是比不存在过度投资的企业的短融长投行为概率更高，但是企业过度投资程度的不同却对企业短融长投行为的影响作用不同。实证结果表明，在经济周期上行期，企业经营状况良好，较好的市场状况使经理人约束小，出于自利动机，经理层会扩大企业规模进行盲目投资，过度投资加剧，同时由于过度投资程度越高的企业需要越多的资金，企业会倾向于较易获得的短期融资进行长期投资，从而短融长投情况也会越严重；当经济周期处于下行期，宏观经济环境不乐观，经理人与企业股东都会较为关注企业的经营状况，代理问题得到相应的缓解。同时，财务问题容易凸显，那些过度投资程度相对较高的企业，或资金充足或出于谨慎性考虑都会保持一定资金流动性，因此，过度投资程度高的这些企业的短融长投程度反而更低。

根据研究的结果，本章将对企业在不同经济周期及拐点应如何把握过度投资以及短融长投行为提出一些建议：

（1）经济周期上行期。

在经济周期上行期，由于市场前景较好，市场需求旺盛，获得资金较为容易，企业可适当加大投资，但是经理人仍应理性投资，不要过度进行盲目无计划的过度投资，而导致较为严重的短融长投，一旦陷入短融长投的恶性循环，经济较好的时期问题较少显现，一旦陷入金融或财务危机后果会相当严重。但是，这个时期投资机会多，投资回报率高，是提高盈利和扩大规模的好机会，企业也不应错过良机。

（2）经济周期波峰拐点。

经济周期"波峰"即将到来之际，意味着经济下行期即将来临，企业应及时做好准备，减少投资，尤其要减少过度投资，充足保持流动资金，减少短融长投行为，以应对外界宏观经济的不利冲击，防止因短融长投的恶性循环导致陷入财务危机直至破产。

（3）经济周期下行期。

当经济进入下行期，企业融资约束较强，处于预防性与谨慎性的考虑，企业要适当提高现金持有量，此时期投资机会少，且投资报酬率低，投资决策需要慎重考虑切勿进行盲目投资，更不要过多地进行短期融资，如果之前已经开始的长期投资不得不继续进行，也须进行更加谨慎的融资。此时期盲目过度投资，如果再陷入短融长投易导致企业出现财务危机甚至破产。

（4）经济周期波谷拐点。

当经济周期"波谷"即将到来，意味着新一轮的经济复苏即将来临，外部经济环境逐渐好转，此时企业应积极开展市场调查与状况分析，寻找前景好的投资项目，同时，企业也须增加研发力度，开创新产品，以便在好的经济环境下更好地发展。

本章研究局限与展望。本章研究的局限有：虽然，"短融长投"问题在我国这种特有的制度环境下已经非常普遍，其危害也很大，尤其在金融危机爆发时，财务异化问题凸显，导致企业经营困难甚至破产，但是由于对"短融长投"的研究比较缺乏，没有前人的积淀，很多都处于探索阶段，可以借鉴的方法也比较少，造成了一定的研究困难与局限。企业的短融长投行为较为复杂，影响因素也较为复杂，会对模型的结果产生一定的影响。而本章只研究了过度投资对短融长投的影响，并不够全面，今后的研究除了要更深入研究过度投资对短融长投的影响之外，还可以考虑其他一些具有现实意义的因素对短融长投的影响，如融资约束、政府行为等。本章的研究具有一定的局限性，基于此，本章也就关于短融长投相关研究方向进行一定的展望。企业短融长投现象已非常普遍，因此对于这方面的研究也应该全方位扩展，从企业短融长投产生的原因、相关影响因素到相应的对策等。而对于影响因素方向，除了企业的过度投资行为因素外还有许多值得研究的方向，今后的研究应突破此局限。另外，今后的研究应在弥补现有研究的基础上，得到更加具有推广意义或者更具有实际应用的研究结论。

第三章　民营企业债务期限结构与债务融资效率异化及其治理研究：现金流权与控制权分离下股权制衡视角

一、问题的提出

公司可以通过发行权益和增加负债的方式从资本市场上获得足够的资金以满足其日常经营和项目投资的需求。随着资本市场相关理论的日渐完善和成熟，学术界对于股权结构的研究已经比较到位和全面，但对于债务结构的研究尤其是债务期限结构领域的探讨仍留有着比较大的余地。债务期限结构会影响公司的经营效率和财务政策，债务期限结构如果安排得当，有助于抑制代理冲突，削减融资成本。总债务中短期债务和长期债务的不同比例对公司经营绩效的影响并不相同，因此对债务期限结构及其影响因素的探讨至关重要。而公司的股权分布结构作为重要的治理特征变量，能够直接影响并左右公司的重大决策，所以探讨股权分布结构对债务期限结构的影响同样不容忽视。

我国的经济体制与西方发达国家有着很大差异，不同地域经济发展水平极不平衡，公司治理机制存在缺陷，股权分布结构较为特殊。这些因素都会对企业的债务融资决策产生影响。我国证券市场建设的起步落后于西方国家，不同地域的经济发展水平差异很大。民营企业主要是通过向银行贷款来满足其外部融资的需求。我国的民营企业普遍存在股权集中度较高的现象。企业的重大决策权实质在终极控制人手中，公司的债务融资决策大多是在终极控制人和债权人之间微妙的利益博弈下实现的。在对企业中的终极控制人进行研究时，国内外学者开始意识到，一般来说，我们看到的表面上的控制人不一定完全等同于企业背后的真正控制人。终极控制权人的存在在我国上市公司中相当常见。La Porta（1999）首次给出了终极控制权的定义，并指出终极控制权会对公司的经营效率和财务结构产生一定的影响。20世纪90年代以来，学者们逐渐开始把目光投向终极控制权背景下的公司治理的相关研究。我国学者虽然对终极控制权人的存在、现金流权和终极控制权的分离现象有一定的认识和探讨，但是，基于终极控制权背景对企业绩效和资本结构理论的研究并不多见。

现金流权是指对于存在终极控制人的公司来说，其终极控制股东通过"金字塔"式层层控制所拥有的最终所有权的权益。终极控制人的终极所有权在数值上等于其控股的上市公司的每条控制链上持股比例的乘积之和。例如，如果股东甲拥有上市公司A的a%的股份，A又拥有B公司b%的股份，而甲在B公司中的直接持股比例为c%。那么，股东甲就拥有B公司（ab+c)%的现金流权。控制权指的是终极控制人所拥有的表决权比例。该比例在数值上等于每条控制链上表决权的最小值的和。在我们前面这个例子里，甲在B公司的控制权在数值上就等于a%和b%的最小值加上c%。

现金流权和终极控制权的分离导致终极控制人与债权人往往有着不同甚至冲突的经济诉求与目标。当两权分离度较高时，企业的终极控制人只需要以极少的现金流为代价就可以通过关联方交易的形式操纵得到非常大的私益。除此之外，终极控制人有动机也有能力去控制企业中大部分的高层管理人员。因此，终极控制人会采取种种方式选择有利于自身利益的资本结构和经营政策，这种情况对企业的债务期限结构产生的影响不容忽视。

融资活动是企业进行一切日常经营活动的前提。债务期限是构成公司融资决策整体乃至资本结构决策的重要组成部分，不同的债务期限对于企业来说其激励特征也不尽相同。债务期限结构选择如果足够合理，企业就能够找到合理的债务期限结构从而使债务融资成本最小化。如何有效地利用债务融资的杠杆效应同时在最大程度上发挥其对公司治理的积极作用一直是国内外学者们最为关注的学术成果之一。一直以来，国内外的学者们主要着重于企业的资本结构对公司治理水平的提升作用。然而，最近20年以来，学者们开始更多地思考关注股权结构是否能够影响上市公司尤其是民营上市公司的债务融资活动。目前关于股权结构对债务融资的影响方面的文献主要集中在公司股权结构与债务规模、成本、期限结构的关系研究，并且大多从银行借款的债务治理作用的角度来探讨企业对银行借款融资的成本、期限等方面的选择。在我国，民营企业面临与国有企业相比严重得多的债务融资"硬约束"的现象，债务融资"硬约束"的现象在很大程度上影响到民营企业在市场上的活力和竞争力。而学者们发现在民营企业中公司绩效和治理结构能够直接影响其与外部债权人进行借款契约谈判的地位和能力。目前研究文献更多地将企业的资本结构作为研究对象，尝试寻找可以使企业价值及股东财富最大化的债务融资比例，对债务期限结构的探讨大多聚焦于公司财务特征对债务期限结构的影响。很少有文献在终极控制人的背景下试图去论证股权结构对企业债务期限结构选择的影响。这部分研究将在之前国内外学者对债务期限结构、股权结构现有研究的基础上通过实证研究分析上述问题。

国外学者对债务期限结构的研究已经比较完善和成熟。在理论研究上先着重于公司治理特征与债务期限的关系，在此基础上他们很快把目光投向股权结构相关理论，试图建立模型并探讨股权结构是否会影响债务期限结构。与学术前沿理论进行横向对比，我们会发现我国的学者在理论实证研究上的深度和广度都还有所欠缺。我国学者的相关研究大部分是在已经得到广泛认可的国外文献研究成果上，然后结合我国独有的宏观政治经济环境对债务期限结构相关理论进行定性探讨和实证分析。在我国社会主义市场经济制度背景下，上市公司的股权属性复杂，所有者权益分布相对集中，同时两权分离的现象十分严重。而正是这种独特的现象与西方发达国家企业股权集中度较低的特征有着十分明显的区别。对于西方发达国家来说，成熟健全的资本市场、完善的证券市场法律制度体系使上市公司的融资成本要小得多。而在我国，对中小股东和债权人等投资者的法律保护力度相对不足，资本市场不够发达。另外，我国的债务市场尤其是企业债券市场与股票市场相比发展缓慢。这使我国众多民营企业从资本市场上获得充足资金的难度相对较大。与此同时，国有企业则由于"政治关系"的存在不必担心融资需求得不到满足。以上这些我国的独特政治经济背景都为这部分研究探讨和分析股权结构如何影响债务期限结构、债务融资效率的提供了切入点。

早在 1976 年，Jensen 和 Meckling 在研究文献中第一次界定了债务期限结构的基本概念。到目前为止，西方学者对债务期限结构研究的理论体系已经比较成熟。与西方国家相比，我国学者对债务期限结构的研究主要是在前人基础上进行的，而且深度和广度都存在很大拓展的空间。基于我国特殊经济背景对债务期限结构的研究并不多见。

这部分研究主要从终极控制人两权分离的视角出发，选取民营上市公司为研究样本，重点考察股权分布结构对债务期限结构及其融资效率的影响。我国的上市公司中终极控制人所有权和现金流权分离的现象十分严重。产权性质和股权结果毋庸置疑会对公司的内部决策，包括融资决策和投资决策产生重大影响。债务期限结构的选择作为企业债务融资决策的核心，与股权结构之间的关系应该受到更多的关注和探讨。通过定量分析股权结构对债务期限结构的影响，发掘其作用机理，探讨其根本原因，有助于优化我国民营上市公司的债务融资结构，降低民营企业的融资成本，增强民营企业的债务使用效率，并对如何提高民营上市公司的竞争力出谋划策。

这部分研究的理论研究意义在于：（1）研究了当企业存在两权分离的情况下股权制衡对债务期限结构的影响，充实和丰富了融资理论，为抑制终极控制人利益侵占效应、指导企业做出正确的融资决策提供依据；（2）研究了股权制衡在企业中的治理效应，增进企业中的其他大股东对上市实体经营和财务重大方针决策的参与度，为保护中小投资者、优化融资结构、提高债务融资效率最终提升公司总体价值提供了途径；（3）为我国社会主义市场经济的特殊背景下公司治理架构的设计、债务融资方案的决策、对债权人以及中小股东利益的法律保护等提供理论基础，最终为债券市场运行效率的改善提供理论和经验证据。

二、相关理论与文献综述

（一）相关理论

最早学术界关于债务期限结构的文献大部分停留在理论层面。随着资本市场以及债务融资相关理论研究的日益完善，学者们开始把目光聚焦到债务期限结构与公司特征变量的定量分析上。后来的学者在先前的理论研究的基础上，建立计量经济学模型对影响债务期限结构的因素进行探究。学者们发现公司特征变量如成长机会、所得税税率、资产期限结构、总资产规模等都会对债务期限结构有着一定的相关关系。这部分研究将从债务期限结构影响因素研究、公司特征相关理论研究、股权结构相关理论等方面着手对国内外文献进行梳理。

1. 自由现金流量假说

Michael 和 Jensen 在 1986 年首次提出了自由现金流量的假说，其主要观点是减少管理层可操控的自由现金流量有助于削弱股东和管理层之间的代理冲突，原因在于自由现金流量的减少意味管理层对自由现金流量的操控受到一定的限制，同时还能有效制约管理层的过度投资行为。而这部分研究认为，当终极控制人存在两权分离的状态下，企业的资源可能会受到终极控制人的侵占。此时外部债权人对企业偿还债务的能力存疑，将会发放更多的短期债务，从而降低自由现金流量，以约束终极控制人的自利行为。

2. 代理成本理论

代理成本理论认为，企业的财务杠杆越高，其债务违约成本越大。随着企业财务杠杆系数的增加，外部债权人需要投入更多的时间和精力对企业进行监督，这种监督最终使债权人制定更严格的债务契约对企业进行限制。具体表现为利率的提高，对资产负债率上限的规定，对股利政策的限制等。所以过高的财务风险会降低企业价值。这部分研究认为，终极控制人存在两权分离的状况也会增加代理成本，从而使债权人限制对长期债务的发放。

3. 信号传递理论

信号传递理论认为，公司向外界传递包含公司内部治理状况的重要相关信息的方式有三种：（1）利润分配；（2）股利分配；（3）融资方式选择。由于信息具有不对称性，外部债权人难以获取关于企业内部经营状况的重要信息。因而他们只能通过财务报表及其治理结构中隐藏着的信息来评价企业的真实状况。这部分研究认为终极控制人具有较高的两权分离度会向债权人传递出代理成本较高的信号。因此，当债权人察觉到代理成本较高、公司治理状况低于预期时，他们只愿意提供更多监督力度较低的短期债务。

4. 税收理论

税收理论认为，面临更高实际税率的公司将发行更多的长期负债。也就是说，随着实际税率的增加，企业将拥有更多的长期债务。原因可能是长期债务的利率较高，通过长期债务企业可以适当获得避税的收益。

5. 期限匹配理论

期限匹配理论是由 Myers（1976）提出的。期限匹配理论认为，如果企业能将资产和债务的期限合理地进行搭配，可以减少不能偿还到期债务带来的风险，同时最大限度地提高资金的利用效率。如果债务期限短于资产期限，则企业会面临较高的到期债务违约成本；如果债务期限长于资产期限，则企业的资金持有成本将会大大增加。所以尽量将资产和债务的到期期限趋于一致，这有助于降低企业的债务融资成本。

（二）文献综述

1. 债务期限结构度量以及债务期限结构的公司特征决定因素研究

近 20 年来，国内外学者对债务期限结构决定因素以及经济后果进行了相关研究，取得不少进展。

首先，关于债务期限结构如何度量基础问题，学术界有过相关的探寻。Guedes 和 Opler（1996）用增量法对债务期限结构进行度量，发现债务期限结构更长的公司的总资产规模较大，资信程度较好。实证回归结果表明了代理成本理论和期限匹配理论，但研究结果与信息不对称理论和税收理论并不一致。Ozkan（2000）用 1 年以上 5 年以下的债务占总债务的比值来表示债务期限结构。他选择了 1983~1996 年 429 家英国的上市公司为样本，结果表明，具有较小的总资产规模、较短的平均资产期限的企业债务期限结构更短。但回归结果并没有很好地与税收理论相吻合。Johnson（2003）则选取了截然不同的指标作为债务期限结构的代理变量。在他的文献中，短期债务是指将在三年到期的债务。他选取了 1986~1995 年的标准普尔数据库中的 4945 家公司的非平衡面板数据为样本，用短期债务除以总债务作为债务期限结构的代理变量。研究结果与代理成本理论和信号传递理论是相符的，但并没有验证期限匹配理论。Highfield，Roskelly 和 Zhao（2007）用新发行的债券以及所有未偿还债务的平均期限表示债务期限结构，选择房地产投资信托公司为样本。他们发现论文数据证明了代理成本理论和税收理论，但没有验证信息不对称理论。

其次，20 世纪 90 年代以后学者们探寻公司特征如何影响债务期限结构。尤其随着负债融资理论的日益成熟和完善，学者们开始将计量经济学模型用于对债务期限结构的研究。越来越多的数学模型的加入使研究成果日益完善，也让相关理论的可信度和说服力得到大大增强。国外学者发现了公司特征中的众多因素如公司规模、所得税税率、资产期限结构都会对债务期限的选择产生不可忽略的影响。具体主要体现在以下几个方面：

（1）公司规模。关于公司规模与债务期限结构的关系，大部分学者的研究成果都能保持一致，即公司规模与债务期限结构成正相关关系。Fama 和 Jensen（1983）发现总资产规模较大的企业在进行债务融资决策时更偏好长期债务，而总资产规模相对不大的企业的债务期限结构则偏短。Rajan 和 Zingales（1995）认为总资产规模较小的公司往往其声望有限，信息不对称程度较高，很难获得投资者的青睐，也很难从资本市场上获得长期债务。国内学者肖作平和李孔、齐寅峰等人也先后在实证研究证实资产规模与债务期限结构呈显著的正相关。Barclay 和 Smith（1995）的研究结果表明，企业的资产规模越大，其债务期限结构越长；企业的成长机会越多，其债务期限结构越短。实证分析的结论与公司债务期限结构的代理成本理论吻合，但没有与优序融资理论和税收理论保持一致。张燕（2007）用长期债务除以总债务的值来作为债务期限结构的代理变量。她选取了2000~2005年的434家上市公司的非平衡面板数据作为样本，结果证实资产结构与债务期限结构呈显著正相关，这与期限匹配理论相符合；公司规模越大，长期负债在总负债中所占比例越大，原因在于大公司的信息不对称程度较低，其偿债能力较强，能够从外部债权人处获得更多的长期债务。王汀汀、施秋圆（2013）发现公司规模越大，长期负债在总负债中所占比例越大，同样证明了大公司往往具有更高的债务期限结构。

（2）自由现金流量。学者们对于自由现金流量与债务期限结构之间关系的研究成果大部分能够保持一致，其中 Jensen（1986）发现短期债务能够减少管理层可支配的自由现金流并削弱公司的代理成本。Hart 和 Moore（1995）、胡援成等（2015）通过计量经济学模型研究认为管理层可支配自由现金流越大则债务期限越短。此类研究与自由现金流假说保持一致。肖作平（2005）的实证结果表明自由现金流量越大，长期负债在总负债中所占比例越少，而资产期限越大，企业则能够获得更多的长期债务。他的研究结果并没有验证税收理论，也不支持信号传递理论。李湛（2009）的研究成果表明自由现金流量、所得税税率会使企业获得更多的短期借款。卞平平（2010）同样发现，管理层可操纵的现金流量多、市盈率较高、财务杠杆较大、所得税税率高的上市公司的平均债务期限结构偏短。她的研究成果支持了自由现金流假说和税收理论。逯平霞（2011）的研究成果表明，自由现金流量越大，短期债务越多。而所得税税率与债务期限结构的关系并不十分显著。实证结论与自由现金流假说和债务期限匹配理论保持一致，但并不支持税收理论。

（3）财务杠杆水平。关于财务杠杆水平对债务期限结构的影响，大部分国内外研究文献认为财务杠杆水平越高则企业的债务期限结构越长。Morris（1992）发现，如果企业的财务杠杆水平足够高，则其偿债压力较大。此时企业应当增加长期负债，以减小破产风险，降低潜在的财务困境成本。杨兴全、宋惠敏（2006）的实证结果表明企业财务杠杆水平与长期债务在总债务中所占比重呈正相关。这个结论并没有验证代理成本理论；与此同时，资产期限对债务期限的影响并不明朗。除此以外，实证结果表明不同行业的平均债务期限结构存在显著的差异。李湛（2009）运用因子分析的方法对影响债务期限结构的相关因素进行了实证分析。结果支持财务杠杆水平具有显著提高长期负债在总负债中所占的比重的作用。李彬、马晨（2012）的研究成果证实，财务杠杆越高，企业与国家之间存在的"政治关系"越强，其债务期限结构越长。综上所述，对于财务杠杆水平对债务期限结构的正相关关系，几乎所有的文献都能够保持一致。

（4）成长机会。关于成长机会对债务期限结构的影响，基于中国制度背景的复杂性，很多国内学者众说纷纭，研究结果并不一致甚至大相径庭。肖作平、李孔（2004）在研究债务期限结构时以长期负债除以总负债的值为被解释变量，杠杆比率为控制变量来作实证分析，结果表明企业的投资机会、财务杠杆系数与债务期限结构负相关。结果同时验证了期限匹配理论。即资产平均期限、总资产的对数能够显著提高债务期限结构。但是该文献并没有验证自由现金流量假说、税收理论和优序融资理论。殷炳蓓（2007）选取了1999~2005年沪市A股上市的非金融企业为样本对影响债务期限结构的因素进行探讨，实证结果表明公司规模、杠杆比率、投资机会、资产期限等公司特征变量对长期债务在总债务中的比重均会产生显著的影响。李湛（2009）通过对民营上市公司的实证研究指出成长机会与资产期限以及长期债务融资比有着预期的显著正相关关系。卞平平（2010）对431家非金融上市公司在金融危机以前四年的数据进行分析，结果表明公司总资产规模、资产期限结构、成长机会均能够显著提高债务期限结构。

除了上述因素外，关于其他公司特征因素对债务期限结构的影响，学术界大多没能达成共识。而中国制度背景的特殊性使具体情况往往变得更加错综复杂。Diamond（1991，1993）通过实证研究得出的观点是：公司的信用级别越好，长期负债在总负债中所占的比重越低。原因在于信用级别较低的公司基于降低过于频繁地偿还本金的风险以及短期融资成本而选择提高债务期限结构。而资信状况较好的公司由于能够及时获得更多的短期贷款，无须依赖利息较高的长期贷款，其债务违约风险较小。孙铮等人认为在我国政府对市场经济普遍存在过度干预的情况下，资本市场完善程度的提高，能够使该地区的企业获得更多的长期债务。余明桂等（2007）对"政治关系"在债务期限结构决策制定中起的作用进行了实证研究，结果发现，与政府的关联性越强的企业，尤其是产权属性为国有的企业其债务期限结构越高。同时资本市场的成熟度、相关法律的完善程度也会影响"政治关联"在企业的债务期限结构决策中起到的作用。肖作平（2008）认为企业内部的治理状况会对企业债务融资结构尤其是长期负债在总负债中所占比重产生显著的影响。治理状况较完善的企业，其终极控制人通过关联交易利用两权分离度进行资源掠夺的行为将会受到更严格的制约，他们更容易获得期限长的债务。另外，他还发现行业特征能够通过总资产规模、杠杆比率、成长能力以及资产期限结构等因素直接影响企业从资本市场上获取长期债务的能力。总而言之，不同学者对于公司治理特征的研究结果并不总是具有一致性，由于中国市场环境、制度背景的特殊性，很多国外学者提出的经典理论也不一定完全适用于中国国情。

2. 股权结构对债务期限结构及其经济后果的研究

（1）股权制衡对债务期限结构影响的研究。

作为股权结构中最重要的因素之一，股权制衡在公司治理中的作用不容忽视。合理的制衡机制能够有力地监督终极控制人的行为，同时消除股东与管理层之间的代理成本。基于这种重要的作用，在"一股独大"现象普遍存在的中国，充分发挥股权制衡的治理作用是改善企业绩效的重要途径之一，同样也会对企业的债务融资决策产生影响。因此探究股权制衡对债务期限结构的作用机制有着极其重大的理论和实际意义。

La Porta等（1999）的研究中指出，如果第二大股东的持股比例足够大，则其能够对终极控制人侵吞公司资源、牟取私利的行为形成强有力的制约，并充分发挥少数大股东联盟的监督作用，改善公司的治理状况，同时具备约束管理层的道德风险和逆向选择。这个结论验证了代理成本理论,也就是说,其他大股东的治理作用是通过削弱公司中存在的代理成本而实现的。Pagano 和 Rosen(1999)对美国制造业上市公司进行了实证研究,结果表明,企业中少数大股东联盟的存在一方面能够加强对管理者的制约、监督和激励作用;另一方面能够加强股东之间的内部监督,尤其肯定了企业中多数大股东的存在对于约束大股东的掠夺行为具有十分积极的影响。Edward 和 Weichenrieder(2004)对德国上市公司的研究表明,中小股东联盟的存在不仅有能力也有动机控制和监督最大股东的激励,而且还有助于削减股东与企业管理者之间存在的代理成本。从前面的分析可以看出,股权制衡的存在既能够抑制大股东侵占中小股东利益,同时监督管理者的行为,使其更加努力工作。因此,减少了公司利用短期债务解决委托代理问题的可能性。

La Porta(1999)经过实证研究发现,企业中若存在其他大股东,终极控制人的自利行为将受到有效的监督和制约。这是因为其他大股东联盟可以充分利用累计表决权制度阻止对他们不利的决策。在这种制度安排下,这种对终极控制人的监督作用减小了代理成本,改善了公司治理状况,使公司能够从资本市场上获得更多的长期贷款。Bennedsen 和 Wolfenzon(2000)则发现,除控股股东以外的其他大股东能够显著改善公司绩效,如果公司总体的股权制衡度升高,企业价值也会随之提升。

Pagano(1999)经过实证研究支出,较高的股权制衡度会给企业带来许多优势。第一,较多的持股比例较高的大股东可以对管理层有一定的约束作用,减少其逆向选择和道德风险行为的可能性。第二,多个大股东的相互监督、制约机制可以有效地抑制"一股独大"现象给企业带来的不利因素,消除控股股东和中小股东之间的代理成本。这样一来,公司的实际控制人对公司资源的侵占、掠夺的动机和能力将受到抑制。公司内部沟通成本、代理成本的削弱可以减少公司内部因控制权争夺而引发的冲突和矛盾,使公司能够将更多精力投放于日常经营活动中去,最终提升公司的整体价值。在终极控制人存在严重两权分离的情况下企业中其他的大股东为了自身利益不受侵害,有足够的动机、能力和愿望组成大股东联盟,抑制终极控制人对经理的串通和收买行为,尽力阻止终极控制人通过关联方交易的形式,侵占公司资源并损害中小股东的利益。这验证了代理成本理论,证实了高股权制衡度对公司绩效具有潜在的改善能力。

Bloch 和 Hege(2003)在实证研究中同样发现,足够高的股权制衡度能够约束终极控制人对上市公司的"掏空"行为,大大抑制其损害其他股东利益的行为,是一种行之有效的公司内部治理结构。Marchica(2005)选取了800家英国上市公司1992~2003年的金融数据作为样本进行实证研究,结果发现,随着实际控制人对公司控制力的逐渐增强,公司的债务期限结构会不断缩短;而债务期限结构与经理层的持股比例则在一定范围内表现出倒"U"形的关系。Maury和Pajuste(2005)通过研究750家瑞典的非金融上市公司,较高的股权制衡度可能会显著地改善公司绩效。而在私人企业中,如果终极控制人处于一种缺乏有效、合理制约的状态,企业利益将受到严重的侵害。

Hamdi Ben – Nasr, Sari Boubaker 和 Wael Rouatbi(2015)以法国上市公司1998~2013年的数据为样本,以总资产规模、权益净利率、杠杆比率作为控制变量,重点研究多数大股东对债务期限结构的影响。得出结论,多数大股东的监督作用会使公司倾向于较短的债务期限结构,结果证实了代理成本理论和信息传递理论。

Basel Awartani, Mohamed Belkhir, Sabri Boubaker 和 Aktham Maghyereh(2015)对中东北非地区444家公司在2003~2011年的3717个样本进行了研究。结果发现,长期债务平均仅占总债务的3.41%,低于世界绝大部分地区的平均水平。股权分布较为均匀或面临财务困难的公司更倾向于使用短期债务;法律制度对债权人的保护越完善,金融市场越发达的公司越会使用更多的长期债务。

在西方学者对股权制衡以及债务期限结构相关理论研究的基础之上,我国学者结合中国社会主义市场经济的背景也尝试了一些实证研究,但无论是深度、广度还是新颖程度都很难和西方学者的文献相提并论。肖作平(2008)通过对A股实证分析指出,企业中若存在一定数量的其他大股东,则控股股东会受到很大程度的制约。随着少数大股东联盟持股比例的提高,控制股东对上市公司的"掏空"行为将受到有效抑制。这会使企业的实际控制人很难利用控制权和现金流权的分离侵占公司的利益。所以少数大股东联盟可以削弱代理冲突、减少公司对于短期债务的过度依赖。刘星和刘伟(2007)通过实证研究得出结论,股权制衡能够显著提高公司的价值,原因在于大股东之间相互制衡可以提高内部治理的效率,防止控股股东出现"一言堂"的现象,这对于改善绩效的提升具有优势。

(2)股权集中度对债务期限结构影响的研究。

Arslan和Karan(2006)通过选取了300家土耳其的非金融企业作为样

本，对股权集中度和债务融资结构进行了实证分析。结果表明，如果企业的股权更多地集中在少数大股东手中，则企业将拥有较高的长期债务比例，而随着股权分散程度的提升，债务期限结构会随之缩短。Garcia Teruel 和 Martinez Solano（2006）选取了 350 家西班牙非金融上市公司的金融数据对债务期限结构影响因素进行实证分析，结果表明，股权集中度与长期债务比例之间在一定范围内呈显著的倒"U"形关系。

对于股权集中度的具体影响，许多国内学者的研究成果并不能达成一致。姚明安、徐志平（2008）指出，在经营绩效和成长机会较好的企业中，如果企业的股权更多地集中在少数大股东手中，则企业的长期债务比例会大幅度下降。杨薇（2007）对国有企业的金融数据进行研究，指出较高股权分散程度会使企业获得更多的短期债务，而股权集中度的提高可以让国有企业获得更多的长期债务。

肖作平、廖理（2007）经过实证研究提出，如果上市公司的股权更多地集中在少数大股东手中，则公司将从与外部债权人的债务契约中获得更多的短期债务，随着股权集中度的下降，长期债务所占比重也随之提升。其原因在于，股权制衡因素能够抑制企业实际控制人的不法行为，削弱了企业内部的代理成本，根据信号传递理论，此时银行愿意发放更多的长期债务给上市公司。

肖作平（2008）还指出，随着控股股东所持有股份的逐渐增加，企业的长期债务占总债务的比例会呈现出先降后升的特点。原因在于，当股权集中度处于一定范围内时，随着控股股东对企业控制权的逐渐增强，经理层将受到更多来自控股股东的约束和干预，这增加了代理成本，最终导致债务期限结构逐渐缩短。如果股权集中度超过一定范围之后继续增加，经理的道德风险、逆向选择行为会得到更强有力的抑制，这样的话就能够起到削弱代理成本的作用，此时外部债权人逐渐愿意为企业提供更多的长期债务。

从以上研究现状和文献中可以看出，过去数十年国内外学者们对于债务期限结构理论的探讨大部分基于法治保护比较完善、资本市场较成熟、市场经济起步较早的西方发达国家，我国学者发表的相关文献大部分是在国外已经受到广泛认可的研究文献的理论基础上结合中国国情进一步展开的。鉴于中国有其及其特殊的制度环境，尤其是"一股独大"现象屡见不鲜、终极控制人的两权分离程度相对较高、对外部债权人以及中小股东的相关法律保护力度不够完善、地域发展极度不平衡、国有企业占据主导地位等，有关股权结构与债务期限结构的理论并不一定能够完美地适用于中国现阶段的制度环境。因此，尽管我国学者前赴后继地对债务期限结构相关理论不断进行深入研究，但结论并不总是一致甚至有时候大相径庭，这也能说明中国国情的特殊性和复杂性。总体来说，我国学者的大部分理论都验证了代理成本理论和信号传递理论，还有一些可以验证优序融资理论和期限匹配理论，而很少有文献能够符合税收理论。学术界对于债务期限结构相关影响因素的文献已经日趋成熟，理论体系已经比较健全。学者通过实证分析指出企业的总资产规模、杠杆比率、资产期限结构、公司价值、自由现金流量、偿债能力、产权属性和税率等均是能够影响企业债务期限长短的重要因素。众所周知，我国的债券市场和证券市场成熟度不高，企业治理水平整体来看较为低下，国有企业众多、"一股独大"现象严重等特性导致西方发达国家的相关理论并不能与我国国情下债务期限结构影响因素的相关理论总是保持一致。

本章对学术界认可度较高的与债务期限结构影响因素相关的理论和实证文献进行了大致的梳理。回顾过去知名学者们的经典理论和文献，我们会发现总资产规模、杠杆比率、资产期限结构、公司价值、自由现金流量、偿债能力、产权属性和税率等均是能够影响企业债务期限大小的重要因素；而在股权结构中终极控制人属性、控股股东持股比例、股权集中度与制衡度、股权性质等均是能够影响到债务期限结构的重要因素，但不同学者的研究结果往往不能够保持一致。这归根结底是由于我国社会主义市场经济的特殊性、资本市场上的不成熟、法制建设不完善、国有企业众多与"政治关系"的存在等导致的。综上所述，任何基于我国国情对债务期限结构、股权结构相关理论的实证研究务必对我国国情了如指掌，绝不能直接套用西方学者文献的结论。

现有的国内外实证研究通常只关注研究公司的治理特征或大股东的直接持股比例对债务融资决策的影响，较少考虑到国有企业债务"软约束"现象、民营企业融资"硬约束"现象、终极控制人两权分离的存在以及股权制衡等因素的共同作用对企业债务期限结构产生的影响。这部分研究提出的观点是民营企业中较高的股权制衡度则能够有效地制约终极所有权人侵占和掠夺公司以及中小股东利益的行为，影响债务期限结构的决策最终使债务期限结构延长，同时更多长期债务的使用也使公司债务融资效率的增加。研究结果将为民营企业优化股权结构和债务融资效率出谋划策，夯实有关公司治理结构改革、债务政策决策、资本市场发展的理论基础。

三、理论分析与研究假设

(一) 民营企业终极控制人两权分离度与债务期限结构异化

Jensen 和 Meckling (1976) 首次提出代理成本理论，他们认为企业的经营者与股东之间不可避免地存在着代理问题，这种代理冲突将会对公司的经营方针和财务政策产生重大的影响。后来的学者进一步研究指出在全世界的企业中普遍存在着一定程度的股权高度集中现象，La Porta 等深入剖析了美国 27 家上市公司的所有权结构。他将各大股东的所有权比例沿着控制链条不断向上层追索，最后对各大股东直接和间接的控制权进行计算和汇总，最终确认了终极控制股东的存在。因此，他首次提出了终极控制人的概念，并指出终极控制人对上市公司的控制主要是通过无控制权股权、"金字塔"式层层控股、交叉持股来实现的。

之前的理论及实证经验表明，终极控制人控制权和所有权的分离程度越大，其利用"金字塔"式层层控制和关联方交易对上市公司资源进行掠夺的能力和可能性也越大。这将会侵害到中小股东和外部债权人的利益，也将大大增加企业的代理成本，并使企业的经营绩效受到影响。用现金流权和控制权的分离度来量化终极控制人掠夺的动机和能力的方法在学术界已经达成共识。国外学者对现金流权和控制权的分离度与企业债务融资结构之间的关系已经进行了深入的探讨。Boubakri (2015) 经过实证分析后发现，现金流权和控制权的分离度升高，终极控制人与外部债权人之间的代理冲突也随之增加，这将导致债务融资成本的提高。在终极控制权现象普遍存在的情况下，终极控制人的"金字塔"式控制或者复杂的交叉持股控制足以使上市公司的终极控制权与所有权有比一般公司更大的偏离，这将导致终极控制股东通过控制公司的融资过程从而影响其资本构成，更容易获取私益。Lins (2002) 对 18 个新兴市场国家 1433 家公司的财务数据进行实证检验，结果发现，如果存在大股东的控制权超过现金流权的情况，公司的市场价值将受到侵占。我国的资本市场还不够完善，大股东的股份流通能力不强，上市公司的控股股东更有条件和动机实现超级控制和利益掠夺。我国上市公司的控股股东对上市公司偏好于利用"金字塔"式控股结构进行层层控制，进而损害了公司价值。终极控制主体掠夺控制权私益的动机会由于这种两权分离程度的增大而更加强烈，而对公司的自由现金流的支配则成为终极控制人获取额外私人利益的最主要的途径。

随着控制权和现金流权分离程度的增加，终极控制人的利益目标往往会偏离上市公司价值最大化的目标。尽管终极控制人对上市公司的"掏空"行为往往会损害到包括终极控制人自己在内的全体大小股东的利益，但由于控制权和现金流权之间存在偏离，终极控制人的控制权大大高于现金流权。这意味着终极控制人只需要用少量的现金流就可以操纵更多上市公司的资源，带来的好处足以弥补"掏空"行为给自己造成的损失。终极控制人就有动机采用种种手段转移上市公司的资源，对中小股东进行掠夺。控制权和现金流权的分离程度变大，终极控制人"掏空"上市公司造成的损失也随之增加，中小股东利益受到侵占的现象会变得更加严重。Chang（2003）经过实证研究表明，在韩国上市公司中，终极控制人通过两权分离、"金字塔"式控制、交叉持股等方式侵吞公司资源的现象屡见不鲜。Claessens 等（2005）的研究成果同样指出，控制权和现金流量权的分离程度大，企业的资源受侵吞的可能性会增加，其经营绩效会随之下降。Yeh（2008）等学者的实证研究表明，上市公司的终极控制人运用控制权与现金流权的分离，对公司资源进行超级控制和利益掠夺的现象也很常见。因此，随着控制权与现金流权分离程度的增加，上市公司的资源会受到更多的掠夺。

企业最终的债务期限结构实质上是债权资本的供给方与债务融资的需求方之间相互妥协和博弈的最终结果。我国的法律体系尚且不完善，在债务契约的签订和执行过程中，债权人的利益受到的保护程度相当有限；所以终极控制人两权分离度高的企业面临的代理成本更大。这将导致外部债权人提供更多期限较短的债务来约束其行为来保障自身利益。因为外部债权人不得不考虑企业陷入经营困境或面对较大的财务风险而难以按期清偿债务的可能性。因此，终极控制人的两权分离度越高，公司价值和外部投资者的利益受侵占的可能性越大，公司将面临更大的代理问题。外部债权人倾向于为两权分离度高的企业提供期限较短的债务。与长期债务相比，短期债务迫使企业为遵守债务契约而长时间维持一定的自由现金流，加大了两权分离度高的企业中终极控制人运用对自由现金流的支配权而对企业资源进行侵占的风险和成本。

当终极控制人两权分离度较高时，债权人通常会利用更多的短期债务去监督和约束终极控制人的自利行为。发放短期债务是外部债权人为了监督债务人而采取的最有效、成本最低的方法之一。这是因为短期债务一年内到期，使债务人需要频繁地进入资本市场与债权人展开债务契约谈判，因此，在中国债权人法律保护较弱的宏观背景下，债权人通常会通过发放更多的短期债务以监督民营上市公司中终极控制人利用两权分离度"掏空"上市公司而损害公司利益的行为。因此本章提出以下假设：

H3-1：民营企业终极控制人两权分离度与债务期限结构呈负相关。

（二）民营企业终极控制人两权分离条件下债务期限结构异化的治理

股权结构一直是公司治理理论研究的重点和热点，它会通过对内部股东与外部投资者之间的代理冲突产生重大影响，从而进一步左右企业所作出的财务决策。而股权制衡是指控制权掌握在若干个大股东手中，通过内部相互制约的制度安排，通过集体决策制度使公司的任何重大决策难以受到少数人的操纵。这种促使大股东之间实现相互监督、相互约束的方式，可以基本抑制住大股东乃至终极控制股东对上市公司利益的非法侵占行为，也可以制约管理层的道德风险、逆向选择行为。具体地说，各个大股东之间利益的冲突和博弈会使其中任何一个大股东都不具备单独对企业的完全掌控能力，谁也无法随心所欲地单独操纵企业的重大投资、筹资和经营决策。根据股权制衡理论，有一定的集中度，存在处于相对控制地位的大股东的同时又存在其他大股东的制衡型的股权结构，能够充分发挥公司内部治理机制的作用，同时也有利于提高公司的绩效。

国外学者 Edwards 和 Weichenrieder（1999）认为，企业中其他的大股东能够有效地对终极控制人的自利行为进行有效的监督和控制。La Portal 等（1999）研究发现，如果其他大股东持股比例超过 10% 时可以很大限度地对终极控制人的行为进行监督和制约。综上所述，数个大股东的存在有助于降低终极控制人与中小股东之间的代理成本。此时债权人更愿意提供长期债务。所以股权制衡作为一种理想的治理方式会对终极控制人的自利行为产生足够的约束作用，在很大程度上能够缓解终极控制人对中小股东和债权人的利益掠夺而产生的代理成本。

肖作平（2005）通过对国内非金融类上市公司数据的实证检验，指出其他大股东联盟可以对终极控制人的行为产生约束。综上所述，股权制衡的存在减缓了终极控制股东与债权人之间的代理冲突，改善了公司内部的治理状况，能够起到代替短期债务进行监督的作用。根据信号传递理论，内部良好的治理因素在一定程度上向外界传递出终极控制人受到监督、公司治理状况良好的信号，能够替代短期债务所起到的约束作用，使债权人愿意发放更多监管力度较低的长期债务。总而言之，股权制衡的存在可以减缓终极控制人与债权人之间的代理冲突，减少债权人对短期债务监督作用的依赖程度，改善了的内部公司治理状况在一定程度上可以替代短期债务的监督制约作用，使债权人发放期限更长的债务成为可能。基于上述论述，这部分研究提出如下假设：

H3-2：民营企业中较高的股权制衡度能提高长期债务在总债务中所占的比重。

（三）民营企业股权制衡与债务期限结构优化的经济后果

提升公司价值并使股东财富最大化是企业中资本结构优化的主要目标，根据委托-代理理论，债务期限结构的变化会对公司价值产生重要的影响，因而具有重要的经济后果。本部分主要从公司融资成本、财务风险以及投资决策方面分析债务期限结构的经济后果。

第一，债务期限结构对公司融资成本的影响。公司债务融资成本包括筹资费用和用资费用。筹资费用是公司进行融入资金时为获得资金而产生的费用，一般发生在融资之前，属于需要一次性支付的费用。用资费用本质上属于资金的机会成本，主要发生在公司生产经营、投资过程中。对于公司的债务融资决策而言，长期借款的拥有更长的期限，这意味更大的债务违约风险，而一旦公司因无法清偿债务而破产，这种风险最后很可能是由银行来承担的。所以外部债权人对长期债务契约的签订条件要比短期债务严格得多，对公司资产结构、清偿能力、财务状况、抵押资产等条款也更加严格。这也导致了长期债务需要企业支付更高的利息。原因还在于长期融资使债权人丧失了资金的流动性，将资金的机会成本让渡给了债务人。所以对于长期借款，银行等金融机构务必会要求企业给予更高的收益补偿。但是，从筹资费用方面来看，短期债务筹资费用明显高于长期债务。这是因为公司具有持续经营的属性，如果公司过度地使用短期借款来满足资金需求，最后很有可能导致公司短期债务的融资成本总体上反而高于长期债务。对于需要在资本市场上筹集资金使用权的公司来说，短期债务的劣势之一在于时间期限短，公司将频繁面临再融资成本的问题。

第二，债务期限结构对公司财务风险的影响。与国有企业债务"软约束"现象不同的是，我国的民营上市公司从银行获取贷款的能力有限，其短期债务比例相对较高。这会导致公司在日常经营活动中不得不面临更大的财务风险和偿债压力。根据权衡理论，此时民营企业将面临额外的财务困境成本。

第三，债务期限结构对公司投资决策的影响。根据期限匹配理论，公司对于获得的短期债务，往往投资于期限较短的投资项目，如收益性较差的流动资产。而长期债务往往被用于对长期项目的投资，一般来说，短期投资项目的平均收益率要低于长期投资项目。企业把长期借款用于长期项目，企业能够投入更多的营运资本用于项目建设而不必经常面临偿还本金的压力。在较长时间里把资金用于报酬率较高的长期投资项目，从长远来看，显然有利于提升公司价值，使债务融资效率最大化。因此，基于上述论述，本章提出如下假设：

H3-3a：民营企业债务期限结构与债务融资效率呈正相关关系。

大量实证研究表明，在世界范围的上市公司中，股权制衡现象是普遍存在的，尤其是在发达国家中。Faccio 和 Lang（2001）将 5232 家欧洲非金融上市公司作为样本进行实证研究，结果表明，在 39% 的非金融上市公司中至少存在两个大股东持股比例在 10% 以上，存在三个及以上大股东的公司占总体的 16%。Becht 和 Mayer（2002）的研究结果表明，存在不止一个大股东的上市公司数量超过欧洲上市公司总数的 1/4。Nagar，Petroni 和 Wolfenzon（2004）的研究证明，在私人企业中，数个大股东共同分享控制权和经营权的现象在美国非常常见。

作为一种监督机制，控股权在各个大股东之间进行分享能够使任何一个大股东都无法单独操控公司的重大决策。各个大股东对控制权的竞争能够有效地降低终极控制人对上市公司资源的掠夺行为，这将有助于改善公司的整体经营绩效。Bennedsen 和 Molfenzon（2000）的研究认为多数大股东之间存在股权制衡，控制权掌握在数个大股东手中，对其中任何一个大股东构成约束的机制能够起到限制控股股东掠夺行为的作用。Gomes 和 Novaes（2005）

则认为控制权在各大股东之间进行分享，有利于保护小股东的利益，减少其受大股东的掠夺的程度。Bennedsen 和 Wolfenzon（2000）认为除控股集团之外的大股东的存在具有改善公司价值的作用。Maury 和 Pajuste（2005）发现控股权的争夺能够对公司的整体价值产生正面的影响。另外，股权制衡度升高，公司的资信状况、融资效率也会随之提升。我国经济学家厉以宁（2001）认为，股权制衡是一种良好的公司内部治理机制。在一个公司里，若存在数个话语权较大的股东，企业整体的治理状况就可能比较健全。黄淑和（2002）认为，合理制衡的股权结构能够显著改善公司治理状况，并提高公司的运营效率。

综上所述，股权制衡的存在，一方面削弱了终极控制人的"超级控制"，有助于降低终极控制人因为两权分离现象的存在而产生的代理成本；另一方面，有能力也有动力来对管理层进行监督，降低其道德风险和逆向选择的倾向。其他大股东联盟表决权越高，终极控制人受到的制约程度越大。如果股权制衡度足够高则谁也无法单独操纵公司的重大决策，这种股权结构对于抑制终极控制人的自利行为显然具有积极的作用。终极控制人对上市公司的"掏空"行为受到更有力的约束显然对代理成本的削弱、融资效率的提升会产生积极的影响。Laeven（2008）和 Levine（2008）同时证明如果企业中存在数个大股东（持股比例超过10%），公司的价值就会得到显著的改善。基于上述论述，本章提出如下假设：

H3-3b：股权制衡在优化债务期限结构的同时还能够显著提高民营企业的债务融资效率。

四、民营企业债务期限结构异化及其治理实证研究设计

（一）样本选择和数据来源

本章选取 2010~2014 年在深沪上市的非金融类民营上市公司五年的平衡面板数据为样本，在样本的选择过程中，我们始终基于以下原则：

（1）剔除 ST 和 PT 企业。由于 ST 和 PT 企业的经营状况存在重大不确定

性，财务数据异常，因此其研究价值不高，考虑到这方面的原因，本章剔除这些企业的相关信息；

（2）剔除金融类企业。财务数据能够反映出金融机构融资结构的特殊性，金融企业的债务结构对普通的民营上市公司来说不具有普遍意义和推广价值，本章对样本中所有金融类企业的数据予以剔除。

（3）剔除同时发行 A 股和 B 股或 H 股的企业。原因在于同时发行 B 股或 H 股的企业会受其他市场更为严格的监督，且其财务报告编制要求与 A 股存在显著的差异，可能会影响终极控制人的行为，本章将剔除这类样本。

（4）剔除 2008 年以后上市的公司，因为刚上市不久的公司财务状况也具有特殊性。同时，财务数据不全、资不抵债、行业样本数目过少的样本也被抛弃。

我们最终得到 840 家公司 4200 个样本的平衡面板数据。本章所用数据来源于国泰安数据库。

表 3-1 是我们根据 2012 年中国证监会颁布的《中国上市公司行业分类指引》并对这些非金融上市公司按行业门类进行分类的结果。由表 3-1 可知，样本公司多数分布在制造业中，512 家公司、2560 个样本属于制造业，占样本的比重为 60.95%。

表 3-1　　各行业样本数量以及代码表

行业（代码）	公司数量	样本数量	占总样本的百分比
农、林、牧、渔业（A）	18	90	2.14%
采掘业（B）	28	140	3.33%
制造业（C）	512	2560	60.95%
建筑业（E）	22	110	2.61%
批发和零售业（F）	78	390	8.09%
交通运输、仓储和邮政业（G）	47	235	4.40%
信息传输、软件和信息技术服务业（I）	27	135	3.21%
房地产业（K）	62	310	7.38%
租赁和商务服务业（L）	30	150	2.38%
综合（S）	16	80	1.90%
合计	840	4200	100%

(二) 两权分离度、股权制衡度与债务期限结构检验设计

1. 被解释变量

债务期限结构是本章最主要的被解释变量。首先，关于对长期债务的定义，学术界并没有完全达成一致意见。较多的国内外文献将为期一年以上的债务定义为长期负债，如 Scherr 和 Hulburt（2001），也有不少文献将为期三年（Barclay and Smith, 1995）或五年以上（Schiantarelli and Sembenelli, 1997）的债务定义为长期负债。与此同时，关于债务期限的度量方法也不尽相同，目前学者采用的主流方法有以下三种：

（1）长期负债占企业总债务的比重。这是目前学术界国内外文献最常用的度量方法之一。这种方法的优点是数据容易获得，如 Titman 和 Wessels（1988）使用了长期负债与总负债的比率和短期负债与总负债的比率来作为债务期限结构的代理变量。

（2）企业每笔债务期限的加权平均值。这种度量方法能够区别不同期限的债务，从精确度方面来看对第一种有所改进，能够更加真实地反映企业的债务期限组成情况。但是其数据的可获得性和计算量较大，加权平均值也缺乏实际意义，因此，很少有文献采用该方法。

（3）同时使用以上两种度量方法。Scherr 和 Hulburt（2001）通过同时采用以上两种度量方法表示债务期限结构，并将结果进行对比，最后指出债务期限的两种度量方法的选择对于最终实证分析结果的影响并不明显。

由于我国债券市场发展很不成熟，中国上市企业融资手段主要是银行贷款。鉴于加权平均值法数据获取难度较大，在学术界并未受到广泛的认可，也没有在学术研究中得到广泛的运用，因此并不适合作为本章对债务期限结构的度量方法。本章决定把长期负债占企业总负债的比重作为对债务期限结构的代理变量。其中，长期负债的定义为一年以上到期的债务。长期负债与总负债的比值就是对被解释变量即债务期限结构的度量。

本章以长期债务比作为债务期限结构的第一个代理变量，等于长期负债/负债总额，符号为 DM1；用总负债减去流动负债的差再除以总负债作为第二个代理变量，符号为 DM2。另外，由于本章研究的是与债务融资结构相关的问题，因此总负债中将应付账款、应付票据等经营类负债，详情见表 3-2。

表 3-2　　　　　　　　债务期限结构的度量选择

被解释变量	定义
DM1	长期负债/负债总额
DM2	(总负债 - 流动负债)/总负债

2. 解释变量

为排除实证分析结果的偶然性，本章用不同的股权制衡相关变量研究多数大股东对终极控股股东的监督制约作用。学者 Laeven 和 Levine（2008）、Maury 和 Pajuste（2005）、Mishra（2011）已经证实多数大股东可以改善公司的治理状况。本章用 MLSD 表示多数大股东是否存在的哑变量。除了控股股东外存在持股比例高于 10% 的大股东，MLSD = 1；否则 MLSD = 0。由于在经过筛选的样本中没有发现大股东个数达到 5 个的公司，本章用 OR 表示第二到第四大股东的持股比例之和除以终极控制人持股比例，即 OR = (VR2 + VR3 + VR4)/VR1。这个变量反映了其他大股东持股集中度。本章用 VARI 来表示前四大股东持股比例的方差之和，即 VARI = $(VR1 - VR2)^2 + (VR2 - VR3)^2 + (VR3 - VR4)^2$，如表 3-3 所示。

表 3-3　　　　　　股权制衡度和两权分离度的度量

解释变量	定义	预计符号
MLSD	存在多数大股东则 MLSD = 1；否则 MLSD = 0	+
OR	第二到第四大股东的持股比例之和除以终极控制人持股比例	+
VARI	前四大股东持股比例的方差之和	-
NLS	持股比例大于 10% 的大股东的数量	+
SEP_1	终极控制股东的控制权减去现金流权	-
SEP_2	控制权除以现金流权	-
SEP_3	控制权减去现金流权的差再除以现金流权	-
SEP_4	控制权大于现金流权则等于 1 否则为 0	-

3. 控制变量

基于 Brockman（2010），为了控制其他因素对于债务期限结构的影响，我们选取的控制变量分别为 LR（资产负债率）、SR（ROE 波动率）、ABNE（异常收益）、MTB（市净率）、AM（资产期限结构）和 SIZE（总资产的对数），如表 3-4 所示。

表 3-4　　　　　　　影响债务期限结构的控制变量选择

自变量名称	定　义	预计符号
SIZE	总资产的对数	+
LR	资产负债率	-
SR	过去三年净资产收益率的标准差	-
ABNE	税息折旧及摊销前利润的变动额的对数	+
MTB	市净率，每股股价与每股净资产的比率	-
AM	长期资产除以总资产	+

本章在国外学者经典研究成果的基础上进一步借鉴了国内重要文献提供的经验证据和研究方法，结合我国特殊的资本市场现状和整体相对滞后的公司治理水平，选择合理的控制变量进行实证研究。首先，不同的年份，宏观经济发展水平和变化趋势，尤其是不同年份的重要法律法规政策的出台毫无疑问将对民营企业的债务期限产生不可忽略的影响。为了控制宏观经济因素的影响，本章引入年度虚拟变量，预计企业的债务期限具有显著的年份特征。由于不同行业的经营特点不同，本章还将引入行业虚拟变量。

（1）杠杆比率与债务期限结构的关系。

LR（杠杆比率）反映了公司的资本结构，同时也是对债权人投资的安全程度的衡量指标。拥有较高资产负债率的公司往往会面临更大的债务清偿风险，对于这样的公司，债权人往往倾向于提供短期债务。所以我们预计债务期限结构与资产负债率负相关。

（2）成长机会与债务期限结构的关系。

MTB（市净率）衡量企业的未来发展能力，它是每股股价与每股净资产的比率。Myers（1977）认为，若公司有着较好的成长机会则它们必须在更多的投资方案中做出合适的选择，此时股东与债权人之间的代理成本较为严重。为了削弱代理成本，债务期限结构会趋近于短期。所以我们预计债务期限结构与市净率负相关。

（3）资产规模与债务期限结构的关系。

SIZE（总资产的对数）则反映了公司规模。由于大公司一般相对成熟，具有更低的信息不对称问题和代理成本，降低了使用短期负债监督机制的必要性，同时由于其破产风险较低，同债权人特别是银行有更强的讨价还价能力，更能容易获取低成本的长期负债；而小公司未来发展的不确定性较高，会出现更多的与债务相关的代理问题，更高程度的信息不对称（Berger and

Udell，1998），更高的破产风险和更少的融资渠道（Titman and Wessels，1988），因此难以获得低成本的长期负债（Fama and Jesen，1983；RajFan and Zingales，1995）。根据理论，企业规模大，企业将发行更多的长期负债，因此，企业规模对债务期限结构存在正面影响。这种正面影响也在对美国公司（Barclay and Smith，1995；Stohs and Mauer，1996，Jun and Jen，2003；Barclay et al.，2003）、英国公司（Ozkan，2000）的实证研究中得到证实。由于企业规模一般用总资产来代表，其数值相对其他变量较大，本章用期末资产总额的对数来度量。我们预计债务期限结构与公司规模正相关。

（4）资产期限结构与债务期限结构的关系。

根据期限匹配理论，企业资产期限越长，债务期限也会越长，本章用固定资产净额与总资产的比值代表资产期限，即企业的固定资产净额越大，企业将使用越多的长期负债。根据理论，资产期限对债务期限结构存在正面影响。AM（资产期限结构）等于固定资产净额除以总资产。我们预计债务期限结构与 AM 正相关。

（5）其他因素。

ABNE（异常收益）税息折旧及摊销前利润（EBITDA）的变动额的对数，具体等于 $\ln(EBITDA_t - EBITDA_{t-1})$，我们预计债务期限结构与 ABNE 负相关。SR（ROE 波动率）指的是公司过去三年净资产收益率的标准差。SR 越大说明公司的经营状况越不稳定，我们预计债务期限结构与 ROE 波动率负相关。

4. 检验模型

$$DM = C + \alpha_0 MLS\_Related + \alpha_1 SEP + \alpha_2 LR + \alpha_3 AM + \alpha_4 MTB + \alpha_5 SR + \alpha_6 ABNE + \alpha_7 SIZE + YEAR\_FE + INDU\_FE + \varepsilon \quad (3-1)$$

（三）股权制衡度与债务期限结构的经济后果检验设计

1. 被解释变量

企业总是希望以尽可能低的成本从资本市场上获得所需资金，并创造出尽可能多的财富。融资成本反映了企业融资的难易程度，包括资金的使用成本和交易费用。资金使用效率则反映了所融入资金为企业带来最大收益的能力，具体表现为企业在经营过程中获得的利润、借入资金的有效利用程度、投资项目带来的效益等。债务融资效率实际上应当是融资成本和资金使用效率的综合考虑的指标。

本章用托宾 Q 值作为反映企业债务融资效率高低的变量,同时用 ROE 来进行稳健性检验。根据定义,托宾 Q = 企业市价/企业重置成本,实际上反映了上市公司使用有限的资本创造尽可能多的价值的能力。若托宾 Q 值 > 1,则说明公司的价值高于其重置成本,公众看好公司的前景,愿意支付高于市场价值的价格购买其股份。当 Q 值 < 1 时,表明公众认为公司的价值低于其公允价值,对其发展前景持悲观态度。因此,托宾 Q 值反映了公司对债务资金的利用效率,可以用来作为衡量上市公司的市场绩效。

2. 解释变量

本章用 SEP_1 作为两权分离度的代理变量,其数值等于终极控制人的控制权减去其现金流权。两权分离度的高低反映了终极控股人通过"金字塔"式层层控制或交叉持股等方式对上市公司资源的"掏空"程度。为了进行稳健性检验,本章设立变量 SEP_2,其数值等于控制权除以现金流权。SEP_3 等于控制权减去现金流权的差再除以现金流权。SEP_4 为哑变量,控制权大于现金流权时 SEP_4 等于 1 否则 SEP_4 等于 0。债务期限是指债务的到期时间,债务期限结构就是指债务中短期债务和长期债务的比例。本章选用长期债务占总债务的比例。在模型中用 DMi 来表示债务期限结构。长期债务主要包含长期借款、应付债券、长期应付款、专项应付款。债务期限结构 = 长期债务总额/负债总额。Laeven(2008)和 Levine(2008)已经同时证明持股比例超过 10% 的股东可以对公司治理状况和债务决策产生重大影响。因此在 Laeven(2008)和 Levine(2008)的研究基础上,这部分研究定义持股比例高于 10% 的股东为大股东,并用 MLSD 表示多数大股东是否存在的哑变量。若除了控股股东外存在持股比例高于 10% 的股东,MLSD = 1;否则 MLSD = 0,如表 3 - 5 所示。

表 3 - 5　　　　　　　　　　变量定义

变量名称	定　　义	变量类别
Q	托宾 q 值	被解释变量
ROE	权益净利率	被解释变量
SEP_1	终极控制股东的控制权减去现金流权	解释变量

续表

变量名称	定 义	变量类别
SEP_2	控制权除以现金流权	解释变量
SEP_3	控制权减去现金流权的差再除以现金流权	解释变量
SEP_4	控制权大于现金流权则等于1否则为0	解释变量
LR	资产负债率	控制变量
SG	销售增长率	控制变量
TAN	总资产减去无形资产后除以总资产	控制变量
SIZE	总资产的对数	控制变量
AGE	企业成立年限＝样本所在年份－企业成立年份	控制变量

3. 控制变量

本章选取的控制变量（见表3-5）分别为AGE（企业成立年限）、SG（销售增长率）、SIZE（总资产的对数）、TANG（有形资产除以总资产）、LR（资产负债率）。LR（资产负债率）反映了公司利用债权人资金进行经营活动的能力，也反映了债权人发放贷款的安全程度；SG（销售增长率）衡量企业经营状况和市场占有能力；TANG（有形资产的对数）指的是企业的总资产减去无形资产后差的对数。SIZE（总资产的对数）则反映了公司规模。具体变量定义见表3-5。

4. 检验模型

$$Q = C + \alpha_0 SEP + \alpha_1 LR + \alpha_2 SG + \alpha_3 TAN + \alpha_4 SIZE + \alpha_5 AGE + YEAR\_FE + INDU\_FE + \varepsilon \tag{3-2}$$

五、描述性统计分析

表3-6展示了对本章选取的主要研究变量进行描述性统计的结果，包括股权制衡相关变量和控制变量。由表3-6可知，在4200个总样本中有1270个样本存在除控股股东以外的其他大股东。

Boubaker（2007）、Laeven和Levine（2008）的研究发现34%和36.6%的美国公司存在着多数大股东的状况，这与本章的研究统计是接近的。其次，第二到第四大股东的持股份额之和与控股股东的比例平均为 0.465，可见多数大股东在企业决策中的话语权不容忽视，甚至高于美国学者 Laeven 和 Levine（2008）的统计数字 0.29。两权分离度最大可达 0.45，这表明有时候控股股东对公司价值掠夺的可能性是惊人的。另外，大约 2573 个样本存在两权分离的情况，而超过 1/4 的样本其两权分离度大于 10%。这表明在我国民营企业中控股股东"超级控制"的现象的存在不容忽视。长期债务在总债务中占的平均比重是 0.12，远低于美国学者 Laeven 和 Levine（2008）的统计数字 0.54，同样低于 Garcia – Temel 和 Martinez – Solano 对西班牙上市企业实证研究中的 29.1%，但高于 Basel Awartani，Mohamed Belkhir，Sabri Boubaker 和 Aktham Maghyereh（2015）对中东北非地区 444 家公司在 2003~2011 年的 3717 个样本进行的研究（长期债务平均仅占总债务的 3.41%）。这表明在我国民营企业债务期限结构水平在世界范围内总体偏短，这与涂瑞、肖作平（2008）的发现是一致的。

表 3–6　　　　　　　　　　主要研究变量的描述性统计

变量	样本数	均值	最大值	最小值	标准差
MLSD	4200	0.350	1	0	0.461
OR	4200	0.465	3	0.002	0.459
VARI	4200	0.035	0.198	0	0.032
SEP1	4200	0.171	0.450	0	0.084
DM1	4200	0.120	0.995	0	0.186
LR	4200	5.621	0	0.997	0.258
AM	4200	0.203	0.996	0.001	0.199
MTB	4200	3.849	1101.927	−1489.866	41.065
SR	4200	0.003	4.111	0.001	0.069
ABNE	4200	0.249	590.221	−484.054	13.329
SIZE	4200	22.090	28.405	18.864	1.313

我国上市企业总体来说更倾向于使用短期负债，总体的债务期限结构大大低于西方发达国家。这种总体偏短的债务期限结构与我国特殊的制度背景密不可分。造成这种现象主要的原因有三个：（1）我国民营企业融资渠道总体上来说比较单一、狭窄，尤其是债券市场，由于受到众多国家政策的严格

制约和调控，其完善程度相当有限。在我国，民营企业更多的是依靠银行贷款来满足自身的资金需求，如果民营企业试图根据自身的需要通过发行长期债券的方式进行融资的话将面临相当大的阻力和极其苛刻的条件。这也是在我国民营企业的融资结构中，银行借款占比较大的根本原因。(2) 银行从自身的经营风险考虑，在与民营企业进行债务契约谈判时，对长期贷款的发放相当谨慎小心，无论是申请条件还是申请流程、契约条款都比短期贷款更加严格、复杂得多，因此，企业不得不向多家银行申请短期贷款，以"短贷长投"的方式应对融资难的问题。银行贷款作为短期负债甚至成为许多民营企业债务资金的唯一来源，由于其使用期限较短，从还款到再次申请贷款至最终放款又需要一定的时间，额外的再融资成本使民营企业面临着极大的资金压力。这也是我国上市企业财务杠杆普遍较低的原因之一。(3) 我国至今尚未形成足够完善的相关法律体系，对债权人利益保护程度较低，且法律执行力度不足，因此，为了规避投资风险，作为债权人主体的银行更倾向于通过发放更多的短期借款来降低民营企业潜在的违约风险。总而言之，我国上市企业的长期负债比例普遍偏低，即债务期限结构普遍偏短，出现这种情况的原因主要归根于中国的债券市场发展水平滞后，同时民营企业的债务主要来源于银行贷款。而中国的商业银行出于对投资风险的规避对民营企业进行长期债务融资的审核条件比较严格，同时相对于短期流动资金贷款在流程上也更加复杂、苛刻、缓慢，因此民营企业总债务中短期债务的比例较高在我国是一种普遍现象。

表3-7向我们展示了对本章主要研究变量的相关性检验的结果。为了检验各变量之间是否存在多重共线性，本章对股权制衡相关变量（多数大股东哑变量、第二到第四大股东的持股比例之和除以控股股东持股比例、前四大股东持股比例的方差之和）和控制变量进行相关性检验。MLSD、OR、VARI作为股权制衡的代理变量，其线性相关程度应该较高。因此在后续的实证分析过程中我们可以将它们用来做稳健性检验。而对本章所选用变量进行Spearman相关性检验的结果也证实了之前的预测，股权制衡相关变量之间存在高度相关性，而其余的控制变量之间相关性很低，多重共线性较弱。系数的符号也与我们设计这些变量的预期基本是一致的，可以直接进行多元线性回归分析。

表 3 – 7　这部分研究主要研究变量的 Spearman 相关性检验

VARIABLE	MLSD	OR	VARI	SEP	LR	AM	MTB	SR	ABNE	SIZE
MLSD										
OR	0.670***									
VARI	0.237***	-0.700***								
SEP	-0.025***	-0.008**	0.027***							
LR	0.015**	0.019***	-0.081***	-0.015***						
AM	-0.038***	-0.005***	0.034**	0.015***	-0.059***					
MTB	0.003*	0.035***	-0.029***	0.004***	-0.179***	0.020***				
SR	-0.005***	-0.014***	0.012***	0.018***	0.032***	0.004**	0.041***			
ABNE	-0.016***	-0.027**	0.021***	-0.001	-0.039***	-0.058***	0.055***	-0.069***		
SIZE	0.023***	0.107***	-0.204***	0.001*	-0.091***	-0.096***	-0.311***	-0.012***	0.033***	

注：***、**、* 分别表示在 1%、5%、10% 水平下显著。

六、回归检验结果

(一) 终极控制人两权分离、股权制衡与债务期限结构回归检验

1. 回归结果

(1) 解释变量回归结果。

股权制衡相关变量与债务期限结构的多元线性回归结果见表 3-8。方程的 R^2 显示方程拟合度均较好,F 值均在 1% 的水平上显著,说明方程的总体回归效果是不错的。第 1 列是最基本的回归结果,包含 MLSD(多数大股东哑变量)、SEP(两权分离度)和所有的控制变量。根据结果本章发现,两权分离度 SEP_1 在 1% 的水平上显著为负。结果与假设 H3-1 一致,表明企业两权分离度越大,短期债务的比重越大,债务期限结构更趋近于短期。这表明两权分离度在一定程度上反映了终极控制股东对公司资源侵吞行为的动机,两权分离程度越大,终极控制股东自利的可能性越强,这将加剧代理冲突。此时,债权人通常会发放更多的短期债务,降低每年终极控制股东可支配的现金流,进而抑制终极控制股东的自利行为。在股权制衡度相关变量方面,MLSD(多数大股东哑变量)的系数在 1% 水平上显著为正,这表明企业中多数大股东的存在可以使长期借款在总负债中所占比例得到显著的提升。结果与假设 H3-2 一致。NLS(大股东的个数)与债务期限结构呈显著的正相关,同样说明了企业中大股东的个数越多,长期债务也越多。OR 与债务期限结构同样显著为正,同样有力地说明了股权制衡度越高,债务期限结构越长。VARI(前四大股东的方差)与债务期限结构之间呈显著的负相关,同样可以表明终极控制人的表决权与多数大股东的表决权之和越接近,终极控制人将会受到更有效的制约,债务期限结构也会随之延长。

(2) 控制变量的回归结果。

在表 3-8 中第 1~第 4 列中公司规模与债务期限结构在 1% 水平上均呈显著正相关,这表明规模更大的公司能够从债权人那里获得更多的长期借款。

表 3-8　　两权分离、股权制衡与债务期限结构

变量		1	2	3	4
		DM1	DM1	DM1	DM1
股权制衡度变量	MLSD	0.2675*** (6.622)			
	OR		0.0487*** (10.239)		
	VARI			-0.2336*** (-3.812)	
	NLS				0.0270*** (7.912)
	SEP_1	-0.0388*** (-3.808)	-0.0255*** (-4.194)	-0.0194*** (-3.705)	-0.0293** (-2.127)
控制变量	LR	0.099*** (16.816)	0.098*** (16.795)	0.099*** (16.792)	0.094 (-0.441)
	AM	0.050 (0.426)	0.065 (0.559)	-0.069 (-0.586)	0.082 (0.537)
	MTB	0.018 (0.282)	0.017 (0.266)	0.018 (0.278)	-0.037 (-0.639)
	SR	-0.023 (-0.893)	-0.022 (-0.863)	-0.024 (-0.917)	-0.011 (-0.302)
	ABNE	-0.094 (-1.188)	-0.094 (-1.186)	-0.093 (-1.175)	-0.109 (-0.079)
	SIZE	0.027*** (14.236)	0.026*** (13.939)	0.026*** (13.631)	0.017*** (9.638)
	C	-0.781*** (-13.11)	-0.327*** (-12.61)	-0.864*** (-12.88)	-0.241*** (-7.987)
YEAR_FE		YES	YES	YES	YES
INDU_FE		YES	YES	YES	YES
样本数		4200	4200	4200	4200
调整后 R^2		0.152	0.152	0.151	0.092
F 值		32.469***	32.409***	32.171***	21.534***

注：***、**、*分别表示在1%、5%、10%水平下显著，括号中为 t 值。

AM（资产期限结构）的系数为正但不显著。这个结果支持期限匹配理论，也就是说，公司的资产期限与其长期债务在总债务中占比呈正相关关系。原因在于公司若能将资产期限与债务期限进行匹配，能够尽可能大地提高资金的使用效率，降低资金的闲置和不足成本。

MTB（市净率）的系数为正，表明企业的成长机会对企业债务期限结构存在正面影响，符合代理成本理论和信号传递理论，原因可能是企业未来的成长机会越多，投资者对其发展前景越看好，企业就能够从资本市场上获得更多的长期债务；而企业未来成长机会越少，投资者对其发展前景的预期越不乐观。则银行更倾向于提供短期债务，不过这统计学上的结果并不显著。

另外，我们还发现ABNE（税息折旧及摊销前利润的变动额）与债务期限结构负相关，说明ABNE变动越大的企业其财务状况越不稳定，发生信用违约风险的可能性也越大，越难获得长期贷款。这也与预期相符合。以上部分结果虽然在方向上与预期理论相符，但并不显著，这可能是由于对债务期限的定义和度量与国外不同学者采取的方法有所差异或者是样本数据自身的原因导致的结果的偏差。

2. 内生性问题的处理

考虑到股权制衡相关变量属于内生变量，可能会与随机扰动项相关从而导致内生性问题。为了削弱内生性问题对回归结果的影响，本章采用各个行业样本股权制衡相关变量的平均值作为工具变量，运用两阶段最小二乘法对股权制衡与债务期限结构之间的关系进行多元线性回归分析，结果见表3-9。

表3-9 两权分离、股权制衡与债务期限结构的两阶段最小二乘法回归结果

变量	1	2	3	4
第一阶段回归				
IV_MLSD	0.804 *** (3.183)			
IV_OR		1.407 *** (8.462)		
IV_VARI			-0.0733 *** (-6.753)	
IV_NLS				0.949 *** (3.722)

续表

变量	1	2	3	4
R^2	0.095	0.104	0.114	0.087
F 值	14.570	15.716	17.313	12.530
第二阶段回归				
MLSD (fitted)	0.013*** (6.622)			
OR (fitted)		0.112*** (1.975)		
VARI (fitted)			-2.565*** (-2.825)	
NLS (fitted)				0.017*** (3.261)
SEP	-0.037* (-1.745)	-0.062** (-2.494)	-0.109*** (-3.289)	-0.045*** (-2.091)
LR	-0.002 (-0.297)	-0.007 (-0.988)	0.021* (2.108)	-0.004 (-0.621)
AM	0.064*** (7.004)	0.062*** (6.804)	0.041*** (3.271)	0.042*** (4.042)
MTB	0.036 (0.772)	0.018 (0.380)	-0.048 (-0.099)	0.027 (0.583)
SR	-0.029 (-0.507)	-0.018 (-0.315)	-0.056 (-0.096)	-0.011 (-0.197)
ABNE	0.019 (0.704)	0.024 (0.877)	0.036 (1.293)	0.023 (0.846)
SIZE	0.059*** (10.810)	0.015*** (10.041)	0.029*** (15.710)	0.012*** (6.894)
C	-0.295*** (-8.925)	-0.223*** (-4.464)	-0.018*** (-0.324)	-0.376 (-9.366)
YEAR_FE	YES	YES	YES	YES
INDU_FE	YES	YES	YES	YES
样本数量	4200	4200	4200	4200
调整后 R^2	0.124	0.181	0.178	0.128
F 值	12.222***	22.798***	22.041***	14.945***

注：***、**、* 分别表示在1%、5%、10%水平下显著，括号中为t值。

在第一阶段回归过程中，我们用所有的外生变量和工具变量共同对每个股权制衡度相关变量进行拟合。方程的 R^2 显示方程拟合度均较好，F 值均在 1% 的水平上显著，说明方程的总体回归效果是不错的。而在第二阶段回归过程中，本章每个股权制衡度相关变量在第一阶段回归中所得到的拟合值与债务期限结构之间的关系。表 3-9 的回归结果依然表明，MLSD、OR、NLS 的拟合值与债务期限结构在 1% 显著水平呈正相关，SEP 和 VARI 与债务期限结构呈负相关，与之前的预测相符。在削弱了模型的内生性之后，回归结果依然支持较高的股权制衡度能够延长债务期限结构。

3. 稳健性检验

为了增强实证结果的说服力，这部分研究用 DM2〔（总负债－流动负债）／总负债〕替代 DM1（长期借款／总负债）进行回归分析，结果见表 3-10。

表 3-10　　　　　用 DM2 替代 DM1 进行稳健性检验

变量		1	2	3	4
		DM2	DM2	DM2	DM2
股权制衡度变量	MLSD	0.351*** (5.889)			
	OR		0.043*** (6.160)		
	VARI			-0.135 (-1.241)	
	NLS				0.032*** (6.049)
SEP_1		-0.041* (-1.706)	-0.028** (-2.253)	-0.035* (-1.687)	-0.040** (-2.342)
控制变量	LR	0.015 (1.370)	0.015 (-1.387)	-0.016 (-1.435)	-0.014 (-1.315)
	AM	0.096*** (7.040)	1.004*** (7.279)	0.102*** (7.352)	0.095*** (6.96)
	MTB	-0.010 (-0.149)	-0.011 (-0.064)	-0.014 (-0.119)	-0.007 (-0.159)

续表

变量		1	2	3	4
		DM2	DM2	DM2	DM2
控制变量	SR	-0.099 (-1.170)	-0.108 (-1.267)	-0.102 (-1.197)	-0.011 (-0.099)
	ABNE	-0.034 (-0.745)	0.028 (0.694)	0.028 (0.695)	0.294 (0.723)
	SIZE	0.027*** (12.611)	0.029*** (13.313)	0.029*** (12.903)	0.027*** (12.470)
C		-0.455*** (-9.247)	-0.495*** (-10.071)	-0.554*** (-12.776)	-0.482*** (-9.711)
YEAR_FE		YES	YES	YES	YES
INDU_FE		YES	YES	YES	YES
样本数		4200	4200	4200	4200
F 值		14.081***	14.217***	12.706***	14.347***
调整后 R^2		0.075	0.075	0.067	0.076

注：***、**、*分别表示在1%、5%、10%水平下显著，括号中为 t 值。

结合前述各表可见，不论债务期限结构是用长期债务占总债务比重（DM1），还是用长期银行贷款占总债务比重（DM2）度量，多数大股东哑变量，第二、第三、第四大股东表决权之和与控股股东之比，其他大股东个数都与债务期限结构在1%的水平上显著正相关，前四大股东表决权方差不显著但符号符合预期。这个结果进一步验证了研究假设，即股权制衡度越高，会向外界传递出公司治理状况较好，控股股东受到更大制约的信息，这种股权制衡机制可以替代短期债务的监督作用，此时债权人愿意提供给企业更多的长期债务。

在表3-11中，我们用DM2代替DM1进行两阶段最小二乘法进行回归分析，MLSD（多数大股东哑变量），VARI（第二、第三、第四大股东表决权之和与控股股东之比），NLS（其他大股东个数）都与DM2（债务期限结构）在1%的水平上显著正相关，SEP（两权分离度）与DM2（债务期限结构）呈显著的负相关。与部分控制变量如ABNE、MTB和SR与DM2的关系不显著但符号符合预期，这可能是度量方法发生变动时造成的正常现象。这个结果依然支持了研究假设，即两权分离度的增加会减少民营企业债务融资中长期负债的比重，而股权制衡度的提高则会使民营企业得到更多的长期债务。

表 3-11　　用 DM2 进行两阶段最小二乘法进行回归分析

变量	1	2	3	4
第一阶段回归				
IV_MLSD	0.237*** (6.375)			
IV_OR		1.376*** (5.752)		
IV_VARI			0.105*** (7.911)	
IV_NLS				0.824*** (4.722)
R^2	0.097	0.111	0.116	0.089
F 值	15.102	16.256	16.978	13.230
第二阶段回归				
MLSD（fitted）	0.024*** (7.672)			
OR（fitted）		0.092*** (4.932)		
VARI（fitted）			1.565*** (3.341)	
NLS（fitted）				0.045*** (4.731)
SEP	-0.037* (-1.745)	-0.062** (-2.49)	-0.109*** (-3.289)	-0.045** (-2.091)
LR	-0.002 (-0.297)	-0.007 (-0.988)	0.021* (2.108)	-0.004 (-0.621)
AM	0.064*** (7.004)	0.062*** (6.804)	0.041*** (3.271)	0.042*** (4.042)
MTB	0.036 (0.772)	0.018 (0.380)	-0.048 (-0.099)	0.027 (0.583)
SR	-0.029 (-0.507)	-0.018 (-0.315)	-0.056 (-0.096)	-0.011 (-0.197)

续表

变量	1	2	3	4
ABNE	0.019 (0.704)	0.024 (0.877)	0.036 (1.293)	0.023 (0.846)
SIZE	0.059*** (10.810)	0.015*** (10.041)	0.029*** (15.710)	0.012*** (6.894)
C	-0.295*** (-8.925)	-0.223*** (-4.464)	-0.018*** (-0.324)	-0.376*** (-9.366)
YEAR_FE	YES	YES	YES	YES
INDU_FE	YES	YES	YES	YES
样本数量	4200	4200	4200	4200
调整后 R^2	0.084	0.111	0.108	0.098
F 值	12.222***	22.798***	22.041***	14.945***

注：***、**、*分别表示在1%、5%、10%水平下显著，括号中为t值。

从表 3-12 可见，稳健性检验结果表明，对于终极控制人两权分离度的代理变量的选择，本章先后采用了控制权除以现金流权（SEP2）、控制权减去现金流权再除以现金流权（SEP3）以及用两权分离哑变量（SEP4）进行度量，结果两权分离度与债务期限结构 DM1、DM2 在 1% 的水平上均为负相关关系。其中控制权除以现金流权（SEP2）、控制权减去现金流权再除以现金流权（SEP3）和债务期限结构 DM1、DM2 的负相关关系显著性较高。结果再次证实两权分离度大的公司中存在的代理冲突更为严重，此时债权人只愿意为提供短期借款，以减缓代理冲突和降低自身利益受掠夺的可能性。而在表 3-12 中，MLSD（多数大股东哑变量）仍然与债务期限结构呈显著的正相关，再一次证明了多数大股东能够起到对终极控制人的监督作用。

表 3-12　　用 SEP_2、SEP_3、SEP_4 替代 SEP_1，进行稳健性检验

变量	1	2	3
	DM1	DM1	DM1
MLSD	0.027*** (6.705)	0.027*** (6.657)	0.0266*** (6.603)
SEP_2	-0.506*** (-2.69)		

续表

变量		1	2	3
		DM1	DM1	DM1
SEP_3			-0.005*** (-2.678)	
SEP_4				-0.375 (-0.986)
控制变量	LR	-0.002 (-0.262)	-0.002 (-0.300)	-0.0023 (-0.295)
	AM	0.062*** (6.776)	0.062*** (6.765)	0.062*** (6.763)
	MTB	0.036 (0.791)	0.0369 (0.791)	0.035 (0.756)
	SR	0.0280 (-0.488)	-0.003 (-0.492)	-0.026 (-0.466)
	ABNE	-0.096 (-0.716)	0.014 (0.711)	0.019 (0.720)
	SIZE	0.015*** (10.475)	0.015*** (10.358)	0.015*** (10.538)
C		-0.283*** (-8.520)	-0.255*** (-8.621)	-0.297*** (-8.804)
YEAR_FE		YES	YES	YES
INDU_FE		YES	YES	YES
样本数		4200	4200	4200
F值		0.066***	0.065***	0.064***

注：***、**、*分别表示在1%、5%、10%水平下显著，括号中为t值。

本章所采用的样本将近半数为制造业类样本。对于制造业类样本公司的实证回归结果见表3-13。由表可知依然支持假设H3-1、H3-2，即两权分离度越大，终极控制人越有动机和能力去掠夺公司利益，代理问题更为严重，此时债务期限结构更短。而股权制衡度的提高将会减轻代理问题，使债务期限结构延长。

表 3-13　　基于制造业类样本对股权制衡度和债务期限结构的回归分析

变量		1	2	3	4
		DM1	DM1	DM1	DM1
股权制衡度变量	MLSD	0.031*** (5.237)			
	OR		0.042*** (6.938)		
	VARI			-0.303*** (-3.891)	
	NLS				0.026*** (6.151)
SEP_1		-0.043* (-1.86)	-0.029* (-1.653)	-0.031 (-1.187)	-0.041** (-2.635)
控制变量	LR	-0.004 (-0.488)	-0.005 (-0.574)	-0.007 (-0.726)	-0.004 (-0.434)
	AM	0.067*** (5.488)	0.067*** (5.770)	0.071*** (5.923)	0.066*** (5.409)
	MTB	0.043 (0.721)	0.040 (0.861)	0.039 (0.837)	0.034 (0.722)
	SR	-0.031 (-0.367)	-0.035 (-0.423)	-0.039 (-0.403)	-0.035 (-0.357)
	ABNE	0.012 (0.0388)	-0.018 (-0.056)	-0.014 (-0.045)	0.002 (0.019)
	SIZE	0.011*** (7.356)	0.015*** (6.758)	0.016*** (8.244)	0.013*** (7.234)
C		-0.279*** (-6.417)	-0.367*** (-7.315)	-0.303*** (-7.011)	-0.297*** (-6.917)
YEAR_FE		YES	YES	YES	YES
INDU_FE		YES	YES	YES	YES
样本数		2560	2560	2560	25608
调整后 R^2		0.139	0.166	0.197	0.112
F 值		18.402***	24.281***	29.320***	15.327***

注：***、**、* 分别表示在1%、5%、10%水平下显著，括号中为 t 值。

在表 3-14 中，我们用 DM2 代替 DM1 对民营上市制造业类公司进行回归分析，MLSD（多数大股东哑变量）、VARI（第二、第三、第四大股东表决权之和与控股股东之比）、NLS（其他大股东个数）依然与 DM2（债务期限结构）显著正相关，SEP（两权分离度）与 DM2（债务期限结构）呈显著的负相关。控制变量与 DM2 的关系同样基本符合预期。另外，回归模型的拟合优度也大大提高。这表明制造业类民营企业在债务融资结构方面具有一定的共性。这个结果依然支持了研究假设，即两权分离度的增加会减少民营企业债务融资中长期负债的比重，而股权制衡度的提高则会使民营企业得到更多的长期债务。

表 3-14　　　　　基于制造业类样本的稳健性检验

变量		1	2	3	4
		DM2	DM2	DM2	DM2
股权制衡度变量	MLSD	0.0315 *** (6.436)			
	OR		0.073 *** (8.988)		
	VARI			-0.426 *** (-4.748)	
	NLS				0.035 *** (7.591)
SEP_1		-0.063 * (-1.748)	-0.047 * (-1.103)	-0.041 * (-1.817)	-0.048 ** (-2.545)
控制变量	LR	-0.004 (-0.488)	-0.005 (-0.574)	-0.007 (-0.726)	-0.004 (-0.434)
	AM	0.067 *** (5.488)	0.067 *** (5.770)	0.071 *** (5.923)	0.066 *** (5.409)
	MTB	0.043 (0.721)	0.040 (0.861)	0.039 (0.837)	0.034 (0.722)
	SR	-0.031 (-0.367)	-0.035 (-0.423)	-0.039 (-0.403)	-0.035 (-0.356)
	ABNE	0.012 (0.039)	-0.018 (-0.056)	-0.014 (-0.045)	0.002 (0.019)
	SIZE	0.011 *** (7.356)	0.015 *** (6.758)	0.016 *** (8.244)	0.013 *** (7.234)

续表

变量	1	2	3	4
	DM2	DM2	DM2	DM2
C	-0.362*** (-6.417)	-0.467*** (-6.315)	-0.203*** (-7.011)	-0.497*** (-6.917)
YEAR_FE	YES	YES	YES	YES
INDU_FE	YES	YES	YES	YES
样本数	2560	2560	2560	2560
调整后 R^2	0.116	0.176	0.191	0.182
F 值	16.482***	19.281***	24.320***	21.827***

注：***、**、*分别表示在1%、5%、10%水平下显著，括号中为t值。

（二）股权制衡对债务期限结构异化治理的回归结果

1. 民营企业两权分离与债务融资效率的影响回归

本章对 2010~2014 年 4200 个样本分组进行实证分析。其中，第一，不存在多数大股东（持股比例大于 10%）的样本组；第二，为存在多数大股东的样本组；第三，债务期限结构高于平均数的样本组；第四，债务期限结构低于平均数的样本组；第五，债务期限结构高于平均数的样本组中存在多数大股东的子样本组；第六，债务期限结构低于平均数的样本组中存在多数大股东的子样本组。分组回归结果见表 3-15。

根据表 3-15 的实证分析结果，我们可以清楚地看到，无论怎样对样本进行分组回归分析，两权分离度和公司价值均为负相关，结果与假设 H3-1 一致。这说明终极所有权人会利用两权分离度对公司资源进行掠夺从而损害公司价值。其中由第 1 列和第 2 列回归结果对比可知，企业中存在多数大股东的样本组其 SEP 的系数绝对值以及显著程度要小些，说明多数大股东可以在一定程度上制约终极控制人的自利行为。由第 3 列和第 4 列，第 5 列和第 6 列回归结果对比可知债务期限较短的样本组，其 SEP 的系数绝对值以及显著程度更小，终极控制人的自利行为同样受到有效的监督。

表 3-15　　　　　　　　两权分离度与债务融资效率

变量	MLSD=0	MLSD=1	LONG	SHORT	LONG MLSD=1	SHORT MLSD=1
	1	2	3	4	5	6
SEP_1	-1.120* (-1.76)	-0.025 (-0.03)	-0.445 (-0.72)	-0.217** (-2.51)	-0.021* (-1.67)	-0.161* (-1.75)
LR	-1.745*** (-14.37)	-2.003*** (-11.55)	-0.970*** (-15.53)	-2.068*** (-14.14)	-1.139*** (-8.05)	-2.181*** (-9.02)
SG	-0.004 (-0.51)	-0.004 (0.15)	-0.001 (-0.32)	-0.009 (-0.16)	0.033 (1.20)	0.006 (0.09)
TAN	-2.832*** (-4.71)	-1.765* (-2.08)	-0.932*** (-3.00)	-3.031*** (-4.93)	-0.416 (-0.65)	-2.621** (-2.24)
SIZE	-0.716*** (-17.58)	-0.487*** (-9.58)	-0.406*** (-19.03)	-0.670*** (-14.79)	-0.311*** (-7.64)	-0.512*** (-7.16)
AGE	-0.025** (-2.49)	0.016 (1.17)	-0.031*** (-6.25)	-0.010 (0.81)	-0.033** (-2.37)	-0.034* (1.74)
C	21.584*** (20.94)	14.938*** (10.80)	12.182*** (22.33)	20.764*** (17.93)	9.709*** (8.57)	16.391*** (8.35)
年份	YES	YES	YES	YES	YES	YES
行业	YES	YES	YES	YES	YES	YES
样本数	2730	1470	2100	2100	724	746
调整后 R^2	0.116	0.177	0.283	0.126	0.29	0.163
F值	79.397***	33.726***	98.563***	53.012***	18.474***	22.640***

注：***、**、* 分别表示在1%、5%、10%水平下显著，括号中为t值。

2. 股权制衡治理下的民营企业债务融资效率的影响

股权制衡相关变量与债务融资效率的多元线性回归结果见表 3-16。方程的 R2 显示方程拟合度均较好，F 值均在1%的水平上显著，说明方程的总体回归效果是不错的。根据结果这部分研究发现，MLSD（多数大股东哑变量）、NLS（大股东的个数）、OR（第二到第四大股东的持股比例之和除以控股股东持股比例）均与托宾 Q（债务融资效率）在1%的水平上显著为负，VARI（前四大股东持股比例的方差之和）与托宾 Q（债务融资效率）在1%的水平上显著为正。结果表明企业股权制衡度越高，其债务融资效率越高。

这有力地说明了随着股权制衡度的提高，控股股东的掠夺行为受到有效的抑制，公司价值将会得到显著改善。

表 3-16　　　　　　　　　　股权制衡与债务融资效率

变量		1	2	3	4
		Q	Q	Q	Q
股权制衡度变量	MLSD	0.476*** (8.759)			
	OR		0.518*** (7.378)		
	VARI			-0.542*** (-4.150)	
	NLS				0.541*** (11.975)
控制变量	LR	-0.058 (-0.458)	-0.056 (-0.557)	-0.071 (-0.572)	-0.063 (-0.457)
	AM	0.075*** (7.858)	0.108*** (6.778)	0.092*** (8.35)	0.054*** (9.49)
	MTB	0.034 (0.721)	0.035 (0.867)	0.039 (0.897)	0.034 (0.722)
	SR	-0.031 (-0.363)	-0.035 (-0.430)	-0.033 (-0.403)	-0.030 (-0.368)
	ABNE	0.022 (0.038)	-0.017 (-0.057)	-0.014 (-0.055)	0.026 (0.017)
	SIZE	0.221*** (7.361)	0.352*** (8.038)	0.217*** (8.246)	0.298*** (7.245)
	C	-0.676*** (-8.132)	-0.317*** (-9.437)	-0.707*** (-5.961)	-1.027*** (-7.830)
YEAR_FE		YES	YES	YES	YES
INDU_FE		YES	YES	YES	YES
样本数		4200	4200	4200	4200
调整后 R^2		0.189	0.196	0.187	0.242
F 值		28.402***	32.281***	27.320***	34.327***

注：***、**、*分别表示在1%、5%、10%水平下显著，括号中为 t 值。

3. 债务期限结构对债务融资效率的影响

表 3-17 列示了债务期限结构与债务融资效率的回归结果。根据表 3-17 的实证分析结果，我们可以清楚地看到方程的 R^2 显示方程拟合度较好，F 值均在 1% 的水平上显著，说明方程的总体回归效果是可以接受的。DM1（长期负债/负债总额）、DM2（总负债减去流动负债的差再除以总负债）与托宾 Q（债务融资效率）呈显著的正相关关系。结果与假设 H3-3a 一致。也就是说，较长的债务期限结构能够改善公司价值，提高债务融资效率。原因可能是长期债务使企业能够不必经常面临债务到期必须偿还的压力。稳定的财务状况使其投入更多的长期资产和营运资本并投入更多的精力在日常经营活动中，创造更大的价值。

表 3-17　　　　　　债务期限结构与债务融资效率

被解释变量 解释变量	托宾 Q DM1	托宾 Q DM2
DM1	0.389 *** (6.039)	
DM2		0.376 *** (7.728)
LR	-1.192 *** (-12.551)	-1.966 *** (-16.537)
SG	-0.087 (0.152)	-0.001 (-0.561)
TAN	-0.365 * (-2.082)	-0.062 *** (-3.008)
SIZE	-0.431 *** (-12.583)	-0.506 *** (-13.124)
AGE	-0.024 (-0.577)	-0.031 (-0.285)
C	0.126 *** (10.806)	0.187 *** (22.263)

续表

被解释变量 解释变量	托宾 Q DM1	托宾 Q DM2
年份	YES	YES
行业	YES	YES
样本数	4200	4200
调整后 R^2	0.227	0.283
F 值	23.726***	28.563***

注：***、**、*分别表示在1％、5％、10％水平下显著，括号中为t值。

表 3-18 列示了债务期限结构与债务融资效率的回归结果。我们用 ROE 替代托宾 Q 值进行稳健性检验。根据表 3-18 的实证分析结果，我们可以清楚地看到方程的 R^2 显示方程拟合度较好，F 值均在 1％ 的水平上显著，说明方程的总体回归效果尚可。DM1（长期负债/负债总额）、DM2（总负债减去流动负债的差再除以总负债）均与 ROE（债务融资效率）呈显著的正相关关系。结果依然支持了假设 H3-3a。

表 3-18　　　用 ROE 替代托宾 Q 进行稳健性检验

被解释变量 解释变量	ROE DM1	ROE DM2
DM1	0.225*** (7.934)	
DM2		0.342*** (8.203)
LR	-2.01*** (-11.553)	-0.971*** (-15.537)
SG	-0.007 (0.154)	-0.001 (-0.343)
TAN	-1.725* (-2.062)	-0.932*** (-3.081)
SIZE	-0.477*** (-9.584)	-0.436*** (-19.653)
AGE	-0.061 (-1.077)	-0.036 (-0.187)
C	0.446*** (14.346)	0.316*** (13.933)

续表

被解释变量 解释变量	ROE DM1	ROE DM2
年份	YES	YES
行业	YES	YES
样本数	4200	4200
调整后 R^2	0.294	0.313
F 值	37.726***	39.563***

注：***、**、* 分别表示在1%、5%、10%水平下显著，括号中为t值。

4. 股权制衡对不同期限结构债务融资效率的影响

我们将所有的样本按债务期限结构大小平均分为两组：长期债务样本中和短期债务样本组，然后构建一个混合横截面模型就行回归分析。表3-19列示了股权制衡对短期债务组的企业的债务融资效率的影响。根据表3-19的实证分析结果，我们可以清楚地看到方程的 R^2 显示方程拟合度较好，F值均在1%的水平上显著，说明方程的总体回归效果不错。MLSD（多数大股东哑变量）、NLS（大股东的个数）、OR（第二到第四大股东的持股比例之和除以控股股东持股比例）均与托宾Q（债务融资效率）在5%或10%的水平上呈显著正相关。而VARI（前四大股东持股比例的方差之和）与托宾Q（债务融资效率）在5%的水平上显著为负，结果证实了股权制衡能够有效地改善债务期限较短的企业的债务融资效率。

表3-19　　　　股权制衡对短期债务融资效率的影响

样本组别 变量		短期债务样本组 Q	短期债务样本组 Q	短期债务样本组 Q	短期债务样本组 Q
股权 制衡度 变量	MLSD	0.175* (1.239)			
	OR		0.142* (1.283)		
	VARI			-0.303** (-2.351)	
	NLS				0.226* (1.151)

续表

样本组别 变量		短期债务样本组 Q	短期债务样本组 Q	短期债务样本组 Q	短期债务样本组 Q
控制变量	LR	-0.068 (-0.488)	-0.046 (-0.574)	-0.072 (-0.726)	-0.055 (-0.437)
	AM	0.067*** (5.482)	0.068*** (5.770)	0.071*** (5.921)	0.066*** (5.409)
	MTB	0.343 (0.721)	0.407 (0.867)	0.399 (0.839)	0.342 (0.722)
	SR	-0.311 (-0.367)	-0.325 (-0.420)	-0.378 (-0.403)	-0.228 (-0.368)
	ABNE	0.012 (0.038)	-0.018 (-0.052)	-0.013 (-0.045)	0.006 (0.017)
	SIZE	0.014*** (7.351)	0.017*** (6.038)	0.016*** (8.246)	0.014*** (7.235)
C		-0.979*** (-6.414)	-1.125*** (-7.351)	-1.203*** (-7.016)	-0.897*** (-6.919)
YEAR_FE		YES	YES	YES	YES
INDU_FE		YES	YES	YES	YES
样本数		2100	2100	2100	2100
调整后 R^2		0.259	0.266	0.297	0.2762
F 值		27.402***	29.281***	33.320***	30.327***

注：***、**、*分别表示在1%、5%、10%水平下显著，括号中为 t 值。

表 3-20 列示了股权制衡对长期债务组的企业的债务融资效率的影响。根据表 3-20 的实证分析结果，我们可以清楚地看到方程的 R^2 显示方程拟合度较好，F 值均在 1% 的水平上显著，说明方程的总体回归效果不错。MLSD（多数大股东哑变量）、NLS（大股东的个数）、OR（第二到第四大股东的持股比例之和除以控股股东持股比例）均与托宾 Q（债务融资效率）在 1 的水平上呈显著正相关。而 VARI（前四大股东持股比例的方差之和）与托宾 Q（债务融资效率）在 1% 的水平上显著为负，结果证实了股权制衡能够有效地改善债务期限较长的企业的债务融资效率。同时随着债务期限的延长，股权制衡与债务融资效率的显著性由 5% 或 10% 的水平提升到 1% 的水平。这表

明当民营企业的债务期限较长时,股权制衡对债务融资效率的改善程度更为明显。也就是说,股权制衡对公司绩效的治理作用在很大程度上是通过优化其债务期限结构而实现的。这也支持了假设 H3-3b。

表 3-20　　股权制衡对长期债务融资效率的影响

样本组别 变量		长期债务样本组	长期债务样本组	长期债务样本组	长期债务样本组
		Q	Q	Q	Q
股权制衡度变量	MLSD	0.432*** (5.239)			
	OR		0.257*** (6.988)		
	VARI			-0.463*** (-3.890)	
	NLS				0.390*** (6.274)
控制变量	LR	-0.047 (-0.518)	-0.029 (-0.214)	-0.059 (-0.760)	-0.043 (-0.447)
	AM	0.043*** (6.817)	0.082*** (8.120)	0.081*** (6.142)	0.105*** (8.081)
	MTB	0.332 (1.014)	0.420 (0.502)	0.319 (0.644)	0.482 (0.591)
	SR	-0.141 (-0.363)	-0.046 (-0.715)	-0.039 (-0.152)	-0.031 (-0.712)
	ABNE	0.027 (0.061)	-0.018 (-0.067)	-0.014 (-0.026)	0.062 (0.022)
	SIZE	0.014*** (10.239)	0.015*** (8.031)	0.016*** (8.407)	0.013*** (8.364)
C		-0.896*** (-7.934)	-0.971*** (-8.424)	-0.633*** (-5.731)	-1.187*** (-8.247)
YEAR_FE		YES	YES	YES	YES
INDU_FE		YES	YES	YES	YES
样本数		2100	2100	2100	2100
调整后 R^2		0.284	0.295	0.282	0.269
F 值		28.402***	32.281***	30.320***	28.327***

注:***、**、*分别表示在1%、5%、10%水平下显著,括号中为t值。

5. 稳健性检验

为了使结果更有说服力,在表 3-21 中我们用 ROE 替代托宾 Q 作为公司价值的代理变量进行稳健性检验。结果依然支持原假设,即股权制衡确实能够显著改善债务融资效率。MLSD(多数大股东哑变量)、NLS(大股东的个数)、OR(第二到第四大股东的持股比例之和除以控股股东持股比例)均与 ROE(债务融资效率)在 1% 的水平上显著为负,VARI(前四大股东持股比例的方差之和)与 ROE(债务融资效率)在 1% 的水平上显著为正。方程的 R^2 显示方程拟合度较好,F 值均在 1% 的水平上显著,说明方程的总体回归效果是可以接受的。

表 3-21　　　　　用 ROE 替代托宾 Q 进行稳健性检验

变量		1	2	3	4
		ROE	ROE	ROE	ROE
股权制衡度变量	MLSD	0.516*** (6.267)			
	OR		0.429*** (6.983)		
	VARI			-1.473*** (-7.831)	
	NLS				0.836*** (10.362)
控制变量	LR	-0.013 (-0.618)	-0.015 (-0.524)	-0.027 (-0.696)	-0.016 (-0.387)
	AM	0.067*** (6.862)	0.068*** (7.890)	0.071*** (6.923)	0.064*** (8.183)
	MTB	0.054 (0.641)	0.047 (0.717)	0.052 (0.867)	0.062 (0.871)
	SR	-0.102 (-0.373)	-0.097 (-0.620)	-0.412 (-0.493)	-0.860 (-0.427)
	ABNE	0.072 (0.048)	-0.068 (-0.052)	-0.064 (-0.045)	0.056 (0.019)
	SIZE	0.034*** (7.561)	0.035*** (9.472)	0.036*** (6.391)	0.035*** (10.505)

续表

变量	1	2	3	4
	ROE	ROE	ROE	ROE
C	-1.385*** (-9.41)	-0.816*** (-8.311)	-1.307*** (-9.016)	-0.924*** (-11.197)
YEAR_FE	YES	YES	YES	YES
INDU_FE	YES	YES	YES	YES
样本数	4200	4200	4200	4200
调整后 R^2	0.182	0.219	0.190	0.184
F 值	21.505***	25.384***	23.423***	21.430***

注：***、**、*分别表示在1%、5%、10%水平下显著，括号中为 t 值。

我们用 ROE 替代了托宾 Q 对模型进行稳健性检验，继续研究股权制衡对短期债务组的企业的债务融资效率的影响。表3-22 的实证分析结果表明方程拟合度可以接受，F 值均在1%的水平上显著。MLSD（多数大股东哑变量）、OR（第二到第四大股东的持股比例之和除以控股股东持股比例）分别与 ROE（债务融资效率）在5%、1%的水平上呈显著正相关。NLS（大股东的个数）与 ROE（债务融资效率）呈正相关但不显著。而 VARI（前四大股东持股比例的方差之和）与 ROE（债务融资效率）在5%的水平上显著为负，结果依然能够证实股权制衡能够有效地改善债务期限较短的企业的债务融资效率。

表3-22　　　　　用 ROE 替代托宾 Q 进行稳健性检验

样本组别 变量		短期债务样本组	短期债务样本组	短期债务样本组	短期债务样本组
		ROE	ROE	ROE	ROE
股权制衡度变量	MLSD	0.652** (2.239)			
	OR		0.417* (1.188)		
	VARI			-1.283* (-1.091)	
	NLS				0.326 (0.351)

续表

样本组别 变量		短期债务样本组 ROE	短期债务样本组 ROE	短期债务样本组 ROE	短期债务样本组 ROE
控制变量	LR	-0.048 (-0.512)	-0.056 (-0.574)	-0.002 (-0.726)	-0.013 (-0.420)
	AM	0.067*** (6.183)	0.093*** (5.700)	0.071*** (5.923)	0.058*** (8.317)
	MTB	0.033 (0.241)	0.082 (0.817)	0.069 (0.897)	0.034 (0.722)
	SR	-0.082 (-0.373)	-0.036 (-0.420)	-0.039 (-0.403)	-0.001 (-0.368)
	ABNE	0.033 (0.088)	-0.078 (-0.057)	-0.043 (-0.055)	0.075 (0.017)
	SIZE	0.024*** (7.351)	0.013*** (6.156)	0.062*** (10.246)	0.031*** (8.234)
C		-1.279*** (-6.474)	-1.120*** (-9.734)	-0.963*** (-6.832)	-1.837*** (-7.264)
YEAR_FE		YES	YES	YES	YES
INDU_FE		YES	YES	YES	YES
样本数		2100	2100	2100	2100
调整后 R^2		0.251	0.294	0.262	0.221
F 值		25.507***	30.811***	26.420***	20.4270***

注：***、**、* 分别表示在1%、5%、10%水平下显著，括号中为t值。

我们用ROE替代了托宾Q对模型进行稳健性检验，研究股权制衡对长期债务组的企业的债务融资效率的影响。根据表3－22的实证分析结果，我们可以清楚地看到，当用长期债务样本组进行回归分析时，股权制衡度与公司价值均在1%水平下为显著正相关。结合表3－23和表3－22我们可以发现，随着债务期限的延长，股权制衡与债务融资效率的显著性由5%或10%的水平提升到1%的水平。这表明当民营企业的债务期限较长时，股权制衡对债务融资效率的改善程度更为明显。我们用ROE替代托宾Q进行回归分析的结果与假设一致，表明了股权制衡对公司价值的积极影响主要是通过其对债务期限结构的优化作用来实现的。股权制衡之所以能改善企业的债务融资效率主要在于其对债务期限结构的优化作用。稳健性检验的结果支持了H3－3b，也就是说，股权制衡在优化债务期限结构的同时还能够显著提高存在民营企业的债务融资效率。

表 3-23　　　　　　　用 ROE 替代托宾 Q 进行稳健性检验

样本组别 变量		长期债务样本组 ROE	长期债务样本组 ROE	长期债务样本组 ROE	长期债务样本组 ROE
股权制衡度变量	MLSD	0.739*** (8.2379)			
	OR		0.755*** (9.988)		
	VARI			-1.069*** (-5.910)	
	NLS				0.236*** (7.91)
控制变量	LR	-0.128 (-0.488)	-0.151 (-0.564)	-0.072 (-0.260)	-0.093 (-0.447)
	AM	0.057*** (5.482)	0.087*** (5.770)	0.011*** (5.913)	0.066*** (5.069)
	MTB	0.034 (0.721)	0.047 (0.817)	0.099 (0.897)	0.042 (0.722)
	SR	-0.031 (-0.373)	-0.056 (-0.430)	-0.033 (-0.403)	-0.001 (-0.368)
	ABNE	0.012 (0.038)	-0.017 (-0.052)	-0.013 (-0.045)	0.062 (0.017)
	SIZE	0.011*** (7.361)	0.015*** (6.972)	0.012*** (11.460)	0.018*** (7.245)
	C	-0.279*** (-6.414)	-0.367*** (-7.151)	-0.373*** (-7.016)	-0.287*** (-6.197)
YEAR_FE		YES	YES	YES	YES
INDU_FE		YES	YES	YES	YES
样本数		2100	2100	2100	2100
调整后 R^2		0.208	0.212	0.203	0.221
F 值		25.303***	28.182***	21.230***	26.237***

注：***、**、* 分别表示在 1%、5%、10% 水平下显著，括号中为 t 值。

综上所述，本章具体分析了在终极控制人存在控制权和现金流权分离的情况下，股权制衡对民营企业债务期限结构以及融资效率产生的影响。实证结果最终支持了 H3-1，即民营企业终极控制人两权分离度与债务期限结构呈负相关。原因可能是终极控制人控制权和所有权的分离程度越大，其对上市公司资源进行掠夺的能力和动机也越大。这将会侵害到中小股东和外部债权人的利益，也将大大增加企业的代理成本，并使企业的经营绩效受到影响。此时债权人不愿意提供更多的长期债务。H3-2 也得到了研究结果的支持，也就是说，民营企业中较高的股权制衡度能提高长期债务在总债务中所占的比重。原因在于股权制衡削弱了终极控制股东与债权人之间的代理冲突，改善了公司内部的治理状况，能够起到代替短期债务进行监督的作用，同时降低了外部债权人的投资风险。这将使债权人愿意发放更多监管力度较低的长期债务。实证结果同样支持 H3-3a 和 H3-3b，即民营企业债务期限结构与债务融资效率呈正相关关系；股权制衡在优化债务期限结构的同时还能够显著提高民营企业的债务融资效率。其作用机理可能是股权制衡对债务期限结构的优化作用使民营企业获得了更多的长期债务，而长期债务使企业不必频繁面临再融资的问题，减少了民营企业因每年需要承担偿还短期债务的压力而付出的再融资成本和资金的机会成本，降低了民营企业每年所面临的财务风险和偿债压力，大大提升了债务资金的使用效率。也就是说，股权制衡对企业的债务融资效率的改善作用在一定程度上是通过其对债务期限结构的优化作用而实现的。另外，通过对控制变量的回归分析我们发现民营企业资产期限结构与债务期限结构正相关，这支持了期限匹配理论。民营企业成长机会、资产规模与资产期限结构正相关，收益的波动性与资产期限结构负相关。这说明自由现金流量假说、代理成本理论和信号传递理论都得到了很好的验证。

七、结 论

中国民营企业的股权结构和债务期限结构均与西方国家有着十分显著的差异。资本市场成熟程度的不同，法律健全程度的不同，企业内部治理水平存在整体差异，政府对市场经济干预程度的不同，都会影响到债务期限结构的影响因素，尤其是股权结构对债务期限结构的影响，西方国家研究的结果并不完全适用于我国。自 2005 年我国实行股权分置改革以来，日渐壮大的民营上市公司已成为我国经济发展和社会进步的中坚力量，保证民营上市公司整体的可持续发展和进步，是能够为国民经济进一步持续平稳的发展提供有力的保证。在我国独特的经济体制下，民营上市公司在资本市场上融资的能力远远不如拥有政治保障的国有企业。本章基于债务期限结构的相关理论，对民营上市公司在终极控制人存在两权分离的情况下股权制衡与债务期限结构之间的关系以及股权制衡对民营企业债务融资效率的影响进行了实证研究，通过对研究样本的描述性统计和多元线性回归分析，并提出了相应的研究假设。具体结论如下：

（1）根据描述性统计的结果可知，我国 A 股民营上市公司进行债务融资时更多依赖的是短期债务。通过 2010～2014 年的数据，发现我国 A 股民营上市公司的长期债务占总负债的平均比重仅占 12% 左右，而短期债务在总债务中所占平均比重高达 88%，这说明短期借款仍然是我国民营上市公司的最主要的债务融资工具。短期债务经常性的还本付息规律使公司的财务状况长期处于一种不稳定的状态。

（2）描述性统计还指出，17% 的民营上市公司存在较严重的两权分离的状况。终极控制人两权分离度越高，债权人为了自己资金的安全和利益，只愿意发放越多的短期债务来对民营上市公司的终极控制人进行监督和约束。这使缺乏"政治关系"的民营上市公司不得不在资本市场上获得越多的短期债务来满足资金需求。在解决了内生性问题和控制相关变量后我们发现股权制衡度与债务期限结构正相关且显著，这可能是因为股权制衡抑制了终极控制人利用两权分离度牟取私利的行为，改善了公司治理状况，增强了债权人对其资信状况和财务能力的评估，最终能得到期限更长的债务。

（3）本章发现债务期限对债务融资效率（企业价值）呈正相关关系，即长期债务的增加有利于企业债务融资效率的提升，另外，在股权制衡度高的企业，债务期限的价值效应更大。同时本章利用 ROE 进行稳健性检验，经过稳健性检验后进一步验证了研究结论的可靠性和衡量公司业绩指标的合理性。

（4）实证结果进一步证实了代理成本理论和信号传递理论，也就是说，较高股权制衡度可以传递出公司良好治理结构的信息，大大削弱终极控制人和外部债权人的代理成本，通过增加长期债务在总债务中所占的比例进而提高公司的债务融资效率，提升公司的总体价值。对债务期限不同的样本组进行实证分析，结果表明股权制衡度与债务融资效率呈正显著的相关关系。在长期债务样本组中，股权制衡对债务融资效率的改善作用更为显著。这表明股权制衡对公司价值的积极影响主要是通过其对债务期限结构的优化作用来实现的。本章用 ROE 替换托宾 Q 值对公司价值进行衡量，结果依然支持假设。

通过对我国民营非金融上市公司 2010~2014 年金融数据的实证分析，我们发现我国民营上市公司的债务期限结构具有整体偏短的特点，短期债务占总负债的比重平均高达 88%，相比之下长期债务只有 12%。这数字远远低于 Laeven 和 Levine（2008）发现的美国上市公司债务期限结构（54%），以及 Garcia - Temel 和 Martinez - Solano（2010）发现的西班牙上市公司债务期限结构（29.1%）。但略高于 Basel Awartani，Mohamed Belkhir，Sabri Boubaker 和 Aktham Maghyereh（2015）研究的中东、北非国家的上市公司的债务期限结构（2.32%）。研究结果还发现，股权制衡能够提高债务期限结构，同时还能够显著改善债务融资效率。所以企业可以考虑通过提高股权制衡度的方式抑制终极控制人的掠夺行为，改善治理状况，优化债务期限结构，还可以降低财务困境成本和运营风险。另外，笔者再提出四点建议：

（1）对于我国的民营上市公司来说，大部分债务融资依然是通过短期债务来实现的。本章通过实证分析和进一步的稳健性检验指出，民营企业平时应当注重建立健全完善的公司内部治理机制，如通过对股权结构、控制权结构进行优化，寻找到一个能够使各种代理冲突最小化的股权制衡点，充分发挥其他大股东联盟的治理作用改善企业的治理状况，这样有助于企业在于外部债权人的债务契约谈判中争取到有利的地位，力争获得更多的长期债务，然后充分发挥长期债务对企业价值的优化作用。这样还可以解决民营企业过于依赖短期债务而给企业带来的过大的财务压力。随着其终极控制人两权分离度的增加，很容易发生中小股东利益受到侵占的现象。而其他大股东持股比例的增加，可以更加有力地抑制终极控制股东的自利行为，与此同时，也能够十分有效地对管理者进行监督和约束，抑制其道德风险和逆向选择的行为。股权制衡能够在公司内部治理起到举足轻重的作用。如果上市公司的股权分布结构能够得到优化，并找到一个能够使代理成本最小化的股权制衡点，这将能够行之有效地维护中小股东的利益，进而使公司的债务期限结构最优化。

（2）民营上市公司在进行内部治理架构建设时，应该充分发挥的监督作用，加强对中小股东利益的保护。终极控制人两权分离度的增加容易导致中小股东利益受到侵占的现象。此时，除了充分发挥其他大股东的监督制约作用以外，还应该加强内部审计部门和审计委员会在公司内部治理中起的作用。民营上市公司应该建立重大决策集体审批制度，防止少数大股东通过操纵管理层关键人员来控制公司的重大决策。另外，公司还应当加强对关联方的披露，注重对关联方交易的审查，尤其是超出正常范围的重大关联方交易。

（3）民营上市公司要提高自身资信状况，在公众面前展示自己良好的企业形象，提高信誉级别。主要途径就是加强对上市公司内部信用的管理，例如，加强内控建设，对不相容职务进行分离以减小串通舞弊的可能性。另外，公司务必建立健全规范的财务管理制度，提高财务数据的可靠性和准确性，并完善对企业数据库的信息技术一般控制和应用控制，对于异常信息，系统应当能够及时生成报告反馈给经理和财务人员，同时严格设定信息系统的访问权限。这样才能从各方面降低企业的总体内部运营风险，减少因信息不对称引起的交易成本，从而保证企业持续而稳定地运行，改善公司绩效，只有这样才能使企业在资本市场上与外部债权人的债务契约谈判中获得有利地位。

（4）进一步完善与资本市场、市场经济相关的法律法规。通过对资本市场相关法律制度的进一步规范，使投资者利益损失最小化，尤其是对债权人的利益保护方面应当有更多的改进。在当前债权人利益保护机制不完善的情况下，许多债权人为了降低潜在的损失，只愿意提供相当严格的与债务偿还有关的契约条款，并尽量缩短债务期限以降低风险，这是导致企业难以获得更多长期债务的重要原因。通过法制建设一方面可以吸引更多的投资者，另一方面能满足企业的资金需求。我国的现状是偿债保障相关法律法规不够完善和全面，债权人面临极大的投资风险。为了减少债权人的投资风险，我们可以建立健全相关法律制度，完善与债务清偿相关的事后保障的法律规定，建立并规范对债务人的资信等级评价制度、明确企业对于借款的用途、要求企业对重大关键信息进行强制披露等。

第四章 产权性质、融资约束与财务柔性研究

一、问题的提出

Morris（1976）最早提出了期限匹配理论，也称为免疫假说（immunization hypothesis），该假说认为企业债务期限应该与资产期限相匹配，通俗地说，就是流动负债用来投资流动资产，而非流动负债用于非流动资产的投资。Morris 提出，资产和债务期限相对应可以降低财务危机引发的风险。如果短期债务投资于长期资产，那么长期资产很有可能无法在短期内取得较多的现金流来还本付息；同样地，如果长期债务被用于短期资产的投资，那么当短期资产不再发生现金流时还需要支付长期债务的利息与本金。该假说先后也得到其他学者研究的支持（Morris, 1992; Opler, 1996; Ozkan, 2000, 2002）。期限不匹配即期限错配会导致两类财务异化行为：一类是企业资产流动性过剩，客观上增强了企业的财务柔性（financial flexibility）；另一类是短融长投（short term financing for long time investment）。简单地从负债与资产的期限结构来看，当企业长期负债与权益资本之和大于长期资产时，说明长期融资不仅用于长期资产对资金的所需且部分被流动资产所占用（换言之，企业流动资产所占比例较大），则企业存在资产流动性过高的问题。按照期限匹配理论，企业流动资产规模过大是一种财务异化现象会使企业财务风险、成本与收益、代理问题处于特殊状态，然而事实上很多企业为了应对错综复杂和高度不确定的经营环境，通常会超额持有流动资产以保持财务柔性。

自改革开放以来，我国企业经历了不确定的经营环境变化，包括从封闭到开放、从计划经济到市场经济、从国内到全球等。这些经济环境的变化促

使企业逐渐注重经营策略的柔性，亨克（2005）认为，现代企业的竞争不能仅仅依靠产品的低成本和高质量这两个标准，是否具有柔性也是企业能否成功的重要条件。这种柔性使企业在遇到重大的经营决策时，面对不确定的环境因素，可以保持一定灵活度以正确调整经营策略，适应环境变化。财务系统是企业多个重要子系统之一，财务柔性就是柔性在财务系统上的体现，有助于提高企业的变现能力与融资能力。财务柔性通常表现为较高的流动比率，如超额现金持有率、超额流动资产持有率以及较低的负债率。通过对中国资本市场A股市场1999～2013年时间跨度15年的上市公司样本观测值进行研究，我们发现中国企业短融长投问题与高财务柔性问题均有不同程度的存在，同时还观察到了中央国有企业、地方国有企业和民营企业之间财务柔性水平的差异。财务柔性对企业绩效的影响，已有不少学者进行了研究，普遍的结论是财务柔性与企业绩效呈倒"U"形关系（马春爱，2011；Jong等，2012；时龙龙，2013），财务柔性使企业具备预防不利冲击以及适时抓住投机的能力，从而提高绩效，过高的财务柔性则会导致过度投资、代理问题，进而损害企业效益。保持适度的财务柔性，既能帮助企业缓解融资约束问题，又能提高企业绩效。因此，财务柔性管理是企业管理者需要高度关注的问题，只有探究财务柔性的影响因素，才能有效利用财务柔性促进企业发展。目前，很多学者对财务柔性的研究主要集中在概念、经济后果、对投资行为的影响等方面，而直接针对企业财务柔性的动因，却少有文献提及。在此背景之下，这部分研究对财务柔性的研究具有重要的现实意义。

财务柔性的研究在国外已成为备受重视的新课题，曾有学者对美国和欧洲的财务总监进行调查访问，结果发现财务柔性是企业资本结构决策时考虑的最重要因素。自全球金融危机以来，企业越来越重视保持一定的财务柔性，提高应对不确定因素的灵活性，保证企业稳步发展。我国对财务柔性的研究起步较晚，还未形成完整的理论体系，有关财务柔性较多的是其概念及度量、对资本结构决策的影响、对投资决策的影响以及对企业绩效的影响。而在我国特殊制度背景下，少有文献研究产权性质不同企业的财务柔性差异，更鲜有文献探讨产权性质、融资约束与财务柔性三者之间的作用关系，大部分文献只是研究两两之间的关系。国内学者对各产权性质的企业融资约束的研究颇深，结论基本一致，即民营企业融资约束最大，地方国有企业次之，中央国有企业最小。也不乏一些学者探讨企业融资约束与财务柔性的关系，但是当前还没有学者对产权性质不同的企业财务柔性差异是否与融资约束相关进行研究。本章以我国全部 A 股为研究对象,在以前学者研究的基础上建立假设,对产权性质、融资约束与财务柔性三者之间的关系进行理论分析与实证研究。本章从产权性质影响企业财务柔性的角度入手,研究产权性质不同的企业财务柔性差异形成的原因,不仅可以进一步拓宽资本市场对企业经济影响的研究范畴,还可以为我国企业产权改革提供建议。

我国市场经济正在迅速发展,企业的增长不仅促进了自身价值的创造,也为我国宏观经济的发展作了重要贡献。假如企业的长期资本过多地被流动资产占用,那么总资产中长期资产的百分比就会降低,企业的盈利能力也会有所削弱。企业管理层都应该意识到过高的财务柔性无益于企业的可持续增长,那为什么长期以来财务柔性过高问题普遍存在呢?这其中的原因和我国经济转型特殊制度背景有何关联?我们唯有究其成因,才能从根本上解决该问题,才能为企业财务柔性管理提供有效的建议。目前我国企业主要有中央控股、地方控股和私人控股三种形式,以下分别称中央国有企业、地方国有企业和民营企业。由于我国现阶段金融生态环境比较薄弱,商业银行的信贷需要地方政府为其提供必要的资源作为隐性担保,从而地方政府拥有较大的隐形力量影响信贷资金的分配。政府会对国有企业的融资提供帮助,在企业因经营不善或者突发事件资金链断裂时,当地政府也会助其一臂之力,从而提高企业的信贷资信,缓解企业的融资约束。因此,国有企业的外部融资成本往往低于民营企业。这种融资约束的差异以及预算软约束的存在很可能会导致产权性质不同的企业之间财务柔性差异。有学者认为财务柔性价值的本质在于企业存在融资约束,本章就不同产权性质企业财务柔性产生的原因是否为融资约束进行探讨,对优化企业财务柔性储备具有现实意义,同时也反映出丰富融资方式、硬化预算软约束的重要性。

本章的创新点。本章的产权性质与融资约束已经被学者广泛讨论,融资约束与财务柔性目前还是少有研究的,直接对不同产权性质企业的财务柔性差异的研究甚少。本章在以往学者的研究基础上提出了新的研究假设,扩宽了对企业财务柔性的研究思路,具有一定创新性。首先,以往在研究企业财务柔性时没有考虑产权性质差异,在我国特殊制度背景下,产权性质在很大程度上影响着企业的经营行为。因此本章认为对不同产权性质企业财务柔性进行比较有利于更深层次地发现造成财务柔性差异的原因,这在企业财务柔性研究视角上是一个创新点。其次,没有单一地认为企业融资约束大就会增加财务柔性储备,而是分不同产权性质讨论,对于民营企业,主要探究融资约束对财务柔性的影响，对于国有企业，主要研究预算软约束对财务柔性的影响。

二、文献综述

美国财务会计准则委员会（FASB，1984）对财务柔性进行了定义：企业采取有效行动改变现金流的数量和时间以便应对非预期需求和机会的能力。该定义包含财务柔性的预防能力，而 Volderba（1998）下的定义既包含预防能力，又包含价值利用能力，他认为财务柔性不仅是企业对现金流进行调控从而达到预防目的能力，也是企业在不确定环境下抓住有价值机会的能力。我国学者葛家澍（2008）认为财务柔性是一种超额现金的概念，通过超额持有现金增强风险应对能力。Graham 和 Harvey（2001）建议企业通过保留最小化支付利息的融资能力来储备财务柔性，Gamba 和 Triantis（2007）、Marchica 和 Mura（2010）等也从财务杠杆角度定义财务柔性，认为低财务杠杆可以降低未来融资成本。也有学者认为财务柔性应该结合高现金持有与低财务杠杆两部分（De Angelo，2007；Bates et al.，2008；Ozgur Arslan et al.，2010），实施保守的财务政策。虽然关于财务柔性的定义尚未统一，但是这些定义有一个共同点：都强调企业需要保持一定的流动性，无论是增加现金的持有量还是降低负债水平。因此，关于财务柔性的相关研究，可以参考企业流动性相关的研究成果。查阅众多文献之后，本章拟从产权性质与财务柔性、产权性质与融资约束、融资约束与财务柔性等相关文献中获取对财务柔性的研究思路和方法。

（一）关于产权性质与财务柔性的研究

刘名旭（2014）在研究不确定性与财务柔性关系时，对比了在不确定环境下国有企业与民营企业的财务柔性水平，结论是相对于民营企业，国有企业拥有更多的资源与政治关系，使用财务资源更加激进，财务柔性水平更低。除此之外，国内并没有文献直接对产权性质与财务柔性的关系进行实证研究，大多文献着眼于营运资本和现金持有量，间接比较国有企业与非国有企业的财务柔性高低，更少有文献对比中央国有企业与地方国有企业财务柔性的高低。由于财务柔性本身就可以以企业流动水平来度量,本部分整理了产权性质与营运资本、现金持有量两方面的相关研究,以期详尽了解民营企业与国有企业在财务柔性方面的差异。

赫丽君(2013)在实证国家的货币政策对企业营运资本高低的影响时得出的结论是民营企业的营运资本比率明显高于国有企业,当实施紧缩的货币政策时,企业出于谨慎动机会提高营运资本持有水平,而国有和非国有企业对于货币政策变化的敏感度是有差异的。民营企业在货币政策从紧时营运资本持有变化要大于国有企业,这种差异来自国有企业的预算软约束(林毅夫,2004),预算软约束使国有企业在货币政策从紧时仍能获得较多的信贷资源,从而呈现出国有企业对营运资本持有水平的改变不会太显著的现象。凌利(2013)对2006~2010年我国制造业上市公司营运资本需求影响因素进行了研究,结果显示,企业规模、资产负债率、营业收入等都会影响营运资本需求,通过民营企业与国有企业的对比,还发现民营企业的营运资本需求率(营运资本需求/主营业务收入)明显大于国有企业。这一结论印证了翟月春(2011)关于民营企业采用比国有企业更保守的营运资本筹资政策的观点。刘丹(2014)在对比民营企业与国有企业的营运管理效率时发现,国有企业的平均营运资本周转天数是191.2637天,明显低于民营企业的平均营运资本周转天数491.2511天,国有企业的周转速率明显大于民营企业,这说明国有企业采取的营运资本筹资政策要比民营企业激进得多,也就是营运资本投入相对更少。佟爱琴等(2014)认为我国国有企业经营亏损会得到政府的扶助,而民营企业依靠竞争力发展,没有政府力量的支撑不得不牺牲收益空间来保证持续经营,采取更为稳健的营运资本投资策略以避免企业难以为继,他们实证检验了2009~2012年制造业的上市公司产权性质对营运资本政策选择的影响及作用机理,结果表明,民营企业的营运资本投资政策(流动资产/总资产)比国有企业保守,民营企业的营运资本筹资政策(流动负债/总资产)同样比国有企业保守,从描述性统计结果来看,民营企业的流动资产/总资产均值为55.8%,国有企业的流动资产/总资产均值为52%,说明民营企业流动资产的投入比率更大;民营企业的流动负债/总资产均值为38.75%,国有企业的流动负债/总资产均值为42.6%,说明民营企业的流动资产筹资较少地依赖流动负债,从另一个角度反映出民营企业流动资产的筹资较多地来源于长期资本。也有学者指出民营企业在融资约束较严重的环境中依然能发展壮大,离不开其对营运资本的有效管理,利用较充足的营运资本平滑资本性投资。

有学者对我国上市公司 1998~2003 年的现金持有量进行过统计，发现平均现金持有量占到了总资产的 16.9%。陈德球等（2011）观测到上市公司的现金占总资产比重在 1990 年是 6%，到 2009 年已经增加到了 21%，提高了 2.5 倍。学者们普遍认为上市公司现金持有水平较高与资本市场的不完美性有关。公司治理、经济发展、市场化进程、政府干预等因素都会对企业持有现金的动机产生影响（李增泉、孙铮，2009），本部分着眼于产权性质对企业现金持有行为的影响的文献梳理。高雷等（2008）认为企业出于交易和预防动机而持有的现金量受外部融资成本的影响，外部融资成本高的企业即使在内部治理环境较好的情况下也不得不持有更多的现金。银行债务融资是我国企业重要的融资渠道之一，而国有企业与生俱来的"政治关系"（孙铮，2005；高雷，2006）使其能获得较民营企业更多的银行借款，因此国有企业通常持有较少的现金。他们的实证结果证实了这一点，同时还发现银行债务占总负债比例较高的企业的现金持有量会较少，这又与 Opler（1999）的研究结果是一致的，即紧密的银企关系可以降低企业的现金持有水平，分析其原因可能是与银行显性或隐形的密切联系减少了企业的融资约束程度，从而削弱了现金持有的预防动机。赵卫斌（2009）从最终控制人的角度对现金持有水平的影响因素进行了研究，发现影响不同性质控制人（中央、地方和民营）的企业现金持有水平的因素各有不同。现金流量、融资成本以及代理成本是影响中央国有控股企业现金持有水平的主要因素，地方国有控股企业的现金持有水平除了受现金流量、融资成本影响之外还受到现金替代物、财务杠杆和银行债务比重的影响，与代理成本的相关性不显著，民营企业的影响因素则较地方国有控股企业之外还有债务期限结构与独立董事的比例。不同产权性质企业的现金持有量影响因素不一样，间接地表明了产权性质不同的企业现金持有量很有可能存在明显的差异。陈德球等（2011）在观测 2005~2007 年我国上市公司数据特征的基础上，对政府质量、产权性质与现金持有量进行了实证研究，结果表明政府质量的高低反向影响着当地企业现金持有水平，说明高质量政府能够降低企业的流动性风险，同时还发现民营企业现金持有量较国有企业对政府质量的敏感度更高。政府质量越高，就越会改善金融发展环境，提倡公平市场竞争，支持鼓励发展多样化的融资渠道以帮助减缓当地非国有企业外部融资成本高的问题。因此，在政府质量高的大环境下，企业有动机减少现金持有量，而民营企业较国有企业面临更严重的融资约束，对政府质量的敏感性也就较高。王文忠（2011）发现，相对于民营企业，国有企业现金持有量较低，并与投资不足呈显著负相关关系，产权性质对现金持有量与投资行为的关系造成影响。王福胜（2012）、厉冬娟（2013）研究企业多元化经营对现金持有量的影响时，对比民营企业、地方国有企业与中央国有企业的现金持有行为，发现产权性质会削弱多元化经营与现金持有量之间的负相关关系，原因是国有企业有政府作为坚强的后盾，外部融资成本比民营企业低得多，不需要保留较多的经营现金流来支持其发展，从而弱化了多元化经营对风险分散及资源配置优化的积极作用，而地方国有企业与政府更是息息相关，外部融资能力更是强于中央国有企业，表现出最低的现金持有量对多元化经营的敏感度。

（二）关于产权性质与融资约束的研究

企业活动主要是围绕融资、投资、资金管理与运营展开，融资活动是企业经营发展的前提和必要活动。如果企业融资渠道不顺畅，造成企业很难筹集到资金或者资本成本过高，势必会导致企业资金链断裂，濒临破产倒闭的后果。但是，由于信息不对称、代理成本的存在，企业融资并不能随时或及时地实现，并且外部融资成本要大于内部融资成本，这就是所谓的融资约束，实际上资本市场是不完美的。现有文献表明企业规模、成长性、市场发展程度、银企关系、高管政治背景、产权性质等众多因素影响着企业融资约束的大小，其中产权性质的影响在我国特殊制度背景下显得尤为关键和明显。

Shleifer（1994）认为政府常常对银行进行干预或者为国有企业贷款提供担保以保证其经营发展，从而稳固自己的政绩，另外还保障了当地的充分就业，促进了社会的稳定。也有学者发现政企关系密切的企业不仅更容易获得银行贷款，而且在其经营不善时更有可能得到政府的补贴，如 Johnson（2003）、Cull（2005）的研究。Cull（2005）还指出，政府对国有企业的融资政策倾斜，使银行的信贷资金主要流向了国有企业，这一比例与民营企业在我国经济发挥着重要角色的程度严重失衡。我国学者也普遍认为民营企业相对于国有企业面临着更大的融资约束问题，如林毅夫等（2004）研究表明非国有企业由于不存在预算软约束，面临更高的融资成本，倾向保留更多的经营现金流来满足资金需求。张宁（2008）发现自然人控股公司由于政策制约与自身信用度的约束，在融资渠道方面不如国有控股企业畅通，因此其融资约束程度明显高于国有控股企业。马文杰（2009）以投资—现金流敏感系数度量融资约束，比较了国有企业与民营企业之间该系数的大小，发现国有企业的投资—现金流敏感系数要比民营企业小得多，并且民营企业的该系数与银行利率呈显著正相关关系，这说明国有企业的融资约束大于民营企业，同时表明了该系数度量融资约束的有效性。类似地，陈媛（2013）利用现金—现金流敏感系数度量融资约束也同样发现民营企业的融资约束要比国有企业大得多。赵治磊（2013）在研究市场化进程对企业融资约束的影响时将样本分为民营和国有企业，发现市场化水平的提高可以有效缓解民营企业的融资约束，却对国有企业的融资约束没有缓解作用，其主要原因是政府的信贷支持扭曲了国有企业面临的实际融资约束。唐伟等（2014）通过研究内部控制质量对融资约束的缓解作用，发现有效的内部控制对民营企业的融资约束有显著的缓解作用，对国有企业的缓解作用则较弱，他们解释，这是因为国有企业的预算软约束改变了融资约束对其内部控制质量的敏感度。

我国商业银行对民营企业存在信贷歧视，这是我国金融体系中的特殊现象。正因为如此，大多数学者从商业银行信贷资金配给的角度研究产权性质对融资约束的影响。樊纲（1999）、张杰（2000）的研究结果表明，上市公司的产权性质在很大程度上影响其信贷资金的获取，民营上市公司会受到信贷歧视，而国有上市公司则更容易获得贷款。林毅夫等（2001）以金融制度为切入点，同样证实了大型国有企业能比民营企业更优先获得长期借款。孙铮等（2005）和方军雄（2007）的实证结果都表明，信贷资金的分配不仅与企业产权性质相关，还会因制度环境和政府干预程度的不同而有差异。政府干预会使商业银行信贷资金更多地被分配给国有控股上市公司，因而民营上市公司能够获得的信贷资金就少了；当市场不景气时，国有企业更容易获得政府的资金扶持。Brandtandu（2007）调查了江浙两省民营企业的信贷状况，发现银行往往对民营企业实施更高的信贷标准，如此一来，民营企业获得贷款难度大、数额少。何贤杰等（2008）观察到商业银行为了控制信贷风险一般在选择贷款客户时会施行不一致的政策标准，对控股人性质不同的上市公司实施区别化的信贷政策，对国有控股上市公司的信用标准较低，而对民营上市公司则实施非常严格的信贷标准。吴冲锋等（2008）对我国民营上市公司的政府背景进行了调查，调查结果表明拥有地方政府背景的上市公司的融资约束程度明显地减少，而地方政府背景的缓解程度要明显大于中央政府背景。李广子(2009)从债务融资成本这一新的视角来考察民营上市公司的信贷歧视问题,结果显示较国有控股上市公司而言,民营上市公司要付出较多的债务融资成本。余静文(2011)、汤颖梅(2011)对我国上市公司数据进行研究后都认为产权性质仍然是影响国有商业银行信贷决策的重要因素。洪怡恬(2014)从社会资本角度对比了国有控股上市公司与非国有控股上市公司所面临融资约束程度的差异,还发现企业与银行的密切关系对各产权性质的上市公司的融资约束都有显著的减缓作用。

对于政府是如何干预银行信贷资金配给的问题,也有不少学者进行了研究。Shleifer 和 Vishny(1994)、Dinc(2005)认为政府出于提高就业率、促进政策落实到位的目的,通常会明里或暗里地影响银行的决定,将国有银行作为一种政策工具,因此政府在很大程度上控制着银行信贷决策。Chen(2006)研究发现政府由于需要国有企业来实现就业目标,会帮助低效率运营的国有企业从国有银行获得期限较长的借款,一些借款成为坏账后就相当于政府发放给企业的财政补贴。王连军(2011)提出,地方政府在金融危机时期通常会影响国有银行的信贷决策,这样做的目的是避免地方经济受到冲击,严重影响发展目标的实现。俞乔等(2009)指出虽然在国有商业银行股份制重组之后,政府一般不会直接对银行的日常经营业务进行管控,但是政府仍在通过任命管理者、决定对银行的财政补贴数额等手段上对银行的贷款业务进行控制。

(三) 关于融资约束与财务柔性的研究

企业储备财务柔性主要出于两个方面的原因:一是内外部环境的变化,环境的动荡需要企业保持财务柔性以满足日常经营的资金需求以及项目投资需求;二是融资约束的存在,企业外部融资成本高于内部融资成本,通过财务柔性管理,可以低成本及时地拥有资金应对环境的不确定性或者抓住投资机会。如果企业保持较高的财务柔性,能够及时地以较低的成本筹集到资金,则可以缓冲不利冲击,不易错失投资机遇。Byorni(2011)与曾爱民(2011)提出,企业可以通过安排资产结构与融资结构,提高财务柔性,以缓解融资约束问题。可见,融资约束是企业保持财务柔性的前提之一,企业面临融资约束问题越严重,越需要提高财务柔性。财务柔性的获取一般有三种方式,包括现金持有、低负债率和高权益融资能力。DeAngelo(2007)认为企业可以通过持有较多的现金或降低负债水平来维持现金柔性或负债柔性,达到缓解融资约束的问题。我国学者曾爱民(2011)也支持该观点,企业可以通过持有现金获取财务柔性。实际上,直接研究融资约束对企业财务柔性影响的文献并不多,更多文献的着眼点是公司现金持有量与融资约束之间的作用关系,而现金持有量是财务柔性的重要获取方式,从而间接论述财务柔性与融资约束的关系。本小节从现金持有角度分别整理了国外和国内研究融资约束与财务柔性关系的文献。

Keynes(1936)率先对融资约束与企业现金水平之间的关系进行了探究。他认为,在完美的资本市场中,企业不需要持有流动资产,而在现实资本市场中,由于外部融资成本高于内部融资成本,企业不得不保持一定的流动性来支持资金需求。之后不少学者对这一预期从不同的角度进行了深化研究,例如,Huberman(1984)、Almeida(2004,2010)经过理论分析都认为,融资约束是企业进行流动性管理的根本原因,并且融资约束程度越高,对流动资产的需求就越大。

Calomiris 等(1995)认为,企业如果预计未来从外部融资成本较高,便会在其高盈余时期积累较多的现金,以便在低盈余时期可以使用这些现金储备。也就是说,融资约束会促使企业积累较多的现金。Kim 等(1998)和 Harford(1999)的研究结论也表明,融资约束程度越高的企业就会持有越多的现金,因为当外部融资成本较高时,企业利用留存的现金是一种成本较低的方式为其必要的投资支出提供资金。Almeida 等(2004)利用美国制造业上市公司的数据进行大样本的经验研究,时间跨度为1971~2000年,他们将样本分为融资约束组(第一组)和非融资约束组(第二组),通过分组对比得出的结论是,第一组企业现金持有对现金流的敏感度比第二组更大,说明融资约束的存在会使企业发生更强烈的现金累积倾向。Faulkender 等(2006)将企业样本划分为融资约束和非融资约束两组,划分依据是一些影响融资约束大小的单因素指标,包括企业规模、股利支付率、发行债券的信用级别等,结果发现,相对于非融资约束组,融资约束组企业投资行为更多地依赖企业内部资金,从而保持着更高流动资产(主要是现金及等价物)的水平。Denis 和 Sibilkov(2010)的实证结果表明,融资约束程度较高的企业为了满足企业规避风险的需求以及为了避免由于资金紧张而失去好的投资机会,会保持更高的现金持有水平。

我国学者李金、李仕明等(2007)以现金—现金流敏感度第一次研究了中国资本市场融资约束的相关问题，得出的结论是融资约束企业的现金持有量与现金流呈正相关关系，在非融资约束企业中两者之间的相关关系并不显著。王彦超（2009）估计了融资约束企业的现金—现金流敏感系数（3.8%～9%），表示融资约束较强的公司经营净现金流每增加1元，就要保留0.038元到0.09元。连玉君（2010）考察了我国上市公司1998～2006年的样本数据，发现相对于非融资约束企业，融资约束企业有着较大的现金—现金流敏感系数，原因是该类企业持有现金及现金等价物的预防动机会更强烈，较高水平的现金持有量是自身缓解融资约束的有效方式之一。韩忠雪等（2011）利用中国制造行业上市企业的数据，多维度地研究产品市场竞争是如何影响现金持有水平的，并从融资约束的角度解释了产生影响的原因。实证结果发现，对于融资约束企业，产品面临的市场竞争越激烈，企业就拥有越多的现金及其等价物；而对于非融资约束企业，产品面临的市场竞争越激烈，企业就拥有越少的现金及其等价物。这反映出融资约束公司会提高公司现金持有量来降低竞争风险。谭艳艳（2013）等学者发现我国多数上市企业存在超额持有现金的问题，而在存在该问题的企业中有个明显的特征，就是属于融资约束组的企业现金余额数量显著多于非融资约束组，这说明企业的该问题与融资约束的存在有重要的关系。

基于上述产权性质与财务柔性、产权性质与融资约束及融资约束与财务柔性三个方面的文献梳理，可以发现，国内外对产权性质影响企业财务柔性的研究虽不多但已经有了较统一结论并且研究视角多样化，主要涉及营运资本与现金持有量的研究；国内外对于产权性质不同的企业的融资约束不同已有颇深的研究并且得出了一致的结论，即民营企业的融资约束比国有企业更大；对于融资约束与企业财务柔性的相关关系也早就从理论和实证两个方面进行研究。当然，目前的研究还存在一些不足，主要表现在：（1）大多数文献只是在研究企业财务柔性水平高低的影响因素时，将样本分为国有和民营企业进行了对比，并没有直接研究产权性质不同的企业的财务柔性差异；（2）只是从融资约束的角度去解释产权性质对企业财务柔性的影响，并没有从实证角度去验证这一理论分析；（3）大多数文献仅仅比较了国有企业与民营企业的财务柔性高低，没有进一步对比中央国有企业与地方国有企业的财务柔性水平，更没有文献从预算软约束角度探究中央国有企业财务柔性高于地方国有企业的原因。

三、民营与国有企业融资约束及其对财务柔性的影响理论论证和研究设计

(一) 相关基础理论

通过对中国资本市场全部 A 股 1999~2013 年时间跨度 15 年的上市公司样本观测值进行研究，我们发现中国企业短融长投问题与资产流动性过高问题均有不同程度的存在。本章将企业资产流动性过高视为财务柔性现象。同时，我们发现中央国有企业、地方国有企业和民营企业之间财务柔性高低的差异。李朝晖（2012）在研究企业商业信用对现金持有水平的正向作用时发现国有产权性质会强化它们之间的正向作用。他认为其中的原因是国有企业存在预算软约束，融资约束程度比民营企业低，其出于防备动机的现金持有量也就较少了。现金持有量是企业财务柔性表现形式之一，所以产权性质对现金持有量的影响也就是对财务柔性的影响。该研究结果间接地反映了产权性质对企业财务柔性的影响。在此背景之下，本章将在企业财务柔性相关理论、预算软约束理论和融资约束相关理论的基础上研究产权性质与财务柔性的关系以及融资约束在它们之间的作用关系。

1. 财务柔性相关理论

自 20 世纪 90 年代以来，经济全球化、技术进步、信息化等使企业面临的经营环境发生了巨大的变化，且变化在不断持续，企业面临越来越强的不确定性。为了能在高度不确定的环境下持续保持竞争力，企业的战略选择、组织结构、薪酬体系和财务管理决策都进行了相应的调整。如今，保持财务柔性已成为企业获取竞争优势的新形势，以便对非预期投资机会和不利冲击做出灵活应对，更好地实现企业价值最大化目标。尽管企业每年都会有收入与支出的预算，但是预算往往并不完全与实际情况相符，企业总是需要保持一定的变现能力以备不时之需，否则很容易由于资金短缺而引起经营中断甚至破产倒闭。企业财务柔性管理的影响因素是多元的，预防性动机是企业维持发展的基本动机。预防性动机来源企业的风险意识，企业如果没有足够的

资金偿还到期的债务，将会面临罚息、失去抵押资产、声誉下降及企业形象受损等风险；如果没有足够资金支撑企业的战略实施就有可能导致企业战略失效；如果没有应急资本来应对突发事件，企业就有可能受偶然因素的影响而难以持续发展；如果没有足够的资金又一时难以获得外部融资，企业就容易失去创造股东财富的投资项目。因此，财务柔性的预防功能是企业降低财务、经营风险和错失投资机会风险的重要保障。

DeAngelo（2007）提出了财务柔性理论，认为经营状况良好且能产生自由现金流的企业有三种方式储备财务柔性，包括高现金持有量、低财务杠杆和合适的权益支付政策。这三种方式的综合内容是：通过事前的安排，企业在保持合理的现金余额的同时，保留在债务和权益市场上的获取资金的能力。不同的方式获取不同性质和内容的财务柔性。财务柔性的本质是一种在需要时能及时低成本地筹集到资金的能力，这种筹资能力可以是当前具有的能力（如持有现金），也可以是潜在的能力（如保持较低的财务杠杆和持续可观的权益支付）。

（1）通过现金持有获取财务柔性。早在1936年，Keynes就认为企业持有现金一般具有三大动机，即交易动机、预防动机、投机动机。Myers（1984）在其融资优序理论中也认为，企业在日常经营活动中持有适量的现金能够有效规避企业因股票等金融工具被低估时造成的风险。Opler等（1999）也认为，企业持有适当的现金不仅能够及时有效地规避未知风险，而且还能在筹资活动中节约一些不必要的开支成本。Ferreira和Vilela（2004）认为，在面临特殊情况时，企业持有的适量现金可以满足其突发性资金需求，故而可以大大降低企业陷入财务困境的概率，或者保证企业在融资条件约束的情况下仍能实现其财务政策的稳定性，从而确保企业价值。由此可见，企业持有现金的目的就是获得或者增加企业财务柔性，即通过持有现金获得财务柔性。

（2）通过财务杠杆获取财务柔性。在西方国家，财务柔性的研究最早是基于财务结构问题的探讨，而财务杠杆在一般意义上来讲是企业在制定资本结构决策时对债务筹资的利用，因而财务杠杆又可称为负债经营，这种定义特别强调财务杠杆是对负债的一种利用。采取低财务杠杆政策使公司保留了未来通过提高杠杆比率来为投资或增长机会筹集资金的能力，而这本身就是财务柔性的一种变现形式。Byoun（2008）研究指出，当企业产生正的盈余时，会偿还债务以降低债务水平，其重要的目的就是保留借款能力，以此来拥有和保持财务柔性，为未来的投资或增长机会筹集资金。信息的不对称和融资问题可能会迫使企业财务决策放弃有利的投资机会，但保持较低财务杠杆所具有的财务柔性能让其把握住未来投资机会。也就是说，企业可能采取保持低财务杠杆政策来保留大量尚未使用的借款能力，前期适当降低财务杠杆的企业保存了后期增大负债比率的选择权。

（3）通过股利支付获取财务柔性。根据 DeAngelo（2009）所提出的 DD 理论，企业在储备和扩大负债融资能力的同时，还应该积极有效地利用权益性支付，减少对自由现金的过度运用，降低管理层侵占现金的可能性，减少代理成本。对于权益性支付，企业根据自身情况有多种选择，且不同的选择对企业所获取的财务柔性程度也不一样。Oded（2012）在建立分析模型对现金股利和股票回购研究的基础上指出，股利支付使一部分现金流出企业，虽然在一定程度上减少了这部分现金流量的代理成本，但如果这部分现金恰好是企业后期经营活动中所需要的投资资金，或者是在保有适度现金中为了防范相关风险的必要现金，这都将不利于企业的可持续发展。Daniel（2010）也认为，保持合适的股利政策，是保证企业经营流量持续性的主要途径，同时也是不断强化企业财务柔性的必要流程。

2. 预算软约束理论

现有文献表明产权性质是影响企业融资约束的因素之一。由于我国现阶段金融生态环境比较薄弱，商业银行的信贷决策受到当地政府的影响较大，政府往往扮演着潜在担保人的角色。政府会对国有企业的融资提供帮助，国有企业也就比民营企业享有更多的资源优势和政策倾斜照顾。因此，国有企业的外部融资成本往往低于民营企业。地方国有企业与地方政府联系更加紧密，更能获得地方政府在融资方面的支持，当它遇到融资问题时，当地政府也会提供帮助，从而提升了融资信用，缓解企业的融资约束。这种政府或国有银行对国有企业过度容忍和支持的状态就是 Konai（1980）提出的预算软约束。预算软约束是指政府或银行企业提供资金未能坚持原先的商业约定，使企业的资金运用超过了它当期收益的范围。预算软约束很好地解释了国有企业具有融资优势的成因。因此，对预算软约束进行理论分析可以帮助理解产权性质引起融资约束不同的现象。

首次提出预算软约束的是 Konai（1980），因为他发现不同于资本主义社会，企业在社会主义制度下会采取异样的行动，产生了预算软约束。如果企业财务状况恶化，不能持续经营，而政府不愿意看到失业、社会不稳定现象出现，就会利用财政拨款、优惠贷款、减税等方法帮助企业渡过难关。我国学者林毅夫等则认为预算软约束源自我国政府在社会主义转轨经济中的责任归属感。他们认为传统的国有企业是对应某种战略而成立的，这类国有企业在市场上的竞争力较弱。社会主义政府需要通过行政手段改变大部分产品的价格，按计划分配这些产品来扶持这一些竞争力不足的国有企业。然而政府所做的这类决策多数情况下是不正确的，因为政府没有完全掌握市场信息，很多时候在实施一项政策时会出现协调不到位等意料之外的问题（林毅夫，1996）。结果就是政府承担了企业经营失败的责任，对国有企业提供信贷或其他帮助，由此预算软约束就产生了。由计划经济向市场经济转变之后，许多原本竞争力弱的战略性企业在市场上还是没有竞争力。为了战略目的，政府还得继续对这些企业提供帮助。同时，国有企业往往承担着许多政策性负担，这就意味着政府有责任在国有企业陷入困境时提供补助，预算软约束的状态便由此延续了下去。

3. 融资约束相关理论

1958 年提出的 MM 经典财务理论认为如果资本市场是完美的，即无交易成本、信息完全对称、无税收、投资人完全理性的资本市场，那么企业的外部融资成本与内部融资成本毫无差异，可以完全互替，因此，企业的投资行为仅与投资需求有关，而与融资成本或难易程度无关。然而实际上完美资本市场的假设条件并不存在。Greenwald 等（1984）放宽了 MM 理论的假设条件，加入了交易成本与信息不对称等不容忽视的因素，认为由股权融资引导的信息会对企业经营产生不利影响，而外源融资成本高于内源融资成本，于是提出了融资优序理论，即企业融资的先后顺序是留存收益融资、债务融资、股权融资。Jensen 和 Meckling 于 1976 年基于委托－代理关系提出代理理论，资产所有权与使用权的分离导致契约双方当事人的目标不一致，也即所谓的代理问题，为了减少该问题造成的损失而付出的成本称作代理成本，包括监督成本和约束成本。信息不对称与代理成本在市场经济中广泛存在，共同作用着融资成本的大小，尤其是更加明显地提高了外部融资成本，从而形成了融资约束。

信息不对称理论是指在经济活动中，各方人员对相关信息的掌握程度是不一致的；对信息掌握比较充分的一方处于有利位置，对信息掌握比较匮乏的一方则处于不利位置；掌握信息较少的一方为了能够做出正确的决策，通常要付出成本去弥补信息的不足。从企业融资角度来看，企业外部投资者对企业的经营情况等各种信息的了解肯定不如企业内部人员，为了保护自己的利益或者收回搜集企业信息时付出的成本，就要求企业支付信息不对称的溢价，从而获得较高的投资报酬率，如提高利率、折价购买证券或者低估企业价值。企业获取银行贷款的资本成本与额度取决于自身的经营状况和信息透明度。对于经营现金流稳定且透明度高的企业，银行会向其提供利率较低额度较高的贷款；对于信息不对称程度高的企业，银行往往难以确定其财务状况与后期盈利能力，需要耗费较多的资源去搜集相关信息以及评估企业未来的偿债能力，从而提供给它们的贷款利率较高。信息在资金提供者与使用者之间传递的不完全性产生了融资约束，不对称程度越大，融资约束程度就越高。

代理成本来自股东与经理层的利益冲突以及债权人与股东的利益冲突。经理层的经营成果不是完全属于自己的，他们辛勤工作的成果是要分配给股东的，而自己只能得到约定的报酬，因此他们有动机不遵从股东利益最大化的原则去投资项目，甚至将企业资产转为个人消费，如装修豪华办公室、配置豪宅豪车、延长年假等，这些现象被称为逆向选择。经理层不努力工作导致股东利益受损的情形被称为道德风险。逆向选择和道德风险是股东与经理层利益的主要冲突方面。由于企业的剩余收益是股东所有的，债权人仅仅获得事先约定的利息收入，当某个项目的投资回报率远远高于债务成本时，即使风险很大，股东也有可能选择它，当投资成功时，股东将获取超额利润，当失败时，将由债权人承担损失。为了解决这两类利益冲突，委托人就会订立、管理和实施监督与约束代理人的合同，为此付出的成本便是代理成本。资金提供者股东或债权人为了收回代理成本就会要求较高的投资报酬率，对于企业而言，资金提供者的投资报酬率就是企业的融资成本，因此，代理成本也会引起融资约束。

（二）民营企业与国有企业财务柔性比较及其原因分析

由以上理论分析可知，国有企业可以获得更多的政策倾斜和更多国有银行的贷款支持，而民营企业由于信息不对称、代理问题的存在，其外部融资成本要明显高于国有企业。国有企业比民营企业拥有更多的政治资源、社会资源与政府隐性担保，能从银行获取更多的金融资源。因此，国有企业获取金融资源的能力更强，从而导致其对经济波动不敏感。在面临不确定性时，无论是现有资源保障还是未来资源保障，国有企业都比民营企业更加容易取得。民营企业的融资约束高于国有企业已经成为学者们的共识，民营企业的投资—现金流敏感系数和现金—现金流敏感系数都显著高于国有企业（林毅夫，2004；马文杰，2009；赵治磊，2013）。同时，融资约束越高的企业，越需要保持高财务柔性水平来应对不确定，这也已经得到了诸多学者的实证支持。连玉君（2010）考察了我国上市公司1998~2006年的样本数据，发现相对于非融资约束企业，融资约束企业有着较大的现金—现金流敏感系数，原因是该类企业持有现金及现金等价物的预防动机会更强烈，较高水平的现金持有量是自身缓解融资约束的有效方式之一。刘康兵（2012）、崔旭君（2014）也证实了融资约束对企业营运资本投入的影响。企业如果预计未来从外部融资成本较高，便会在其高盈余时期积累较多的现金，以便在低盈余时期可以使用这些现金储备。也就是说，融资约束会促使企业积累较多的现金，因为企业内部的现金可以为其必要的投资支出提供成本较低的资金来源。李金、李仕明（2007）也说明了融资约束程度较高的企业为了满足企业规避风险的需求以及为了避免由于资金紧张而失去好的投资机会，会保持更高的现金持有水平。

综上所述，产权性质造成了融资约束的差异，而融资约束的大小影响着企业的财务柔性管理，融资约束大的企业要保持更高的财务柔性来应对不确定性或者满足投资需求，从而引起财务柔性水平的不同。这俨然是一种产权性质、融资约束与财务柔性之间的作用机制。通过文献综述与理论分析，得出融资约束是影响财务柔性的前因变量，而产权性质基于预算软约束理论对融资约束具有直接影响作用的结论。一些学者从融资约束角度解释产权性质不同的企业财务柔性水平差异现象，然而这些解释大多只是基于理论分析，鲜有文献以实证方法证明民营企业财务柔性高于国有企业的原因在于民营企业的融资约束高于国有企业。这部分研究从三者之间理论上的作用机制出发，提出以下假设：

H4-1：民营企业的财务柔性高于国有企业的财务柔性；

H4-2：民营企业财务柔性高于国有企业的原因在于民营企业的融资约束高于国有企业的融资约束。

(三) 中央国有企业与地方国有企业财务柔性比较及其原因分析

拥有政治关系的层级不同，中央国有企业与地方国有企业的预算软约束有差异。自实行分税制以来，地方政府从原来中央政府的执行机构转变为独立的利益集体，其财政收入与地方企业的效益息息相关，同时，地方国有企业分担着提高当地就业率、提高人均收入等社会责任，地方政府具有明显的动机干预当地银行的信贷配给以保证国有企业的持续发展，促进当地经济增长。然而相对于县市级的政治关系，省级和中央政府掌控的资源和权限更为广泛，而且中央国有企业比地方国有企业在国民经济中的地位更高，从事更关键的经济领域，掌握更重要的经济命脉，所以中央国有企业的预算软约束比地方国有企业严重。中央权力下放到地方的改革进程中，各级地方政府的资源有限，竞争日益增加，地方政府不得不积极投资基础设施建设以最大化当地人民福利，当基础设施建设的边际效益变大后，救助经营不善的国有企业的机会成本就增加了，因此会降低对国有企业的扶持力度。正如钱颖一 (1998) 和徐莉萍 (2006) 所说的财政分权后有利于地方国有企业预算软约束的硬化。李稻葵 (1997) 研究发现，由地方政府任命的国有企业经理在效益不佳时，要比中央政府任命的国有企业经理更有可能削减工人工资和奖金，这表明地方政府管理的国有企业要比中央政府管理的企业容易产生预算约束的硬化。闻树瑞 (2007) 实证检验发现，相对于中央国有企业，地方国有企业的预算软约束较为硬化。

显然，中央国有企业的预算软约束高于地方国有企业，融资约束低于地方国有企业，这已经有了一定的理论基础与实证证据。本章通过对中国资本市场A股市场1999~2013年的上市公司的财务柔性的计算，发现中央国有企业的财务柔性均值与中位数都高于地方国有企业，然而目前尚未有学者对之进行理论分析与实证研究。本章认为中央国有企业的财务柔性高于地方国有企业，其原因不在于融资约束，而在于中央国有企业的预算软约束比地方国有企业严重。理由是中央国有企业往往承担着重大投资决策，需要保证资金充足，又因预算软约束比地方国有企业更为严重，从银行获取的资金或政府补贴更多，从而其现金等流动资产持有比例较大，表现出较高财务柔性现象。出现中央国有企业财务柔性高于地方国有企业情况的原因正好与民营企业财务柔性高于国有企业的原因相反。民营企业由于融资约束问题比国有企业严重，外部融资成本高，通过自身盈余的留存来保持比国有企业高的财务柔性。中央国有企业由于预算软约束问题比地方国有企业严重，获取资金的渠道和数量最多，本身不缺货币资金，从而表现出比地方国有企业高的财务柔性，但其财务柔性水平依然低于民营企业。于是提出以下假设：

H4-3：中央国有企业的财务柔性高于地方国有企业的财务柔性；

H4-4：中央国有企业财务柔性高于地方国有企业的原因不在于融资约束，而在于中央国有企业的预算软约束高于地方国有企业的预算软约束。

四、民营与国有企业融资约束及其对财务柔性的影响实证检验研究设计

（一）样本选择及数据来源

本章以我国1999~2013年上海和深圳A股上市公司为初选样本。根据研究需要，对初选样本进行了如下处理：（1）剔除了金融保险业企业；（2）剔除了ST以及*ST企业；（3）剔除了部分数据缺失或异常的企业；（4）剔除了无法知道产权性质的企业，产权性质是以上市公司的实际控制人为依据做出判断的，本章将样本企业分为中央国有企业、地方国有企业以及民营企业；（5）对研究模型中的所有连续变量进行了首尾1%处理。本章将现金比率高于行业平均水平同时负债率低于行业平均水平的企业定义为财务柔性企业，最终得到该部分企业共有1913家，共5216个样本数据，其中，中央国有产权控制企业有227家，693个样本数据；地方国有产权控制企业有423家，1245个样本数据；民营企业有1283家，3278个样本数据。本章使用的有关企业的数据均来自CSMAR数据库。

（二）模型的构建及相关变量的定义

1. 融资约束度量方法的选择

目前，融资约束还没有一致的度量方法。大部分文献中融资约束的度量是利用企业行为特征（投资—现金流敏感度、现金—现金流敏感度）或者由

企业财务数据构造的指数来实现的，也有一些文献中仅用单因素指标来衡量的，如股利支付率、公司规模、利息保障倍数等，近年来也出现了直接从融资约束定义的角度来确定融资约束的大小，如债务融资成本、权益融资成本及债务融资溢价。

（1）单因素指标度量融资约束。

FHP（1988）认为股利支付率的大小体现了企业对盈余保留率的大小，可以用其来衡量融资约束的大小，融资约束高的公司倾向于留存更多的利润以备投资需要。但是我国上市公司并不一定每年都分配股利，随机性也大，因此用股利支付率衡量融资约束缺乏合理性。很多学者以利息保障倍数度量融资约束，认为其反映了企业的偿还债务能力与破产可能性。利息保障倍数越高的企业越不可能拖延偿还借款，也越不可能破产，受债权人的信任度就越高，融资约束也就越小，反之，融资约束就越大。Whited和国内学者李胜坤、齐寅峰、况学文等都曾利用利息保障倍数度量融资约束大小。我国的债券市场不发达，融资方式主要是银行贷款，而国有银行更愿意贷款给国有企业，因此国有企业的负债率要高于民营企业，融资约束程度却比民营企业的要小。我国的资本市场往往认为贷款能力强的企业比较有保障，所以更愿意向这些企业提供借款。谭艳艳（2013）等学者在用债务比率作为衡量融资约束的指标时认为，对我国的企业而言，债务比率越高，融资约束越小。投资者通常认为大规模的企业透明度及可信度大于小规模的企业，Fazzari（1988）、Almeida（2004）、谭艳艳等（2013）都曾用公司规模度量融资约束。其他单因素指标还有企业成熟度、股权集中度、债券等级等，这些指标都可以从某种角度反映出企业外源融资的相对难易程度。

（2）基于现金流的模型度量融资约束。

①投资—现金流敏感性。Fazzari，Hubbard和Pertersen早在1988年就提出理论：假如企业融资约束小，则其留存收益的多少对投资无显著影响；反之，企业投资行为与现金流呈显著正相关关系。FHP将投资作为被解释变量，以托宾Q和现金流为解释变量建立投资函数模型，得到衡量投资对现金流敏感度的系数，即投资—现金流敏感系数，该系数越大表示企业存在的融资约束问题越严重。国内不少学者对FHP模型进行简单调整之后用以研究企业特征等因素对融资约束的影响。连玉君和程建（2007）、郭建强和张建波（2009）以及吴宗法和张英丽（2011）等都利用该模型比较企业融资约束的大小。然而，张跃龙、谭跃和夏芳（2011）提出了不一样的观点，他们研究

发现在信息不对称和代理问题条件下，中国上市公司的投资效率受到多种因素的影响，包括盈利水平、投资机会和融资约束等，而融资约束不仅能减少投资过度，还能削弱投资不足，但是这种削弱作用是很小的。自从推出FHP模型之后，很多学者利用投资—现金流敏感系数比较企业融资约束的大小，一致认为该系数的值较高的企业面临着严重的融资约束。直到1994年，Vogt首先发出了不一样的声音，他认为正的投资现金流敏感系数既可能反映融资约束，也可能反映过度投资。相继地，Kaplan和Zingales于1997年提出FHP理论并没有理论与实证基础证明投资—现金流敏感系数与融资约束程度呈单调正相关关系，该系数度量融资约束的准确性还有待进一步论证；Alti（2003）也对FHP提出了质疑，他认为年轻的、正在快速成长的企业的托宾Q值并不能准确代表投资机会，经营现金流本身也很可能包含着投资机会，因此投资对现金流的敏感度很可能是投资与投资机会的关系而并不是融资约束大小的反映；Cleary，Poveland Raith（2007）认为公司投资与流动性呈现"U"形关系变化。Jason和Jenny（2012）认为投资—现金流敏感性不能很好地衡量融资约束。他们发现投资—现金流敏感性已经逐渐减小并消失了，甚至在2007~2009年信贷紧缩时期也有这样的趋势。如果投资—现金流敏感性能很好地衡量融资约束，那么投资—现金流敏感性逐渐减小并消失就意味着融资约束也是逐渐减小甚至消失的，然而在信贷紧缩时期，很多公司延迟了投资计划或者停止了投资，事实上融资约束问题并未消失。

②现金—现金流敏感性。Almeida等（2004）指出公司会通过留存更多现金来应对融资约束问题，并构造了ACW模型，该模型的被解释变量为企业现金持有变化，解释变量为托宾Q和现金流，与FHP模型类似，现金—现金流敏感性系数显著为正的企业存在融资约束，该系数不显著为正的企业则不存在融资约束。该模型以现金持有变化代替了FHP模型中的投资变量，弥补了投资很可能受到现金流包含的投资机会影响的不足之处，然而，存在多种因素或动机影响企业现金持有量，融资约束可能并不是影响企业现金持有量的主要因素，那么两个变量就不一定呈单调的相关关系，因而使用该方法度量融资约束程度可能依然存在一定的估计偏差。我国学者王彦超（2009）、韩忠雪和周婷婷（2011）以及谭艳艳（2013）等都利用该模型验证了融资约束对公司超额现金持有的影响是显著的。章晓霞、吴冲锋（2006）研究发现，无论企业是否面临融资约束，其现金—现金流敏感系数都显著为正，并没有体现出差异，他们分析这种现象的出现可能一方面说明我国资本市场发展得

还不成熟,融资约束在企业普遍存在。连玉君、苏治和丁志国(2008)指出有些文献构造的模型中忽略了变量之间的内生性问题,导致得到的回归参数产生偏差,致使研究结论缺乏合理性。为了克服内生性问题,他们采用广义矩估计方法(GMM)对模型的内生性进行了适当的控制,得到的结果是融资约束样本企业的现金—现金流敏感系数显著为正,而非融资约束样本企业的现金持有量则对现金流不敏感。

(3)构建指数判别融资约束。

Lamant 等(2001)综合经营现金流量、托宾 Q、资产负债率、股份支付率以及现金持有等变量进行次序逻辑回归分析得到 KZ 指数的计算模型。Hadlock 和 Pierce(2010)对 KZ 指数有效性进行了检验,结果发现 KZ 指数衡量融资约束的效果较差。他们认为问题出在构建模型的指标,解释变量与被解释变量都在使用一些相同的定量信息(如资产负债率、现金流、现金水平),导致模型估计偏差。Whited 和 Wu(2006)构造了 WW 指数,是现金流、股利支付哑变量、负债率、公司规模、行业销售收入增长率及公司销售收入增长率等六个因素的线性组合,该指数的优点就是对大样本进行结构方程估计可以弥补样本选取、变量难以计量(如托宾 Q 难以测量)等不足。虽然该方法样本量大,但样本的选择仍有一定的局限性,主要是在适用范围内的具体样本很难确定(詹雷、何娟,2013)。

我国学者也根据企业的财务指标,构建了一系列不同的指数来度量企业的融资约束。魏锋、刘星(2004)构建了 ZFC 指数,选取的是流动比率(CR)、资产负债率(Lev)、净利润率(Npr)、主营业务收入增长率(Growth)和财务松弛与固定资产净值比率五个财务指标;李焰、张宁(2007)构建 Q 指数选取的指标则是企业投资净额、现金净流入额、存货增长率、权益负债率、利息保障系数、货币资金存量、年红利分配额、股利支付率等,首先理论分析这些变量与融资约束大小的正向或反向关系判定模型中变量系数的正负符号,然后判断每个变量在总体样本中起到的作用程度以其作为系数大小的权重,从而得到 Q 指数模型。况学文等(2010)采用逻辑回归模型和多元判别分析两种方法,利用我国 A 股市场 2000~2006 年企业财务指标分别构造了 LFC、DFC 指数用来度量企业融资约束的大小。实证结果表明,两指数的判别能力都很高。虽然学者们纷纷构建融资约束度量指数,但是对于指数的应用并不广泛,也不具有权威性。

为了确保实证检验的准确性,本章利用目前检验融资约束存在性和大小的主流模型——欧拉方程，计算其投资—现金流敏感系数 g_4。投资—现金流敏感系数判别国有和非国有企业的融资约束大小，已经得到较为广泛运用（连玉君，2007；郭建强，2009；张英丽，2011），并且稳定性高，很多学者利用该系数评价融资约束判别指数的有效性（况学文，2011；翟淑萍，2012；朱敏，2012）。理论上，融资约束低的企业投资—现金流敏感系数显著小于融资约束高的企业。欧拉方程如下：

$$\left(\frac{I}{K}\right)_{i,t} = g_0 + g_1\left(\frac{I}{K}\right)_{i,t-1} + g_2\left(\frac{I}{K}\right)^2_{i,t-1} + g_3\left(\frac{Y}{K}\right)_{i,t-1} + g_4\left(\frac{CF}{K}\right)_{i,t-1} + \varepsilon_{i,t}$$

$$(4-1)$$

其中，I 为投资支出，等于"购买固定资产、无形资产与其他资产的现金支出"；Y 为主营业务收入；K 为期初总资产；CF 为经营现金净流量。

2. 财务柔性度量方法的选择

目前财务柔性的度量方法主要分为以下三种：（1）单一指标度量。该方法仅依据单个财务变量度量财务柔性，一般为现金比率和财务杠杆率，现金比率或财务杠杆率高于或低于行业的中位数或者均值就被认定为财务柔性企业（顾乃康，2011；Abe de Jong，2012）。（2）多指标结合度量。根据财务柔性获取的三种方式将现金比率、财务杠杆率与权益支付率相结合，但由于我国权益支付率不稳定，一般只利用现金比率与财务杠杆率的结合指标度量财务柔性。曾爱民（2011）结合我国企业缺乏权益融资柔性的制度背景，除了采用两项单指标外，还将在危机前连续 3 年现金柔性和负债融资柔性均属于样本企业中最高的 30%，认定为财务柔性企业。并采用现金柔性 = 企业现金持有率 – 行业现金持有率，负债融资柔性 = Max（0，同行业的平均负债比率 – 公司的负债比率）进行计算。（3）构建综合指数度量。有学者认为，相比单一指标，多因素综合指标更能全面反映财务柔性的真实水平。如韩鹏（2010）以留存收益资产比等 9 个指标，利用主成分分析法建立财务柔性综合指数。马春爱（2011）构建了一个由现金指标、杠杆指标和外部融资成本指标构成的多维财务柔性指标体系（其中 3 个一级指标采用层次分析法、8 个二级指标采用变异系数法分别赋予权重）。周心春（2012）基于现金持有量及企业长短期负债水平两类指标，利用因子分析法求得财务柔性综合指数。

对于财务柔性度量的方法，尚未有统一的说法，每种方法都不是完善的。单一指标和双指标法都不是完全符合财务柔性的定义，不能完全反映企业财务柔性的真实情况。综合指数法对于财务柔性的影响因素考虑得比较全面，但是各因素的权重难以判定，带有一定的主观性。但是相对来说曾爱民（2011）的方法更具合理性，因为他将现金柔性与负债柔性相结合，现金比率和负债比率都以总资产标准化，口径一致，该方法也得到了很多学者的运用（时龙龙，2013；刘名旭，2014；马悦，2014；商亚超，2014）。本章借鉴曾爱民（2011）的方法度量财务柔性，将现金比率高于同行业平均值且负债比率低于同行业平均值的企业定义为财务柔性企业，财务柔性指数（FFI）=现金柔性+负债柔性=（企业现金比率-行业平均现金比率）+（行业平均负债率-企业负债比率），现金比率=（货币资金+交易性金融资产）/总资产，负债比率=（短期负债+长期负债）/总资产。

3. 预算软约束度量方法的选择

关于预算软约束的度量，学术界也是众说纷纭：林毅夫、刘明兴和章奇（2004）使用企业利息支出占企业年末总负债的比重来衡量预算软约束，该比重越小表示预算软约束问题越严重；辛清泉和林斌（2006）则直接以国有成分作为预算软约束的衡量指标；也有学者以资产负债率用作衡量预算软约束的一个正相关变量（田丽辉，2005；朱红军、何贤杰，2006）；江伟和李斌（2007）使用财政补贴和金融发展水平来衡量预算软约束；运用最广泛的是以财务杠杆治理负效应度量预算软约束的方法，该方法最初由田利辉（2005）提出，并得到了后来学者的认可及应用，如闻树瑞（2007）、李昊（2009）、裘政益（2014）。杠杆治理负效应即企业杠杆比率越高，绩效反而越差，表明企业债务没有发挥理论上的杠杆效应，说明企业存在预算软约束。本章采用杠杆治理负效应来度量预算软约束。模型如下：

$$ROA = \beta_0 + \beta_1 DEBT + \beta_2 SIZE + \beta_3 GROWTH + \beta_4 CF$$
$$+ \sum Year + \sum IND + \varepsilon \quad (4-2)$$

其中，资产净利率（ROA）表示企业绩效，以（短期负债+长期负债）/总资产表示财务杠杆率（DEBT），控制变量分别为企业规模（SIZE）、成长性（GROWTH）、经营净现金流（CF）以及年份与行业。

4. 构建模型

（1）产权性质与财务柔性关系模型。

为了验证企业产权性质与财务柔性的相关关系，本章将解释变量产权性质设为虚拟变量,因变量则是财务柔性指数 FFI。验证民营企业与国有企业的财务柔性差异时,设虚拟变量 NAT,NAT = 1 代表国有企业,NAT = 0 代表非国有企业;验证中央国有企业(非地方国有企业)和地方国有企业的流动性过剩差异时,设虚拟变量 LOCAL,LOCAL = 1 代表地方国有企业,LOCAL = 0 代表非地方国有企业。由于不同行业的企业财务柔性水平差异大,在模型中加入了行业(IND)控制变量;由于本章数据为面板数据,在模型中加入了年份虚拟变量(Year);刚上市的公司往往会有大量的货币资金,因此模型中控制了其上市年限(AGE)。同时还考虑了其他潜在影响企业财务柔性储备的因素,包括企业规模(SIZE)、资产负债率(LEV)、经营性净现金流(CF)、股利支付虚拟变量(DIVID)。根据以上分析,加入随机干扰项 ε,得出回归模型:

$$FFI = \gamma_0 + \gamma_1 SIZE + \gamma_2 LEV + \gamma_3 CF + \gamma_4 DIVID + \gamma_5 AGE$$
$$+ \gamma_6 NAT + \sum Year + \sum IND + \varepsilon_1 \qquad (4-3)$$

$$FFI = \eta_0 + \eta_1 SIZE + \eta_2 LEV + \eta_3 CF + \eta_4 DIVID + \eta_5 AGE$$
$$+ \eta_6 LOCAL + \sum Year + \sum IND + \varepsilon_2 \qquad (4-4)$$

在上述模型中,系数 γ_6 和 η_6 代表了企业产权性质对财务柔性的影响程度,根据本章提出的假设,预期该系数为负,即预期国有企业的财务柔性低于民营企业,地方国有企业的财务柔性低于中央国有企业。

(2)验证不同产权性质企业财务柔性差异的原因的模型。

根据融资约束度量方法的选择可知,检验国有企业财务柔性高于民营企业的原因在于民营企业的融资约束比国有企业大,运用欧拉方程,并加入行业与年份控制变量。

$$\left(\frac{I}{K}\right)_{i,t} = g_0 + g_1 \left(\frac{I}{K}\right)_{i,t-1} + g_2 \left(\frac{I}{K}\right)_{i,t-1}^2 + g_3 \left(\frac{Y}{K}\right)_{i,t-1} + g_4 \left(\frac{CF}{K}\right)_{i,t-1}$$
$$+ \sum Year + \sum IND + \varepsilon_{i,t} \qquad (4-5)$$

系数 g_4 即投资—现金流敏感系数,该系数越大,表示企业的投资支出对经营现金流越敏感,融资约束程度越大。预测 g_4 估计值大于 0,且国有企业样本的 g_4 值显著小于民营企业的 g_4 值。同样以模型(4-5)检验中央国有企业财务柔性高于地方国有企业的原因不在于融资约束,因为预测中央国有企业样本的 g_4 值显著小于地方国有企业的 g_4 值。根据预算软约束度量方法的选择可知,运用杠杆治理效应检验中央国有企业财务柔性高于地方国有企业的原因在于中央国有企业的预算软约束显著高于地方国有企业,如模型(4-6)所示，预测 β_1 小于 0，且中央国有企业的 β_1 绝对值显著大于地方国有企业。

$$ROA = \beta_0 + \beta_1 DEBT + \beta_2 SIZE + \beta_3 GROWTH + \beta_4 CF + \sum Year + \sum IND + \varepsilon \tag{4-6}$$

5. 相关变量定义

在模型的构建中已详细说明了各解释变量、控制变量与因变量的定义以及如何取值，本节就以表格的形式对其作个列示，如表 4-1 所示。

表 4-1　　　　　　　　　　相关变量定义

符号	定义
SIZE	企业规模，等于企业年末资产总额的自然对数
LEV	企业年末资产负债率
DEBT	企业财务杠杆率，等于（短期负债+长期负债）除以总资产
CF	经营性净现金流，等于年度经营性现金流净额除以年末资产总额
DIVID	股利支付虚拟变量，如果企业当年支付现金股利取 1，否则取 0
NAT	国有企业取 1，非国有企业取 0
LOCAL	地方国有企业取 1，非地方国有企业取 0
AGE	企业上市年限
FFI	财务柔性指数，等于现金柔性与负债柔性之和
GROWTH	企业成长性，等于营业收入增长率
ROA	总资产收益率
Year	年份虚拟变量，当样本为当年时，Year = 1，否则 Year = 0
IND	行业虚拟变量，按照新证监会分类标准分类

五、民营与国有企业融资约束及其对财务柔性的影响实证检验结果与分析

（一）描述性统计与分析

本章利用 SPSS 19 对模型中的主要变量按全样本以及按照民营企业、地方国有企业、中央国有企业区分的分类样本进行描述性统计与分析，统计结

果如表 4-2~表 4-5 所示。

从表 4-2~表 4-5 描述性统计可知：(1) 全样本企业的财务柔性指数 FFI 均值为 0.3699，最小值为 0.0024，最大值为 1.3661，标准差相对较大为 0.2256，说明我国上市公司中财务柔性企业的财务柔性水平差异比较大，存在不同程度的期限错配现象并且不乏流动性程度过高的企业，反映出我国企业在流动性管理水平上缺乏有效经验，货币资金等流动资产占用长期资金的比例过高的问题；(2) 民营企业的 FFI 均值比全样本企业的高，地方国有企业和中央国有企业平均 FFI 值均比全样本企业的低，且中央国有企业的 FFI 均值要稍微高于地方国有企业，反映出民营企业的财务柔性水平最高，中央国有企业的财务柔性水平比地方国有企业的高；(3) 民营企业的 FFI 标准差大于全样本 FFI 的标准差，地方国有企业和中央国有企业的 FFI 标准差均明显低于全样本的标准差，说明民营企业的财务柔性差异最大，财务柔性管理水平参差不齐或者财务柔性储备需求差异加大，国有企业的财务柔性水平比较相近；(4) 全样本企业财务杠杆率 DEBT 均值为 0.2322，民营企业的 DEBT 均值明显小于国有企业，而中央国有企业的 DEBT 均值小于地方国有企业，这说明民营企业的负债柔性高于国有企业，中央国有企业的负债柔性高于地方国有企业；(5) 民营企业的 ROA 均值高于全样本，地方国有企业的 ROA 均值明显低于民营企业，中央国有企业 ROA 均值高于地方国有企业，但是两者相差不大，表明民营企业的经营效益好于国有企业，而中央国有企业的效益略好于地方国有企业；(6) 全样本企业的资产负债率均值为 0.2387 处于较低水平，偿债能力强，为再次融资提供了保障。另外，民营企业的负债水平低于国有企业，这可能是因为国有企业有信贷配置政策的支持，更容易举借债务，从而出现负债水平高于融资成本较大的民营企业的倾向；(7) 全样本企业的经营现金净流量率 CF 平均值为 0.0542，国有企业的 CF 平均值高于全样本企业，而地方国有企业的 CF 平均值高于中央国有企业，民营企业 CF 平均值低于国有企业，这种差异正好与财务柔性差异相反，表明 CF 与 FFI 之间存在一定的相关关系，这种关系有待进一步验证；(8) 民营企业的 DIVID 均值略高于国有企业，说明我国上市公司中民营企业支付现金股利的频率比国有企业的要高，这与我国不同产权性质企业的股利分配偏好差异有关系，国有企业偏向于低现金分红股利政策，民营企业股东则偏向于高现金分红股利政策以收回其创业收益，中央国有企业与地方国有企业的股利支付水平较为接近；(9) 民营企业的 AGE 均值 3.67 要远小于地方国有企业的 7.22 和中央国有企业的 6.52，说明我国财务柔性上市公司中，民营企业上市年限普遍比国有企业短，上市年限较短也是造成企业货币资金储备量较高的因素之一。

表 4-2　　　　　　　　全样本企业变量的描述性统计

变量	样本组	观测值	均值	标准差	最小值	最大值
FFI	全样本	5216	0.3699	0.2256	0.0024	1.3661
ROA	全样本	5216	0.0655	0.0661	-0.5429	2.6372
DEBT	全样本	5216	0.2322	0.1332	0.0000	0.7049
SIZE	全样本	5216	20.9875	0.8512	15.3764	26.5500
LEV	全样本	5216	0.2387	0.1330	0.0000	0.7084
CF	全样本	5216	0.0542	0.1050	-3.2243	0.9014
DIVID	全样本	5216	0.7800	0.4160	0	1
AGE	全样本	5216	4.9100	5.1550	0	23

表 4-3　　　　　　　　民营企业变量的描述性统计

变量	样本组	观测值	均值	标准差	最小值	最大值
FFI	民营	3278	0.4097	0.2371	0.0024	1.1706
ROA	民营	3278	0.0688	0.0717	-0.5429	2.6372
DEBT	民营	3278	0.2064	0.1269	0.000	0.7049
SIZE	民营	3278	20.8433	0.7412	15.3764	23.7062
LEV	民营	3278	0.2129	0.1265	0.0000	0.7084
CF	民营	3278	0.0476	0.0992	-2.6128	0.9014
DIVID	民营	3278	0.7600	0.8000	0	1
AGE	民营	3278	4.2100	3.6700	0	22

表 4-4　　　　　　　　地方国有企业变量的描述性统计

变量	样本组	观测值	均值	标准差	最小值	最大值
FFI	地方	1245	0.2899	0.1805	0.0069	1.3661
ROA	地方	1245	0.0590	0.0538	-0.3799	0.3113
DEBT	地方	1245	0.2942	0.1355	0.0103	0.6792
SIZE	地方	1245	21.2660	0.9647	16.1847	24.7542
LEV	地方	1245	0.2995	0.1358	0.0103	0.6799
CF	地方	1245	0.0688	0.1277	-3.2243	0.6166
DIVID	地方	1245	0.7300	0.4450	0	1
AGE	地方	1245	7.2200	5.6640	0	23

表 4-5　　　　　　　　中央国有企业变量的描述性统计

变量	样本组	观测值	均值	标准差	最小值	最大值
FFI	中央	693	0.3251	0.1948	0.0037	1.0614
ROA	中央	693	0.0613	0.0563	-0.4131	0.4573
DEBT	中央	693	0.2434	0.1198	0.0140	0.5883
SIZE	中央	693	21.1694	0.9563	18.6019	26.5501
LEV	中央	693	0.2516	0.1197	0.0342	0.5895
CF	中央	693	0.0595	0.0805	-0.3103	0.3585
DIVID	中央	693	0.7400	0.4380	0	1
AGE	中央	693	6.5900	5.5230	0	21

（二）民营与国有企业融资约束及其对财务柔性的影响实证检验结果与分析

1. 产权性质与财务柔性的回归结果与分析

（1）相关性检验。

为了检验因变量与其他变量之间是否存在线性关系，同时验证因变量以外的变量之间是否存在共线性问题，首先对样本进行 Pearson 相关分析，表 4-6 和表 4-7 分别列示了模型（4-3）、模型（4-4）的变量的 Pearson 相关分析结果。虽然模型（4-3）与模型（4-4）中除了 NAT 和 LOCAL 其他变量都是相同的，但是两个模型针对的样本不同，模型（4-3）对应的是全样本，包括国有企业与民营企业，模型（4-4）对应的是国有企业样本，包括中央国有企业和地方国有企业，因此需要分别对模型（4-3）、模型（4-4）进行 Pearson 相关分析。

表 4-6 表明企业财务柔性指数 FFI 与模型（4-1）中的变量，即企业规模、资产负债率、经营性净现金流、是否支付股利、上市年限和是否为国有企业，都存在 1% 水平下的显著相关关系，说明模型中的控制变量的选取是合理的。解释变量之间的相关系数最大的是 LEV 与 AGE 之间的 0.308，小于存在共线性的临界值 0.5，所以模型（4-3）中的解释变量之间不存在严重的共线性问题。

表 4-6　　　　　　　　　模型（4-3）相关性分析

变量	FFI	SIZE	LEV	CF	DIVID	AGE	NAT
FFI	1.000						
SIZE	-0.205***	1.000					
LEV	-0.640***	0.245***	1.000				
CF	-0.016***	0.141***	-0.010	1.000			
DIVID	0.111***	0.188***	-0.161***	0.090***	1.000		
AGE	-0.259***	0.240***	0.308**	0.063***	-0.281***	1.000	
NAT	-0.230***	0.220***	0.252***	0.082***	-0.082***	0.312***	1.000

注：*** 表示在 1% 水平下显著。

表 4-7 表明在国有企业样本中，企业财务柔性指数 FFI 与模型（4-4）中的企业规模、资产负债率、经营性净现金流率、上市年限以及是否为地方国有企业存在显著的相关关系，而与是否发放股利 DIVID 在 10% 水平下显著相关，显著性较低，这说明中央国有企业和地方国有企业股利支付差异与它们之间的财务柔性差异并无多大的相关关系。另外，模型（4-4）中解释变量之间的相关系数最大为 AGE 与 SIZE 之间的 0.280，小于存在共线性的临界值 0.5，所以模型（4-4）中的解释变量之间不存在严重的共线性问题。

表 4-7　　　　　　　　　模型（4-4）的相关性分析

变量	FFI	SIZE	LEV	CF	DIVID	AGE	LOCAL
FFI	1.000						
SIZE	-0.144***	1.000					
LEV	-0.547***	0.177***	1.000				
CF	-0.054**	0.184***	-0.026	1.000			
DIVID	0.036*	0.249***	-0.079	0.115***	1.000		
AGE	-0.099***	0.280***	0.201***	-0.015	-0.174***	1.000	
LOCAL	-0.091***	0.048**	0.174***	0.039**	-0.014	0.054***	1.000

注：*** 表示在 1% 水平下显著；** 表示在 5% 水平下显著；* 表示在 10% 水平下显著。

（2）实证结果

表 4-8 列示了模型（4-3）的线性回归结果，可以看出，调整 R^2 为

0.417，大于 0.4，模型的拟合优度较好，能在 41.7% 程度上解释财务柔性大小（FFI）的变化，而且整个回归模型的回归结果在 1% 水平下显著。

NAT（国有企业为 1，非国有企业为 0）的回归系数为 -0.026，并且在 1% 水平下显著负相关，这一结果极好地验证了这部分研究的假设 H4-1，即民营企业的财务柔性高于国有企业。企业规模（SIZE）与财务柔性在 1% 水平下显著负相关，这是因为我国上市公司规模越大，融资约束越小，财务柔性储备动机就越小，财务柔性水平就越低。企业资产负债率（LEV）与财务柔性在 1% 水平下显著负相关，这是因为资产负债率大的企业往往是那些容易获取信贷的企业，它们外部融资的成本较低，更容易获取银行借款，容易呈现出高负债率的状态，高负债率同时也是低财务柔性的体现。经营性净现金流（CF）、DIVID（支付现金股利为 1，未支付现金股利为 0）与财务柔性的相关关系不显著。一方面，说明具有财务柔性的上市公司在进行财务柔性管理时并不会特别关注当前的经营现金流；另一方面，说明目前我国企业通过权益支付获取财务柔性的途径尚未实现，财务柔性的水平和股利支付没有呈现出规律。企业上市年限（AGE）与财务柔性在 1% 水平下显著负相关，表明财务柔性水平和公司上市时间有一定的关系，这一关系来源于我国对新上市公司的货币资金储备量有较高的要求。

表 4-8 列示了模型（4-4）的线性回归结果，尽管 DIVID 与 FFI 没有显著相关性，调整 R^2 也只有 0.304，但这并不影响整个模型的回归结果在 1% 水平下显著。LEV、AGE 与 FFI 都在 1% 水平下显著负相关，DIVID 与 FFI 的相关性不显著，这与模型（4-3）的回归结果是一致的。模型（4-4）中 CF 与 FFI 显著负相关，说明在国有企业样本中，企业的财务柔性和经营现金流相关，经营净现金流大的国有企业效益好，投资资金有保障，储备财务柔性的需求就会降低。LOCAL（地方国有企业为 1，非地方国有企业为 0）与 FFI 在 1% 水平下显著负相关，验证了这部分研究的假设 H4-3，即中央国有的企业财务柔性高于地方国有企业。

模型（4-3）、（4-4）的实证结果分别验证了假设 H4-1、H4-3，即民营企业的财务柔性水平最高，地方国有企业的财务柔性水平最低，本章认为造成这种差异的原因是民营企业面临的融资约束最大，而中央国有企业存在严重的预算软约束。本章将在后面首先验证民营企业与国有企业财务柔性差异的原因，然后验证中央国有企业与地方国有企业财务柔性差异的原因。

表4-8　　　　　　　模型（4-3）、（4-4）实证结果

变量	模型（4-3）			模型（4-4）		
	FFI	t	Sig.	FFI	t	Sig.
SIZE	-0.009	-2.771	0.006	-0.009	-2.265	0.024
LEV	-1.024	-52.218	0.000	-0.769	-27.431	0.000
CF	-0.023	-0.996	0.319	-0.101	-3.159	0.002
DIVID	0.002	0.274	0.484	0.007	0.812	0.417
AGE	-0.002	-3.819	0.000	-0.001	-1.226	0.000
NAT	-0.026	-4.796	0.000			
LOCAL				-0.003	-2.396	0.002
Year	控制			控制		
IND	控制			控制		
R^2	0.418			0.306		
Adj-R^2	0.417			0.304		
F值	623.184		0.000	141.977		0.000

2. 产权性质与融资约束的回归结果与分析

（1）相关性检验。

同样地，为了检验因变量与其他变量之间是否存在线性相关关系，同时验证除因变量以外的变量之间是否存在共线性问题，首先以总体样本对模型（4-5）进行 Pearson 相关分析，表4-9列示了模型（4-5）相关分析结果。从表4-9可以看出，企业当期投资支出、营业收入和经营净现金流都与下期投资支出在1%水平下显著相关，说明模型控制变量的选取是合理的，下期投资支出与当期的经营经现金流正相关，证明了融资约束的存在。同时，该模型不存在严重共线性问题，解释变量之间的相关系数都小于0.5。

表4-9　　　　　　　相关性分析模型（4-5）

变量	$(I/K)_{i,t}$	$(I/K)_{i,t-1}$	$(Y/K)_{i,t-1}$	$(CF/K)_{i,t-1}$
$(I/K)_{i,t}$	1.000			
$(I/K)_{i,t-1}$	-0.539***	1.000		
$(Y/K)_{i,t-1}$	0.130***	-0.150***	1.000	
$(CF/K)_{i,t-1}$	0.201***	-0.173***	0.181***	1.000

注：*** 表示在1%水平下显著。

(2) 实证结果。

从表 4-10 和 4-11 可以看出，民营企业、国有企业、中央国有企业和地方国有企业样本回归模型（4-5）的调整后 R^2 分别是 0.422、0.349、0.396 和 0.486，说明模型（4-5）对这四个样本的拟合度都较好，而且在 1% 水平下显著。此外，模型中解释变量与被解释变量之间的相关关系都非常显著：①$(I/K)_{i,t}$ 与 $(I/K)_{i,t-1}$ 显著负相关，说明企业当期的投资支出会受到上期投资支出的影响，并且上期投资支出越多，当期投资支出就越少，原因可能是上期的投资消耗了一部分经营现金流，而本期投资支出对上期的现金流有依赖性，所以上期的投资增加会减少本期的投资；②$(I/K)_{i,t}$ 与 $(Y/K)_{i,t-1}$ 呈正相关关系，即上期营业收入正向影响本期投资，说明如果企业上年度的营业收入增加，本年度会出现增加投资的倾向，如购建固定资产、无形资产；③四个样本的 $(I/K)_{i,t}$ 与 $(CF/K)_{i,t-1}$ 都呈显著正相关关系，即投资—现金流敏感系数为正，说明我国上市公司无论是民营企业还是国有企业普遍存在融资约束，本期的投资支出对上期的经营净现金流有明显的依赖性，依靠自身现金流的留存满足部分投资需求；④民营企业、国有企业、中央国有企业与地方国有企业的投资—现金流敏感系数分别为 0.053、0.025、0.019、0.032，投资—现金流敏感系数越大，代表融资约束越大，所以民营企业的融资约束显著大于国有企业，而国有企业中地方国有企业的融资约束大于中央国有企业，该结论符合前面的理论分析，说明我国企业的产权性质对外部融资成本的影响确实是存在的，国有性质的企业很可能享有来自银行和政府的预算软约束待遇，而中央国有企业比地方国有企业更有权力和政策性动机从政府或银行获取更多特殊待遇，在融资方面有更大的优势；⑤前面已经验证了民营企业财务柔性高于国有企业的结论，表 4-10 也说明了民营企业面临的融资约束问题比国有企业严重，在不确定环境之下，融资约束成为民营企业储备财务柔性的主要原因，所以本章的 H4-2 得到了验证，即民营企业财务柔性高于国有企业的原因在于民营企业的融资约束高于国有企业的融资约束；⑥前面验证了中央国有企业财务柔性高于地方国有企业的结论，而表 4-11 证明中央国有企业的融资约束要小于地方国有企业，这与企业融资约束越大财务柔性就越高的说法相矛盾，说明中央国有企业财务柔性高于地方国有企业的原因不在于融资约束，很有可能是国有企业的预算软约束问题扭曲了融资约束等因素影响财务柔性的作用机理。

表4-10　　　　　民营与国有企业模型（4-5）实证结果

变量	民营企业			国有企业		
	$(I/K)_{i,t}$	t	Sig.	$(I/K)_{i,t}$	t	Sig.
$(I/K)_{i,t-1}$	-0.128	-28.980	0.000	-0.168	-32.253	0.000
$(I/K)^2_{i,t-1}$	0.370	12.349	0.000	0.480	19.269	0.000
$(Y/K)_{i,t-1}$	0.013	2.011	0.044	0.021	4.257	0.000
$(CF/K)_{i,t-1}$	0.053	6.768	0.000	0.025	4.818	0.000
Year	控制			控制		
IND	控制			控制		
R^2	0.423			0.349		
$Adj-R^2$	0.422			0.349		
F值	645.268		0.000	371.504		0.000

表4-11　　　　　中央与地方国有企业模型（4-5）实证结果

变量	中央国有企业			地方国有企业		
	$(I/K)_{i,t}$	t	Sig.	$(I/K)_{i,t}$	t	Sig.
$(I/K)_{i,t-1}$	-0.104	-24.325	0.000	-0.136	-37.512	0.000
$(I/K)^2_{i,t-1}$	0.297	11.013	0.000	0.452	18.385	0.000
$(Y/K)_{i,t-1}$	0.015	2.318	0.001	0.026	6.249	0.000
$(CF/K)_{i,t-1}$	0.019	4.277	0.002	0.032	8.462	0.000
Year	控制			控制		
IND	控制			控制		
R^2	0.393			0.487		
$Adj-R^2$	0.396			0.486		
F值	129.319		0.000	252.084		0.000

3. 国有企业预算软约束的回归结果与分析

（1）相关性检验。

以国有企业为样本对预算软约束检验模型（4-6）进行相关性检验，结果如表4-12所示。变量之间的相关系数都小于0.5，不存在严重的共线性问题。ROA与DEBT的相关系数为负数，且在1%水平下显著相关，初步表明我国国有企业的绩效与财务杠杆率呈负向关系，杠杆治理失效。

表 4-12　　　　　　　　　　模型（4-6）相关性分析

变量	ROA	DEBT	SIZE	GROWTH	CF
ROA	1.000				
DEBT	-0.105***	1.000			
SIZE	0.250***	0.197***	1.000		
GROWTH	0.080**	0.068**	0.145***	1.000	
CF	0.419***	-0.011	0.178***	-0.056*	1.000

注：*** 表示在1%水平下显著；** 表示在5%水平下显著；* 表示在10%水平下显著。

（2）实证结果。

表4-13列示了中央国有企业和地方国有企业模型（4-6）线性回归结果，可以看出模型的整个回归结果都在1%水平下显著，ROA在中央国有企业与地方国有企业样本中与DEBT都在1%水平下显著负相关，说明国有企业绩效与财务杠杆率负相关，杠杆治理失效，证明了预算软约束的存在。西方金融学理论认为债务融资可以减少经理层的代理成本，债权人在公司治理中扮演监督公司经营的角色，因而可以提升公司绩效。Kaplan（1989）对美国上市公司进行研究，发现高负债率有助于公司绩效的提升。而我国学者田利辉（2005）对我国国有上市公司样本进行实证研究，发现随着债务规模的扩大，经理层的公款消费和自由现金流增大，公司价值受损，他认为是预算软约束扭曲了杠杆治理效应。预算软约束的存在，导致债权人无法强制不能偿还债务的企业破产清算，无法真正起到监督者的作用，反而国家为了企业能继续经营会干预银行使其再次为企业提供贷款。在这种情况下，经理层会产生政府救援的预期，负债率的增加未必意味着经营风险的增加以及自由现金流的较少，因此经理层依然会侵蚀企业价值。中央国有企业的DEBT回归系数为-0.095，地方国有企业的DEBT回归系数为-0.071，说明中央国有企业的杠杆治理失效程度比地方国有企业严重，中央国有企业的预算软约束比地方国有企业严重。综合前面的结果，本部分验证了本章的H4-4，中央国有企业财务柔性高于地方国有企业的原因不在于融资约束，而在于中央国有企业的预算软约束高于地方国有企业。此外，ROA与其他控制变量的相关关系显著为正，说明我国国有企业的绩效和公司规模、成长性、经营净现金流正相关。

表 4-13　　　　中央与地方国有企业模型（4-6）实证结果

变量	中央国有企业			地方国有企业		
	ROA	t	Sig.	ROA	t	Sig.
DEBT	-0.095	-8.259	0.000	-0.071	-3.723	0.000
SIZE	0.016	9.748	0.000	0.013	4.935	0.000
GROWTH	0.006	1.227	0.045	0.010	2.144	0.032
CF	0.092	7.818	0.000	0.289	9.958	0.000
Year	控制			控制		
IND	控制			控制		
R^2	0.199			0.234		
$Adj-R^2$	0.196			0.228		
F 值	40.220		0.000	61.315		0.000

本部分将 1999~2013 年全部 A 股的数据经筛选后分为民营企业、地方国有企业、中央国有企业三种样本，首先在全样本和国有样本下分别实证检验国有企业与民营企业、地方国有企业与中央国有企业财务柔性水平的差异，检验结果表明假设 H4-1、H4-3 成立，产权性质与财务柔性之间有显著的相关关系。然后在全样本和国有样本下分别实证检验国有企业与民营企业、地方国有企业与中央国有企业融资约束大小的差异，检验结果接受了假设 H4-2 和部分 H4-4，即民营企业财务柔性高于国有企业的原因在于民营企业的融资约束大于国有企业，而中央国有企业的财务柔性高于地方国有企业的原因却不在于融资约束。分别对中央国有企业和地方国有企业的杠杆治理模型进行拟合，发现两者的 ROA 都与财务杠杆率负相关，证明了预算软约束的存在，而且中央国有企业的负效应比地方国有企业大，说明中央国有企业的预算软约束更严重，正是严重的预算软约束扭曲了融资约束对财务柔性的影响，使融资约束最小的中央国有企业的财务柔性水平反而高于融资约束较大的地方国有企业。

六、稳健性检验

本章从现金柔性与负债柔性两个方面定义财务柔性指数 FFI，实际上，企业除了提高现金持有率，还会通过提高其他变现能力较强的流动资产如存货、应收账款、预付账款等储备财务柔性,尤其是与关联企业间的往来,可以为企业的不时之需提供资金保障。因此本章从流动资产和负债两个方面重新定义财务柔性(FFI_2)以代替 FFI 进行稳健性检验。FFI_2 = 流动资产柔性 + 负债柔性 =(企业流动比率 - 行业平均流动比率)+(行业平均负债率 - 企业负债比率),流动比率 = 流动资产/总资产,负债比率 =(短期负债 + 长期负债)/总资产。将流动比率高于行业平均值且负债比率低于行业平均值的企业定义为财务柔性企业,作为研究样本。

表 4-14 列示了财务柔性(FFI_2)与产权性质的检验结果,模型(4-3)、模型(4-4)都在 1% 水平下显著,NAT 与 FFI_2,LOCAL 与 FFI_2 都在 1% 水平下显著负相关,该检验结果正好说明,国有企业的财务柔性小于民营企业的财务柔性,地方国有企业的财务柔性小于中央国有企业的财务柔性。其他控制变量的检验结果与实证结果相差无异。

表 4-14　　　　模型(4-3)、模型(4-4)稳健性检验结果

变量	模型(4-3)			模型(4-4)		
	FFI_2	t	Sig.	FFI_2	t	Sig.
SIZE	-0.010	-10.855	0.000	-0.012	-8.631	0.000
LEV	-0.156	-29.153	0.000	-0.228	-26.921	0.000
CF	-0.012	-4.878	0.000	-0.015	-2.587	0.010
DIVID	-0.004	-2.012	0.044	0.006	2.132	0.033
AGE	-0.002	-1.752	0.000	-0.001	-1.791	0.000
NAT	-0.020	-18.835	0.007			
LOCAL				-0.011	-4.104	0.000
Year	控制			控制		
IND	控制			控制		
R^2	0.168			0.297		
$Adj-R^2$	0.168			0.296		
F 值	262.547		0.000	226.934		0.000

表 4-15 和表 4-16 列示了民营企业、国有企业、中央国有企业与地方国有企业的投资—现金流敏感系数检验结果,模型(4-5)的调整后 R^2 分别为 0.277、0.240、0.212、0.259,拟合优度大于 0.2,并且整个模型都在 1% 水平下显著。与前面的实证结果一致,在 FFI_2 替代 FFI 后的样本中,本期投资支出与上期经营经现金流都在 1% 水平下显著正相关,中央国有企业的显著

性相对较低,说明我国上市公司普遍存在融资约束问题,中央国有企业的融资约束相对较小。民营企业、国有企业、中央国有企业与地方国有企业的投资—现金流敏感系数分别为 0.72、0.027、0.016、0.045,表明民营企业的投资对现金流敏感度最大,融资约束最大,地方国有企业次之,中央国有企业的投资对现金流敏感度最小,融资约束最小。

表 4-15　民营与国有企业模型 (4-5) 稳健性检验结果

变量	民营企业			国有企业		
	$(I/K)_{i,t}$	t	Sig.	$(I/K)_{i,t}$	t	Sig.
$(I/K)_{i,t-1}$	-1.146	-9.023	0.000	-0.241	-10.123	0.000
$(I/K)^2_{i,t-1}$	0.750	19.275	0.000	0.348	16.801	0.000
$(Y/K)_{i,t-1}$	0.005	1.289	0.073	-0.010	-7.684	0.000
$(CF/K)_{i,t-1}$	0.072	5.870	0.000	0.027	2.281	0.023
Year	控制			控制		
IND	控制			控制		
R^2	0.278			0.241		
Adj-R^2	0.277			0.240		
F 值	246.651		0.000	161.632		0.000

表 4-16　中央与地方国有企业模型 (4-5) 稳健性检验结果

变量	中央国有企业			地方国有企业		
	$(I/K)_{i,t}$	t	Sig.	$(I/K)_{i,t}$	t	Sig.
$(I/K)_{i,t-1}$	-0.200	-6.582	0.000	-0.310	-7.105	0.000
$(I/K)^2_{i,t-1}$	0.307	9.746	0.000	0.392	13.099	0.000
$(Y/K)_{i,t-1}$	-0.009	-5.058	0.000	-0.011	-5.727	0.000
$(CF/K)_{i,t-1}$	0.016	2.324	0.046	0.045	2.909	0.004
Year	控制			控制		
IND	控制			控制		
R^2	0.215			0.262		
Adj-R^2	0.212			0.259		
F 值	31.925		0.000	71.576		0.000

表 4-17 比较了中央国有企业与地方国有企业预算软约束的大小,模型 (4-6) 的调整后 R^2 虽然都不高,分别为 0.186、0.201,但依然在 1% 水平

下显著。中央国有企业和地方国有企业的绩效与杠杆率的相关系数分别为 -0.136和-0.084，都在1%水平下显著，说明我国有企业存在较严重的预算软约束，杠杆治理失效，中央国有企业的预算软约束明显比地方国有企业严重。

表4-17　中央与地方国有企业模型（4-6）稳健性检验结果

变量	中央国有企业			地方国有企业		
	ROA	t	Sig.	ROA	t	Sig.
DEBT	-0.136	-16.060	0.000	-0.084	-8.244	0.000
SIZE	0.021	14.942	0.000	0.010	7.899	0.000
GROWTH	0.007	1.201	0.052	0.011	4.391	0.000
CF	0.012	2.425	0.015	0.192	11.682	0.000
Year	控制			控制		
IND	控制			控制		
R^2	0.188			0.204		
$Adj-R^2$	0.186			0.201		
F值	62.846		0.000	93.467		0.000

七、结　　论

本章利用企业财务柔性高现金持有和低负债两种获取方式构造了财务柔性指数，在检验出产权性质与财务柔性存在相关关系的基础上，首先检验产权性质与融资约束的相关关系，然后比较中央国有企业与地方国有企业的预算软约束的大小，旨在研究三种产权性质企业的财务柔性水平不同的原因。本章对产权性质、融资约束与财务柔性之间影响机理的研究是目前学术界少有的，实证结果验证了理论分析与假设，并且通过了稳健性检验。本章主要得出了以下研究结论：

（1）我国民营企业的财务柔性高于国有企业，而中央国有企业的财务柔性高于地方国有企业。在显著水平都为1%时，NAT的相关系数是-0.026，LOCAL的相关系数是-0.003，这说明民营企业与国有企业财务柔性的差异比中央国有企业与地方国有企业财务柔性的差异要大很多，这是因为同是国有企业，地方国有企业与中央国有企业很多相似之处，同享政策、技术、融资等优势，虽有差异但不会相差很多。该结论说明民营企业会出于谨慎将更多地留存经营现金流以及维持较低的负债率，以备投资机会来临之需，而国有企业由于融资门槛低，投资机会出现时便能较快速便捷地获取外部融资，因此不用在内部保留过多的营运资本。研究发现，中央国有企业的财务柔性水平略高于地方国有企业，而中央国有企业比地方国有企业有更多的资源获得融资，说明中央国有企业储备财务柔性的动机不仅仅是融资约束，很有可能是预算软约束造成的资金相对充足的状态。

（2）民营企业的融资约束比国有企业大，中央国有企业的融资约束比地方国有企业小，民营企业财务柔性高于国有企业的原因在于融资约束，而中央国有企业的财务柔性高于地方国有企业的原因不在于融资约束。这部分研究利用投资—现金流敏感系数度量融资约束大小，拟合欧拉方程得到民营企业、国有企业、中央国有企业和地方国有企业的投资—现金流敏感系数，分别为 0.053、0.025、0.019 和 0.032。从回归检验结果可以看出，我国各产权性质的企业都面临较高的不同程度的融资约束，中央国有企业与地方国有企业的融资约束差异比民营企业与国有企业的融资约束差异小。民营企业的融资约束程度比国有企业高得多，因此民营企业储备财务柔性以缓解融资约束的动机比国有企业更强烈，可见，民营企业财务柔性高于国有企业的原因在于民营企业的融资约束高于国有企业。中央国有企业的财务柔性高于地方国有企业，而其融资约束却比地方国有企业小，可见两者都存在缓解融资约束而储备财务柔性的动机，但两者财务柔性差异不是由融资约束引起的。由于我国国有企业普遍存在预算软约束问题，预算软约束会改变企业融资约束的真实状态，中央国有企业和地方国有企业财务柔性水平不同很有可能是预算软约束造成的。

（3）中央国有企业的预算软约束高于地方国有企业，中央国有企业财务柔性高于地方国有企业的原因在于预算软约束。在前面结论的基础上，实证结果表明中央国有企业和地方国有企业存在显著的预算软约束，且中央国有企业的预算软约束高于地方国有企业，由此推论预算软约束是引起中央国有企业财务柔性比地方国有企业高的因素。因此，产权性质、融资约束、财务柔性之间的影响机理就是产权性质影响民营企业与国有企业的融资约束，影响中央国有企业与地方国有企业的预算软约束，而融资约束和预算软约束影响财务柔性，表现出来的就是不同产权的企业财务柔性水平不相同。民营企业的融资约束问题最严重，为了保障在融资困难的情况下能够抵御环境不确定性风险或者及时把握投资机会，必须实施财务柔性政策，提高财务柔性水平。国有企业的融资约束相对较低，保持较低的财务柔性，但是相对于地方国有企业，中央国有企业肩负更重要的政策性和社会性责任，需要保持较多的资金满足投资需要，由于中央政府的隐性担保，银行的信贷资金更多地流向中央国有企业，亦即预算约束"软化"，中央国有企业的超额现金持有量多于地方国有企业，表现为财务柔性比地方国有企业高。

通过上述研究，我们发现高财务柔性企业的变现能力强，抵御经营风险和财务风险的能力也较强，然而现金等流动资产获利能力低，增加了企业的机会成本。在一定范围内，财务柔性的提高可以提升企业绩效，达到某一水平后，就会出现投资不足、代理成本等问题，不利于企业价值最大化。从本章结论可以看出，我国很多上市公司呈现高财务柔性状态的一个主要原因就是面临严重的融资约束，尤其是民营企业，它们在融资方面受到不平等待遇，倾向于保持较高的流动性水平来缓解融资压力。因此，本章提出以下政策建议以降低民营企业的融资约束程度以及优化财务柔性管理方法。

（1）政府应该硬化预算约束，为民营企业融资打造一个公平公正的平台。由于政府的隐形担保，银行会大胆放心地贷款给国有企业，导致能配置给民营企业的资源就少了，于是民营企业的贷款条件苛刻，资本成本高。要缓解这一局势，政府需要逐步减少对国有企业的干预，让市场去决定资金的调配，避免对国有企业的过度扶持。另外，对于经营效益好、信誉优良的民营企业，政府应一视同仁地适当给予信用担保，为民营企业创造稳定、高效的发展环境。在政府逐步放手国有企业的同时，银行则应该建立财务硬约束来考察贷款对象，注重企业的中长期效益，而不是考虑短期内企业能否为银行带来利润，并以同等的资产、信誉等条件考核国有企业与民营企业，在没有政府为国有企业买单的情况下，客观公正选择贷款客户。

（2）发展中小金融机构，服务于民营企业和中小企业。目前，国有企业和大中企业占据着大量信贷资源，要拓宽民营企业及中小企业的融资渠道，就须大力发展中小金融机构，让社会资本进入金融市场。中小金融机构的发展会加剧金融市场的竞争力度，有助于推出更好的金融产品与服务，产品与服务的多样化增加了民营和中小企业的融资选择，从而降低融资成本。中小金融机构的发展不能没有政府与金融机构的共同努力。政府不仅要给予它们更多的政策规划与指导，还要完善对其的监督、保障体系。只有在有效的监督之下，中小金融机构才会规范化经营，在提高稳定性与可靠性的同时吸收更多社会资本使之流向能创造更大价值的企业。中小金融机构本身需要解决低应对风险能力、低可信度的问题，一方面需要考察客户的生产经营状况、固定资产使用状况以及存货等流动资产的可变现净值，全面掌握信息，准确测算各项贷款风险的大小；另一方面需要建立严格的内部控制制度，建立贷款管理责任制与贷款激励机制，使风险约束和风险激励相对称，并要强化贷后跟踪监测，降低贷款客户的违约风险。

（3）优化财务柔性管理，保持合理的财务柔性水平，多元化财务柔性获取方式。保持过高的现金水平会增加现金持有成本和代理成本，负债率过低不利于发挥财务杠杆效益，因此企业可以同时储备现金柔性和负债柔性，降低柔性储备成本。适当的股利支付向外界传递了企业经营效益好的信号，可以增强投资者信心，提高未来融资的可能性，然而过多的股利会导致现金流出过多，可能会影响企业的持续经营，因此企业可以根据经营情况和投资者心理合理安排股利分配政策以获取财务柔性。同时，企业还应建立财务柔性管理的内部控制制度，以防经理层的自利行为，降低由财务柔性而产生的代理成本，充分发挥财务柔性的缓冲作用。

第五章　产权性质、融资约束与营运资本最优规模

一、问题的提出

维持一个企业正常运转必须拥有合理的营运资本规模，可见营运资本对企业的重要性。营运资本由流动资产和流动负债组成，营运资本管理的核心就是加强对流动资产和流动负债的管理，以维持合理的营运资本规模，保证企业经营资金需求的同时尽可能降低资金的使用成本。毕马威会计师事务所（KPMG，2008）进行了一项企业营运资本管理现状调查，走访了欧美地区550多家大型企业，调查结果显示，83%的经理表示营运资本是日常管理的重点内容。由此可见，在企业管理过程中，管理层高度重视对营运资本规模的管理，究其原因，主要在于以下两个方面：一方面，营运资本规模过大，说明企业流动性强，变现能力高，但是资产利用率低，存货、应收账款周转速度慢，会降低企业的盈利能力；另一方面，营运资本规模过小，表明企业固定投资对流动性负债的依赖性较强，企业日常经营可能面临一定的困难。因此维持企业的正常运转需要确定一个合理的营运资本规模。2008年的国际金融危机让学术界和实务界都充分意识到管理好营运资本的重要性。在2008年金融危机的冲击下，营运资本管理效率低的企业反应较慢，受到的不利影响较大，严重的企业甚至面临破产倒闭的风险，相反，营运资本调整积极性高的企业在一定程度上缓解了金融危机对企业的不利影响。

近年来国外关于营运资本规模的研究形成两种对立观点。一方面，国外诸多文献指出企业存在营运资本过度投资现象，降低了企业绩效。Ernst 和 Young（2012）选取2011年美国1000家大型企业为研究样本，发现样本企业

的净营运资本过度投资金额在 3300 亿~5900 亿美元，相当于企业营业收入的 3%~6%。Ek 和 Guerin（2011）研究发现大多数企业存在营运资本过度投资问题，营运资本投资效率有待提高，净营运资本过度投资会导致企业错失能实现价值增值的投资机会，可能造成企业的资产运用效率低下，面临较高的资本成本，降低企业价值。Wang（2002）、Denis 和 Sibilkov（2010）、Kieschnick（2013）以及 Karaduman（2011）等研究发现增加营运资本规模需要额外的融资，会导致融资成本和机会成本不断增加，因此营运资本规模较大的公司会产生较高的利息费用，面临较大的破产风险。另一方面，营运资本投资不足可能会导致企业不能按时还款付息，错失采购机会，信用受损，重则导致企业资金链断裂，最终破产。Blinder 和 Maccini（1991）、Fazzari 和 Petersen（1993）以及 Corsten（2004）指出对于营运资本规模较小的企业，增加存货投资可以最小化缺货成本，降低供给成本，减少价格波动对企业销售产生的不利影响，因此增加营运资本投资能有效促进企业实现价值增值。Brennan 等（1988）、Long 等（1993）、Summers 和 Wilson（2002）认为提供商业信用会增加企业的销售收入，因为商业信用是对产品质量的保证，能够稳固企业与顾客之间的长期合作关系。Jose，Lancaster 和 Stevens（1996），Lazaridis 和 Tryofonidis（2006）以及 Gill，Biger 和 Mathur（2010）研究发现增加营运资本投资对企业盈利能力具有显著的正向影响。少数国外学者如 Caballero 和 Teruel（2014）以及 Nihat Aktas 等（2015）研究验证了企业存在营运资本的最优规模，企业营运资本规模汇聚于该最优规模时能够提高企业绩效，即企业营运资本投资低于营运资本最优规模时，营运资本规模变大能提高企业绩效，而超过该营运资本最优规模后，营运资本规模与企业绩效呈负相关关系。营运资本投资维持在最优规模时企业绩效达到最大化。

中国市场具有新兴加转轨时期的双重特征，外部资本市场的制度尚未建立完善，国有企业和民营企业在获得银行信贷资金、政府补助等方面存在差异，不同产权性质企业的营运资本需求量也存在差异。Huberman（1984）的理论分析表明企业进行流动性管理的根本动因在于企业存在融资约束，而面临的融资约束程度越严重，持有流动资产的边际收益就越高，企业对流动资产的需求也越大。Fazzari 等（1993）研究表明企业受到外部融资限制时，内部资金将成为外部资金的替代性选择，而面临融资约束的企业不会相同比例地减少各种内部资金，而是依据调整成本的高低对内部资金各项目进行调整，即调整成本高的项目减少的比例越低，调整成本低的项目减少的投资比例越大,直到各项目投资的边际收益相等。营运资本具有流动性强、易变现的特征,因此相比其他投资,营运资本的调整成本低,企业受到外部融资约束时,会优先考虑调整营运资本规模。连玉君等(2010)认为融资约束的存在提高了企业投资选择权的价值,因此保持较大的营运资本规模有利于企业适时把握能促进企业增长的投资机会。在中国特殊制度背景下,民营企业面临外部融资约束程度明显高于国有企业。一方面,相比于国有企业,民营企业一般规模较小,管理监督机制不到位,与银行存在严重的信息不对称,因此银行考虑到将信贷风险控制在合理范围内,往往惜于向民营企业提供贷款;另一方面,在国有企业中,由于国有股权的存在,其经营活动更多地代表了政府利益,因此国有企业较容易从银行获取企业投资所需资金,民营企业所遭遇的信贷歧视更为严重。基于我国的制度背景,营运资本在不同产权性质企业中发挥的作用不同。对于民营企业而言,当外部融资不能满足企业固定投资需要时,企业可以通过调整营运资本规模来保持固定投资的稳定性,进而保障企业持续发展;而国有企业较容易从外部获得信贷资金,由于营运资本盈利能力较差,持有过多的营运资本会增加企业的资本成本和相关费用,从而降低企业整体绩效。

由于信贷歧视,不同产权性质企业的营运资本规模及调整策略不同。周铭山(2012)研究发现,由于民营企业受到的外部融资限制较为严重,相比国有企业,对流动性管理更为重视,流动资产的调整积极性也高于国有企业,民营企业会以更快的速度向长期平均的现金持有量调整。吴娜(2013)实证结果显示,企业存在营运资本最优规模,企业的营运资本规模会向营运资本最优规模调整,面临融资约束程度的差异会导致企业的营运资本规模向营运资本最优规模调整的速度不同,具体来说,有融资约束企业的调整速度比无融资约束企业的调整速度快。

企业作为以盈利为目的的组织,其经营活动、投资活动和融资活动都是为了实现企业价值最大化。诸多研究表明营运资本规模的大小会影响企业绩效。然而,目前国内的研究聚焦在如何提高营运资本管理效率,忽视融资约束对产权性质与营运资本最优规模的内在影响机理和作用,从而使营运资本投资偏离最优规模。然而企业营运资本最优规模如何确定?产权性质对营运资本最优规模的影响如何?融资约束对不同产权性质企业的营运资本最优规模是否产生影响?这些问题都还需要进一步研究和探讨。

营运资本规模的研究一直受到学者的重点关注，本章主要验证企业是否存在营运资本最优规模，同时研究产权性质对营运资本最优规模的影响，且进一步检验基于融资约束角度的产权性质影响营运资本最优规模的机理。本章的研究具有重要的理论意义和实践价值。

理论意义方面，国内外学者对于营运资本规模的研究尚未得到统一的结论。例如，Jose（1996）、Deloof（2003）和李洁（2011）等认为营运资本规模正向影响企业绩效；也有学者如 Kieschnick（2011）、孔宁宁（2009）等认为两者之间存在负相关关系即增加营运资本投资会降低企业绩效。上述正反两方面证据表明企业可能存在营运资本最优规模，同时 Sonia Banos – Caballero 等（2014）和 Nihat Aktas 等（2015）研究中验证了企业存在营运资本最优规模，企业营运资本投资汇聚于该最优规模能够提高企业绩效。本章的假设是建立在以上学者的研究基础上，以我国非金融业上市公司为研究样本，假设营运资本规模与企业绩效存在倒"U"形关系，即存在营运资本最优规模使企业绩效达到最大化。同时，本章结合中国特殊制度背景，探讨产权性质对营运资本最优规模的影响，并进一步检验融资约束对产权性质与营运资本最优规模的内在影响机理和作用，力图构建确定营运资本最优规模的模型，目前在国内少有研究，补充了中国特殊产权背景下营运资本规模的研究思路和理论体系的相关不足。

现实意义方面，在企业实务中，营运资本投资决策是企业短期财务管理的重要组成部分，关系到企业销售及采购业务等生产经营环节，会影响企业利润目标的实现。当营运资本投资不足时，缺货成本及销售折扣等都将降低企业绩效；反之，当营运资本过度投资时，企业会面临较高的利息费用和破产风险。确定合理的营运资本规模不仅能够优化企业的供应链管理和短期财务管理，还能降低企业的融资成本和利息费用，提高企业的盈利能力。而国内以往的研究主要关注营运资本规模与企业绩效的线性相关关系，极少有学者考虑到存在营运资本最优规模使企业绩效最大化。如果本章的研究验证了存在营运资本最优规模，企业就可以根据自身外部融资条件和投资需求来调整营运资本规模，在满足企业日常经营需要的前提下，通过调整营运资本规模的大小，适时把握能促进企业价值增长的投资机会，提高企业的资金利用效率，降低资本成本。企业营运资本规模向营运资本最优规模调整的速度越快，企业的竞争力就越强，从而促进企业实现价值最大化的目标。

二、文献综述

本章对国内外营运资本最优规模的文献进行梳理,发现国内外文献对于营运资本规模的研究主要侧重于营运资本规模对企业绩效的影响,主要形成两种对立观点,即营运资本规模正向影响企业绩效和负向影响企业绩效。在已有研究的基础上,近年来国外学者通过理论和实证研究得出企业存在营运资本最优规模,而国内学者对营运资本最优规模的研究却十分罕见。本章考虑到我国特殊的产权背景及新兴市场国家的资本市场特征,梳理了产权性质对营运资本最优规模的影响以及基于融资约束角度的产权性质影响营运资本最优规模机理的文献,以进一步研究我国的特殊制度背景下的营运资本最优规模。

(一) 营运资本最优规模的研究综述

国内外近年来涌现出较多关于营运资本规模的研究,并且已经取得了很大成果,但目前的研究结论并不统一,得出的主要结论是营运资本规模正向或负向影响企业绩效。

一方面,诸多学者研究发现营运资本规模正向影响企业绩效。Blinder 和 Maccini (1991) 指出增加存货库存量可以降低供给成本,减少价格波动,防止生产环节出错导致弥补空间较小及无备用产成品来满足预期之外的订单;李洁 (2011) 的研究同样发现存货周转期与企业绩效呈显著的正相关关系;Summers 和 Wilson (2002) 提出给购买者提供商业信用会给公司的销售收入带来正面影响,因为商业信用考虑了价格限制,也是对产品质量的保证,同时能使企业与购买者之间的长期合作关系更加稳固;Lazaridis 和 Tryofonidis (2006) 的研究发现应付账款周转期正向影响企业的盈利能力,即如果企业能够占有更多供应商的货款,可以有效降低营运资金成本,从而提高企业整体绩效水平;Gill, Biger 和 Mathur (2010) 研究发现现金周期显著地影响企业盈利能力,现金周期越长企业盈利能力越强。另一方面,也有许多学者得出了相反的结论。Jose, Lancaster 和 Stevens (1996) 以美国上市企业连续 20 年的数据作为研究样本,运用非参数检验和多元回归分析研究营运资本政策对企业盈利能力的影响,结果表明激进的营运资本投资政策能有效提高企业的盈利能力;Shin 和 Soenen

(1998) 以美国企业为研究样本,选取净营运周期作为营运资本规模的代理变量,建立线性回归模型,实证结果显示净营运周期与企业的盈利能力和股东回报均呈显著的负相关关系,即净营运周期越短,营运资本规模越小,企业盈利能力越强,股东回报越大。然而分行业检验营运资本规模与企业绩效之间的关系,各行业的实证结果并不一致,说明行业因素会影响营运资本的目标规模。Wang(2002)采用日本企业作为研究样本,以现金周转期作为衡量营运资本规模的指标,研究营运资本规模与企业绩效之间的关系,研究结果与 Shin 和 Soenen 的结论一致,即现金周转期与企业绩效的代理变量总资产收益率、净资产收益率均呈显著的负相关关系,相比价值低的企业,价值高的企业对应的营运资本规模较小,而不同行业营运资本规模影响企业绩效的显著性也不同。孔宁宁等(2009)以我国 519 家制造业 A 股上市企业 2004～2006 年连续三年的数据为样本,选取综合指标现金周期作为营运资本管理效率的代理变量,研究营运资本管理效率如何影响企业的盈利能力,研究结果表明现金周期与企业的盈利能力呈显著的负相关关系,且现金周期的各组成部分即应收账款周转期、存货周转期和应付账款周转期均反向影响企业的盈利能力。Denis 和 Sibilkov(2010)研究发现企业面临融资约束程度强时,保持较大的营运资本投资规模有利于企业规避短期财务风险,避免由于资金短缺导致企业错失好的投资机会,相应地也会产生较高的外部融资成本,如果企业外部融资费用高于持有较多的营运资本带来的收益,营运资本规模将会反向影响企业绩效。李洁(2011)以我国深市 199 家中小板上市公司为研究样本,检验营运资本规模对企业绩效的影响,实证结果表明现金周期越长,企业的盈利能力越差,应收账款周转期负向影响企业绩效,说明企业管理层可以根据自身情况制定合理的营运资本管理政策,提高营运资本管理效率,将营运资本规模控制在合理范围内,能够提高企业绩效。Kieschnick(2013)以 1990～2006 年美国上市公司为样本研究营运资本管理与股东财富之间的关系,研究发现净营运资本投资价值低于企业持有现金的平均价值。营运资本规模过大,使企业需要额外的融资,相应地会增加企业的融资成本和机会成本,因此营运资本规模较大的企业会面临较高的利息费用和破产风险。Karaduman(2011)研究发现代表营运资本规模的现金周转期指标与企业的盈利性呈显著的负相关关系。而 Garcia-teruel 和 Martinez-solano(2007)及 Gill,Biger 和 Mathur(2010)的研究却发现应付账款周转期对盈利能力没有显著的影响。

还有少数国内外学者研究发现营运资本规模与企业绩效之间呈倒"U"

形相关关系，即存在营运资本最优规模使企业绩效最大化。吴娜（2013）在 Caballero 和 Teruel（2010）营运资本目标需求模型的基础上，采用 2000～2011 年的面板数据，选用固定效应模型进行回归分析，实证结果显示企业存在营运资本最优规模，且面临不同融资约束程度企业的营运资本规模会以不同的速度向营运资本最优规模调整。Banos – Caballero 和 Teruel（2014）以英国公司为样本研究营运资本规模与企业绩效之间的非线性关系，采用净营运周期衡量营运资本规模，引入营运资本规模的二次项进行回归，得出净营运周期与企业绩效之间呈倒"U"形相关关系，即企业存在营运资本最优规模为 66.95 天，当营运资本规模小于该最优规模时，增加营运资本投资能提高企业绩效；反之，当营运资本规模大于最优规模时，减少营运资本投资能提高企业绩效。Nihat Aktas 等（2015）以 1982～2011 年美国企业为研究样本，验证了企业存在营运资本最优规模，且验证了有效的营运资本管理使企业调动未充分利用的资源进行投资，从而提高企业绩效。

综上所述，营运资本规模一直都是学者研究的热点，国内外学者对营运资本规模研究从最初的两种对立的观点即营运资本规模对企业绩效的或正面或负面的影响，逐渐开始关注营运资本规模是否存在一个平衡点使企业绩效达到最大化。企业实务中同样也需要确定一个营运资本最优规模在最大化企业绩效的同时尽可能地降低风险。相较于国外学术界一直以来对营运资本规模的关注，国内对营运资本规模的研究较为滞后，也存在一定不足。首先，国内学者所关注的主要通过营运资本的单项指标来衡量企业营运资本规模，很少将营运资本作为整体进行研究，而国外学者一般直接采用综合性指标衡量营运资本规模；其次，从前面总结的研究结果看出，大部分研究只假设营运资本规模与企业绩效之间单调相关，没有考虑到可能存在营运资本最优规模促使企业绩效最大化，即营运资本规模与企业绩效之间存在倒"U"形相关关系，国外有少数学者研究过两者之间呈倒"U"形关系即存在营运资本最优规模，因此在对中国企业的研究中有必要拓宽对营运资本规模的研究思路。

(二) 产权性质对营运资本最优规模的影响研究综述

有关营运资本最优规模的研究不论在国外还是国内都很少见，目前只有少数学者提供了存在营运资本最优规模的经验证据，而基于中国特殊的制度背景，有必要将产权性质与营运资本最优规模相结合进行研究。国内外对于产权背景导致企业外部融资上差异的证据较为充分，但关于不同产权性质企业的内部财务行为的差异研究相对较少。Petersen 和 Rajan（1994）研究发现企业通过和银行建立良好的关系，有助于银行获取企业大量的内部信息，缓解了企业和银行之间严重的信息不对称问题，从而使企业更容易从银行获得贷款。Lin 等（2008）和 Firth 等（2008）选取中国企业作为研究样本，研究发现国有企业比民营企业具有更大的融资优势。这种优势主要体现在两个方面：一方面，国有企业的实际控制人是国家，因此国有企业承担着诸如稳定就业等大量社会职能，意味着国有企业更容易获得政府补助和财政拨款；另一方面，当国有企业面临财务困境时，政府可以凭借自身的政治力量给银行施压，使国有企业更容易获得银行贷款。Song 等（2011）研究发现在整个经济层面上私营企业存在融资约束问题。曹敏等（2003）研究发现我国的信贷资金主要来源于四大国有银行，国有企业与这些国有银行都归属于政府所有，加深了国有企业和国有银行之间的关系，使国有企业较容易获得银行信贷资金，而政府对国有企业的"关爱"进一步巩固了国有企业的融资优势；相对而言，民营企业与银行存在严重的信息不对称，一般依靠内部资金的不断积累来实现自身发展，使民营企业与商业银行之间的互动更少，因此民营企业更难获得银行贷款。辛清泉等（2007）研究发现尽管中央政府控制企业和地方政府控制企业均属于国有企业，但是两者在投资效率方面仍存在一定差异，因为地方政府和中央政府拥有的权限及控制的资源不同。中央政府控制企业经营的业务一般集中在自然垄断行业，规模较大，往往关系到国家经济和人民生活，因此成为国家的重点监管对象，使企业的内部治理结构较为完善，有效抑制了管理层的"寻租"行为，缓解了因委托代理问题导致的过度投资问题。而地方政府控制企业往往成为地方政府承担发展经济、促进就业等社会承担的重要平台，而且地方政府还受到政绩考核的压力，因此地方政府控制企业的委托代理冲突和预算软约束问题更为突出，更容易发生企业过度投资行为。罗琦等（2011）实证研究发现在控股股东道德风险导致的融资约束条件下，管理层对资产的存在方式具有一定偏好，企业倾向于持有更多的流动性资金。张敏等（2010）研究发现国有企业和民营企业对风险的偏好程度不同，这种差异直接导致了不同产权性质企业对各投资项目的偏好不同，国有企业偏向于投资风险较低的营运资本，导致国有企业营运资本过度投资，经营效率低下。许罡等（2012）研究发现国有企业在面临投资资金不足的情况时，更有动机和能力去寻求政府补助和银行贷款，而民营企业受到严重的融资歧视，获得政府补助的难度大，因此民营企业为了预防未来投资资金不足的风险，更倾向于提高营运资本管理效率，保持较高的流动性，当出现好的投资机会时通过调整营运资本规模满足投资资金需求，从而实现自身价值的持续增长。由此可见，我国特殊的制度背景造成了国有企业和民营企业遭受的融资约束程度不同，从而不同产权性质的企业营运资本规模的目标需求存在差异，民营企业投资更可能依赖于营运资本管理效率的提高。

综上所述，国外学者主要基于信息不对称理论和代理理论分析企业获取外部资金的能力对营运资本规模的影响，而国内一些学者则基于产权理论和委托-代理理论研究中国制度背景下企业的流动性资金管理。对于具有转型经济与发展经济双重特征的中国而言，其特殊性一方面体现在中国的资本市场发展不全面，结构不完善。我国的证券市场起步较晚，与资本市场上的其他融资方式相比，进入证券市场的门槛较高，因此能从证券市场上获取资金的企业数量较少，在整个资本市场中证券市场在企业外部融资中起的作用有限，而且证券市场中存在大量的投机者，降低了其资源配置效率。因此目前企业的外部融资主要依赖银行借款，而银行对民营企业的信贷歧视导致了民营企业的内部融资成本明显高于外部融资成本，民营企业比国有企业面临更严重的外部融资约束，因此民营企业将更积极地进行营运资本管理，调整营运资本的收益大于成本。另一方面则体现在国有企业的委托代理链条较长，其内部的治理结构不完善，缺乏有效的激励机制。计方等（2014）研究表明基于中国的特殊产权背景，相对于民营企业，国有企业具有天然的融资优势，但是由于国有股权的存在也使国有企业成为政府实现其政治目标的平台，而政府承担的社会目标往往与企业最大化的目标存在冲突。而政府为了完成各项政绩指标，不仅需要国有企业的参与，有时候还要求国有企业牺牲自身的利益，导致国有企业有时候不得不放弃那些能促进企业价值增长的投资项目，维持较高的营运资本规模以防止业绩大幅度下滑的风险。与国有企业相比，民营企业更专注于实现自身价值最大化，因此民营企业的营运资本管理效率一般高于国有企业；而民营企业受自身规模和社会关系等因素的影响，获取外部资金的能力较弱，也使民营企业更有动机管理好营运资本。不同产权性质的企业因其政治背景和融资能力不同，使其营运资本最优规模也存在差异。

（三）基于融资约束角度的产权性质影响营运资本最优规模综述

融资约束对营运资本规模的影响是国内外学者关注的焦点，而基于融资约束角度的产权性质影响营运资本最优规模的机理却鲜有研究。Keynes（1936）很早开始关注融资约束对企业流动性管理的影响，研究指出在完美资本市场下，企业无须持有营运资本，因为企业可以随时从外部获取所需资金，然而现实中资本市场的不完美，使企业较难从外部资本市场获取融资，内部资金就成为企业融资的替代性选择，因此维持一定的营运资本规模能有效提高企业价值。Huberman（1984）研究发现融资约束的存在是企业进行流动性管理的根本动因，即企业面临的融资约束越强，对流动性资产的需求也越大，而流动资产需求的增加必然会导致营运资本规模变大。Fazzari 和 Petersen（1993）研究发现相比固定投资，营运资本投资规模对融资约束更为敏感。Chirinko（1993）研究发现在企业无法获得外部融资或者外部融资成本太高时，营运资本因其流动性强易变现成为企业融资的缓冲垫，企业通过缩小营运资本规模即出售存货或加速应收账款周转等方式来满足企业资本性投资的资金需要。Kokkelenberg 和 Bischoff（1986）、Lichtenberg（1988）等人的研究表明固定资本投资不具有可逆性，调整成本很高，因此企业希望尽可能维持一个稳定的固定资本投资规模，但是面临融资约束问题的企业难以依赖外部融资来缓解固定资本投资的波动，因此调整成本低的营运资本成为融资约束企业实现这一目标的最好选择。Cooper 和 Haltiwanger（2006）也指出如果企业的投资规模需要进行调整，会导致人工费用、存货成本和机会成本等成本费用的增加，因此调整成本高的投资具有不可逆性，企业应维持调整成本高的投资规模的稳定。然而维持投资规模的稳定所需资金的来源是企业需要解决的关键问题。企业的资金要么来源于外部融资要么来自内部资金，而信息不对称和代理冲突等问题导致企业进行外部融资的成本较高，因此企业投资所需的资金不能完全依赖外部融资。而企业的内部现金流也受政治和法律环境、宏观经济环境、产业内竞争环境和自身核心能力等因素的影响，不确定性很强。在企业受到外部融资约束和内部现金流不确定的情况下，企业要维持固定投资的平稳可以通过调整营运资本规模的大小，来获取企业投资所需资金。具体来说，营运资本主要包括应收账款、存货和应付账款，对营运资本规模的调整就是对各营运资本具体项目的调整。当企业现有资金无法满足投资需要时，一方面企业可以加快应收账款流动的速度，减少应收账款转换为现金所需要的时间，企业也可以制定较严格的赊销政策、设定存货抵押等方式加快流动资产的变现速度；另一方面，企业可以通过向供应商争取更优惠的信用条件，以延长付款期限，从而减少应付账款的付现，为企业投资争取更多的资金。

国内学者沿着这一研究思路，研究我国金融发展相对滞后的情况下融资约束对不同产权性质企业营运资本最优规模的影响。连玉君等（2010）研究发现企业投资选择权的价值会随着融资约束程度加强而提高，因此，如果企业需要争取好的投资机会，有必要保持较高的流动性，调整流动性资产的收益将大于成本。而且企业基于投资需要调整营运资本的行为明显受企业的融资约束程度的影响，受融资约束强的企业调整营运资本规模的积极性明显高于受融资约束弱的企业。刘康兵（2012）选取1998~2006年的制造业A股上市企业为样本实证分析了企业面临融资约束时营运资本规模对固定资本投资行为的影响，结果表明营运资本能够平滑固定投资的波动，面临融资约束的企业会通过降低营运资本投资规模甚至采用营运资本负投资来缓解企业资金不足所导致的固定投资波动，而在按国有股比例大小分类的两个子样本中，国有股比例小的一组受到的融资约束程度明显高于国有股比例大的一组，即国有企业的融资约束程度明显低于民营企业。鞠晓生（2013）的研究发现在中国资本市场发展不完善的不利条件下，我国企业仍然能持续地进行创新活动的途径是依赖企业内部资金的积累和营运资本规模的动态调整。由于营运资本调整成本低，具有可逆性，因此融资约束强的企业可能会通过缩小营运资本投资规模来缓解融资约束对企业投资所造成的不利冲击，为了充分释放企业短期流动性，有些企业甚至通过营运资本负投资来完成维持企业固定投资的稳定性的这一企业目标。吴娜等（2013）构建了营运资本投资规模的动态调整模型，研究表明营运资本规模向最优规模的调整速度受到企业融资约束程度的影响，融资约束程度强的企业营运资本规模向最优规模的调整速度比融资约束程度弱的企业快。曾义（2015）结合企业产权性质和金融发展研究了营运资本规模的调整在维持企业固定投资的稳定性所起的作用，结果表明营运资本规模的调整能够平滑企业资本性投资的波动，在融资约束更为严重的民营企业这种平滑效果更为显著，为融资约束影响不同产权性质企业的营运资本规模提供了经验证据。

国内外学者的研究都表明营运资本流动性强，调整成本低于固定成本，因此，在企业受到融资限制的情况下，会倾向于缩小营运资本投资规模甚至进行营运资本负投资，以此释放企业的流动性来缓解企业受到的外部融资限制和内部财务不利冲击，满足企业调整成本高的投资需求。从上述文献分析可以发现，企业可能存在营运资本最优规模，且不同产权性质企业的营运资本最优规模存在差异,那么这种差异是否由于不同产权性质企业面临的融资约束程度不同。国内学者不曾关注基于融资约束角度分析不同产权性质企业营运资本最优规模的差异,这样不利于指导不同产权性质企业面临不同融资约束程度下的营运资本管理。企业面临的经营环境日益复杂,营运资本规模作为企业流动性的重要衡量指标,如果管理不善将危及企业的持续经营,经营者必须根据当前企业的经营状况科学地调整营运资本规模,尤其是对于受到融资约束的企业,这样才能有效降低争取好的投资机会时资金不足的风险。

基于以上对营运资本最优规模、产权性质对营运资本最优规模的影响及基于融资约束角度的产权性质影响营运资本最优规模机理的文献梳理及分析,可以看出,与营运资本规模有关的研究大部分集中在市场化程度和金融发展水平较高、市场监管法规较完善、公司治理水平较高的西方国家,国内学者的研究大多建立在国外的研究基础进行。从营运资本规模的现有研究中可以发现,营运资本规模过小时,增加营运资本投资能有效降低缺货成本,增加销售收入,提高企业的盈利能力;而营运资本规模过大会产生较高的融资成本,使企业面临较大的破产风险。这表明企业的营运资本存在最优规模使企业绩效达到最大化。国内直接研究营运资本最优规模的文献十分罕见,吴娜(2013)研究发现企业存在营运资本最优规模,间接文献是有关营运资本规模影响企业绩效的研究。国外学者主要关注企业获取外部资金的能力对营运资本最优规模的影响,由于中国具有特殊的制度背景,对营运资本最优规模的研究应结合中国企业的产权性质。现有国内研究主要是关于不同产权性质企业的流动性资金管理,研究表明民营企业获取外部资金的难度明显大于国有企业,相比国有企业,民营企业倾向于维持较高的流动性水平。国内缺少较为规范的直接研究产权性质对营运资本最优规模影响的文献,而不同产权性质企业的营运资本规模必然会有所差异。因此,本章在研究营运资本最优规模的基础上,分析产权性质是否影响营运资本最优规模,并进一步探讨不同产权性质企业营运资本规模的差异是否与面临的不同融资约束程度有关。

三、民营与国有企业融资约束对营运资本最优规模影响的理论分析与研究假设

在对国内外文献梳理的基础上,本章运用MM理论、信息不对称理论和

代理理论分析企业存在营运资本最优规模的机理,同时结合产权理论和融资约束理论分析产权性质对营运资本最优规模的影响以及基于融资约束角度的产权性质影响营运资本最优规模的机理,从而提出本章的假设。

(一) 企业存在营运资本最优规模的理论依据

根据经典的 MM 理论,在资本市场完美并有效运行的前提下,企业的资本结构与资本成本、企业价值无关,或者说企业负债与否不影响其价值,在企业的投融资决策中表现为:在绝对完美的资本市场中,企业可以不受限制地进行外部融资,原则上企业可以投资于任何净现值为正的投资项目。但 Myers 和 Majluf (1984) 从信息不对称的角度指出市场中的买卖双方不可能完全掌握对方获取的关于商品的全部信息,在通常情况下,资本市场中的卖方拥有的商品信息比买方更多,而掌握信息较多的一方在交易中比掌握信息较少的一方拥有更多有利条件,处于信息优势地位的一方相当于在谈判中获得了胜利的筹码。而买方与卖方的信息不对称影响了资本市场中的契约公平性,妨碍了正常交易关系的建立,可能导致市场效率低下。信息不对称存在于企业管理的方方面面,尤其是企业进行外部融资时,信息不对称会增加企业外部融资成本。企业进行外部融资时,由于经营者能获得的自身企业的相关信息明显多于外部投资者所能获取的关于企业的信息,外部投资者有强烈的动机采取各种手段以防止经营者的道德风险和逆向选择损害其经济利益,这无疑会增加外部融资的资本成本。企业进行外部融资无非是股权融资和债权融资。企业进行债券融资时,债权人为了防止经营者或股东损害其利益,债权人会通过限制资金使用用途、提高贷款利率、约定债转股条件等手段保证本金和利息的收回,显然这增加了企业获得债券融资的交易成本;企业进行股权融资时,股东拥有的企业信息并不完全,因此股东对于企业发展的预期有所差异,这种差异直接影响到股票的价格,而且企业进行股权融资会产生认购费用、登记费用等,进一步增加了股权融资的成本。相比外部融资,内部融资成本要低很多,因为经营者充分了解关于企业内部资金和投资项目的信息,并且经营者有权决定内部资金的用途,一般情况下不存在信息不对称问题。外部投资者和经营者之间掌握信息的不同,导致了外部融资成本要高于内部融资成本,由此产生了外部融资约束。依据此推论,Fazzari 等 (1988) 首先对企业是否存在外部融资约束进行了实证检验,结果证实了存在外部融资约束现象。随后,国内外许多学者也加入了外部融资约束这一领域的研究,虽然得出的具体结论有所不同,但是大多数学者的研究都证实了不同类型的企业面临的融资约束程度不同,而发展中国家的企业面临的融资约束问题比发达国家更为严重。我国是发展中国家,资本市场发展尚不完善,我国企业普遍存在融资约束问题,不同产权性质企业的融资约束程度有所差异,使企业的投资和融资决策都受到影响,营运资本投资规模当然也不例外。

营运资本作为企业资本中流动性最强的组成部分,营运资本的投资和收回都是不断循环的过程,因此保证营运资本的高效运转和有效管理,才能建立起企业供、产、销三个环节的有效衔接,才能使企业得以生存和持续发展。Groth(1992)把营运资本也看作企业投资的一部分,企业进行投资的预期是希望以最低的资金成本获得最大的收益,这就要求企业对营运资本规模进行有效管理,揭示了营运资本投资的风险和收益会对企业绩效产生影响。一些学者如 Deloof(2003)认为营运资本规模大能增加企业的销售收入,使企业获得更高的现金折扣,从而提高企业绩效。而有些学者如 Kieschnick 等(2011)则认为营运资本规模越大所占用的资金越多,相应地对企业的融资能力要求较高,也会增加企业的融资成本,如果不能对营运资本投资规模实施有效的管理,会大大增加企业的破产风险。Lee 和 Wu(1988)研究发现非流动性项目的调整成本要高于流动性项目。Peles 和 Schneller(1989)认为由于流动性项目在较大的程度上受企业自身的控制,短期内调整流动性资产较为容易,企业流动资产投资存在目标值,并具体分析了持续性的调整流动资产项目持有比例对于提高企业绩效非常重要。孔宁宁(2009)研究表明管理层可以通过制定适当的营运资本管理政策,将营运资本控制在合理的最优规模,实现营运资本的有效周转,提高企业绩效。连玉君(2010)认为融资约束使企业需要维持一定的营运资本规模,但是流动资产的低收益性决定了公司不能过多持有,使企业更有动机将营运资本投资维持在一个最优的规模。吴娜(2013)研究也指出企业存在目标营运资本需求,并且营运资本规模偏离目标需求后企业会进行调整。已有国外学者证实了营运资本最优规模的存在,Caballero 和 Teruel(2014)、Nihat Aktas 等(2015)分别以英国上市企业和美国企业为研究样本,均验证了企业存在营运资本最优规模,即当营运资本投资小于该最优规模时,营运资本规模正向影响企业绩效;当营运资本投资大于最优规模时,营运资本规模反向影响企业绩效,即企业通过调整营运资本投资规模使其接近最优规模能有效提高企业绩效。

基于上述分析，保持较高的流动性有助于企业把握投资机会，然而营运资本过度投资也会导致企业面临较高的融资成本，因此，营运资本涉及一个最优规模平衡成本和收益，使企业绩效达到最大化。综上提出假设 H5-1：

假设 H5-1：营运资本规模与企业绩效之间呈倒"U"形关系，即存在营运资本最优规模。

（二）产权性质对营运资本最优规模的影响

Jensen（1986）认为控制企业资源的代理人有动机增加其控制的资产。而 Myers 和 Rajan（1998）研究发现流动性资产比固定资产更容易被大股东或代理人进行侵占，因此，当企业处于控股股东的控制下时，更有可能持有较高比例的流动资产。一方面，企业投资者的目标是用最低的成本实现最大的股东收益，而经营者的目标是获得更高报酬的同时拥有更多的休息时间。经营者熟悉企业情况，了解企业各方面的信息，相比投资者，经营者具有信息优势，容易引发道德风险。经营者会利用有其实际控制的企业资源为自己谋取更多地利益，可能导致经营者制定的财务政策时产生额外的融资成本和交易成本，而获取内部信息显然要比获取外部信息容易，经营者获取内部信息耗用的时间较短，所以企业投资所需资金不足时经营者倾向于更多地进行内部融资，这可能间接导致企业营运资本投资不足。另一方面，经营者追求的是稳健经营，防止做出经营决策过程中出现重大过失，给企业造成无法挽回的损失。Hubbard（1998）指出为了降低经营风险和财务风险，经营者倾向于维持较大的营运资本投资规模以保证资金的周转或用来缓解固定资产投资可能出现的波动，这种情况在企业面临较强融资约束时更为突出，即融资约束企业将流动性资产作为流动性的缓冲垫。我国企业普遍面临融资约束，因此我国企业普遍倾向于持有大量的营运资金作为风险对冲工具，降低经营风险的同时应对未来可能出现的大额资金需求，这样就导致了企业在不必要的资金上投入过多，使经营者控制的企业资源范围扩大，容易引发严重的代理问题。尤其是对于国有企业，因其拥有天然的融资优势，进行外部融资的难度小，拥有充足的资金，更容易导致营运资本投资规模过大，导致股东价值损失。

对于具有转型经济与发展经济双重特征的中国而言，企业管理层和大股东利用其对企业资源的控制权为自身谋利的行为在不同产权性质的企业可能同时存在，而控制权私有收益可能使企业的融资约束问题更加严重，导致企业投资不足。但是不同产权性质企业的代理成本、预算软约束、激励机制和融资约束等存在差异,使不同产权性质企业的投资行为体现了中国制度背景的特殊性。其特殊性一方面体现为资本市场发展尚不完善、存在多层次的结构失衡,使企业的外部融资成本明显要高于内部融资成本,这种问题在民营企业中更为突出,从而使民营企业面临严重的融资约束问题;另一方面则体现在企业所有权结构不完善、内部治理机制不合理,可能引发严重的代理冲突和预算软约束,这在国有企业中更为常见,从而使国有企业容易产生过度投资问题。因此民营企业和国有企业表现出不同的投资偏好,原因在于以下两点:第一,国内外学者如 Petersen 和 Rajan(1994)、曹敏等(2003)的研究都证实了企业通过与银行建立良好的互动可以更容易从银行获得贷款。关系型借贷理论认为银行的贷款决策主要建立在通过长期和多种渠道收集到的关于借款企业的相关信息的基础上进行的,银行和借款企业保持长期、密切的交易关系,能使银行获取较多关于企业和企业主的私有信息,缓解了银行与企业间的信息不对称,进而使企业更容易获得银行贷款。我国的融资渠道较为单一,信贷资金主要控制在四大国有银行手中,国有企业与这些国有银行都归属于政府所有,加深了国有企业和国有银行之间的关系,使国有企业较容易获得银行信贷资金,而政府对国有企业的"关爱"进一步巩固了国有企业的融资优势;相对而言,民营企业与银行存在严重的信息不对称,一般依靠内部资金的不断积累来实现自身发展,使民营企业与商业银行之间的互动更少,因此民营企业更难获得银行贷款。第二,国有企业作为政府实现其社会职能的重要平台,当其投资资金不足时,更有动机和能力去寻求政府补助和银行贷款,而民营企业受到严重的融资歧视,获得政府补助的难度大,因此民营企业为了预防未来投资资金不足的风险,更倾向于提高营运资本管理效率,保持较高的流动性,当出现好的投资机会时通过调整营运资本规模满足投资资金需求,从而实现自身价值的持续增长。周铭山(2012)研究发现由于民营企业受到的外部融资限制较为严重,相比国有企业,其对流动性管理更为重视,流动资产的调整积极性也高于国有企业,民营企业会以更快的速度向长期平均的营运资本投资规模调整。曾义(2015)研究发现我国特殊制度背景造成的国有企业和民营企业在获取外部融资、政府补助等方面存在巨大的差异,导致面临的融资约束程度不同,使不同产权性质企业的营运资本规模的调整对平滑企业资本性投资需求波动的作用存在差异。

对于国有企业而言,代表国家行使其国有股东权利的是国资委或者其他政府部门，它们的利益取向和"经济人"的利益取向不同。因为政府承担的诸如促进经济发展、维护社会稳定的社会目标往往与实现企业价值最大化的目标存在冲突。而政府为了完成这些目标，保证其政绩，不仅需要国有企业的参与，有时候还要求国有企业放弃自身利益，这就导致了国有企业有时候不得不放弃那些能促进企业价值增长的投资项目，维持较高的营运资本规模以防止业绩大幅度下滑的风险。与国有企业相比，民营企业更专注于实现企业价值最大化，因而民营企业对营运资本规模的调整积极性要高于国有企业，民营企业面临较强的融资约束也使其倾向于维持较大的营运资本规模以提高企业绩效。地方政府和中央政府拥有的权限及控制的资源不同，地方政府难以无限制地满足其控制的上市公司的资金需求，因此地方政府控制企业营运资本规模将高于中央政府控制企业，其调整营运资本规模的积极性也较高。因此，我们预测不同产权性质的营运资本最优规模如图5-1所示。综上提出以下假设：

假设 H5-2a：民营企业的营运资本最优规模大于国有企业的营运资本最优规模；

假设 H5-2b：在国有企业中，地方政府控制企业的营运资本最优规模大于中央政府控制企业的营运资本最优规模。

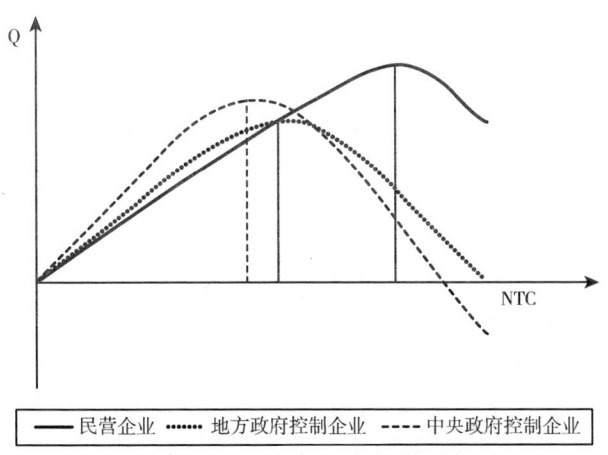

图5-1 不同产权性质企业营运资本最优规模预测图

（三）基于融资约束视角下产权性质影响营运资本最优规模机理

不同产权性质企业所受的融资约束程度存在很大差异，本章关注的是基于融资约束角度的产权性质影响营运资本最优规模的机理分析。MM理论认为在资本市场不存在摩擦的情况下,企业可以不受限制地进行外部融资,企业投资于任何净现值为正的投资项目所需要的资金都可以无限制地在资本市场上获得,因此企业不需要积累内部资金防止未来投资需要。但Myers和Majluf(1984)认为,投资者获取的关于企业的信息不全面,投资者与企业经营者之间存在严重的信息不对称问题,使企业获取外部融资的难度要高于内部融资,可能导致企业争取好的投资机会时,因外部融资成本过高或者无法获得外部融资,不得不优先考虑内部资金,从而容易产生投资不足问题。Stiglitz和Weiss(1981)的研究同样得出信息不对称会导致债务增加,按照这个思路继续探究,Fazzari等(1988)提出,现实市场中存在的信息不对称等问题,使企业进行外部融资时往往会受到一定的限制,外部融资成本较高,所以企业进行投资所需资金可能在一定程度上会依赖于企业的内部资金。而外部融资成本和内部融资成本之间的差距越大,表明企业受到的外部融资约束程度越强,企业投资所需资金将对企业内部现金流产生更大的依赖,即呈现出企业投资对内部现金流的较高的敏感性。在后续的研究中,Fazzari等(1993)研究发现企业的营运资本规模对融资约束强弱的敏感度要高于固定资产投资,即融资约束更容易影响企业的营运资本规模。Chirinko(1993)的研究解释了其中的原因,他指出企业的各种资本会呈现出不同的调整成本,营运资本因其流动性强易变现可成为企业融资的缓冲垫,在企业无法获得外部融资或者外部融资成本太高时,企业通过缩小营运资本规模即出售存货或加速应收账款周转等方式来满足企业固定资产投资的资金需要。因此企业价值的提高不仅依赖于固定投资,还会受到营运资本规模的影响。Kokkelenberg和Bischoff(1986)、Lichtenberg(1988)等学者研究都发现固定资本投资不具有可逆性,调整成本很高,因此企业希望尽可能维持一个稳定的固定资本投资规模,但是面临融资约束问题的企业,由于外部融资成本太高或者难以获取外部融资,使企业难以依赖外部融资来缓解固定资本投资的波动,因此调整成本低的营运资本成为融资约束企业实现这一目标的最好选择。Caggese(2007)研究也发现,当企业面临严重的外部融资约束时,只有企业存在充足的、可利用的内部资金才能争取到好的投资机会。因此,一个企业的内部财务受到不利的外部冲击时,导致企业内部资金减少的同时会影响企业的固定投资规模。由于固定资本投资不具有可逆性,而营运资本一般是可逆的,即营运资本规模能以较低的成本进行调整，因此营运资本规模的积极调整能部分抵消由于外部融资限制导致的企业固定资本投资不足。

西方学者的研究普遍认为信息不对称是导致企业面临融资约束的原因，但是相比西方企业，我国企业具有不同的产权背景，导致不同企业获取资金的能力存在差异，即民营企业比国有企业更难获取银行信贷资金，面临更强的融资约束，导致民营企业倾向于维持较大的营运资本投资规模。而营运资本投资效率的高低会影响企业利用经济资源为自身创造价值的能力。具体表现为企业的应收账款和存货的周转速度越快，资金回收速度越快，会给企业的销售收入带来正向影响，而应付账款周转期越长意味着企业能够占有更多的供应商货款，可以有效地降低资金成本，提高企业价值。由于我国资本市场的发展起步较晚，民营企业的发展又缺乏国家的支持，使其较难从外部获取资金，因此民营企业必须维持一定的营运资本规模，以保证企业的生存和持续发展。鞠晓生（2013）研究表明在中国资本市场发展不完善的不利条件下，我国企业仍然能持续地进行创新活动的资金来源主要依赖企业内部资金的积累和营运资本规模的动态调整。由于营运资本调整成本低，具有可逆性，融资约束强的企业可能会通过缩小营运资本投资规模来缓解融资约束对企业投资所造成的不利冲击，为了充分释放企业短期流动性，有些企业甚至通过营运资本负投资来完成维持企业固定投资的稳定性的这一企业目标。周铭山等（2012）指出由产权背景导致的融资约束差异非常明显，民营企业对内部现金波动的敏感度高于国有企业对现金流的敏感度，而且民营企业调整企业现金的积极性比国有企业高。吴娜（2013）研究发现融资约束程度强的企业营运资本规模向最优规模的调整速度比融资约束程度弱的企业快。由于民营企业遭受的信贷约束更为严重，因此民营企业有更强的动机保持较大的营运资本规模，以适时把握投资机会，调整其营运资本规模大小满足固定投资需要。因为营运资本具有很强的流动性，其调整成本较小，所以面临融资约束的企业可以通过调整营运资本规模来满足固定投资的需要，进而保障企业持续发展。综上所述，我国不同产权性质企业营运资本最优规模不同，是遭受严重融资约束的民营企业对不发达外部资本市场进行替代的客观选择。因而提出假设 H5-3：

假设 H5-3：不同产权性质企业面临不同程度的融资约束导致营运资本最优规模存在差异。

四、民营与国有企业融资约束对营运资本最优规模影响实证检验研究设计

(一) 样本的选取

为了验证上述假设,本章以我国沪深两市 A 股非金融业上市企业为研究对象,样本选取遵循以下原则:

(1) 为了全面了解我国企业营运资本规模的现状,避免因个别企业出现的特殊情况导致回归结果产生较大偏差,本章选择 2006 年之前上市的企业,收集了深市和沪市 2006~2015 年共 10 年的数据作为本章的实证样本。

(2) 剔除 ST、PT 公司,因为 ST、PT 公司的财务状况出现异常,剔除这类公司以防止将其放入样本造成模型回归结果发生偏差。

(3) 剔除金融保险类企业,由于金融保险类企业的经营业务具有特殊性,这类公司的资产负债表和各类财务指标都不同于一般企业,因此本章不作考虑;

(4) 剔除营运资本、总资产、营业收入、固定资产等关键财务数据缺失或者异常的企业。

通过以上筛选步骤,最终选取了 683 家公司近 10 年的数据作为本章的研究样本,共有 6591 组数据。本章的数据均收集于 Wind 数据库和国泰安数据库。

(二) 变量定义与说明

1. 营运资本规模的变量定义与说明

营运资本规模的评价早期多是以应收账款周转期、存货周转期等单项流动资产项目作为衡量指标,但是这些指标都未考虑到营运资本的另一重要组成部分即流动负债,而且忽视了流动资产各项目之间的内在联系,可能导致企业不能从整体上确定合理的营运资本规模,如企业放松信用政策,会促进存货的销售,加速存货的周转,但反过来也会降低应收账款周转速度,增加

应收账款金额。由此说明采用流动资产的单项指标难以判断对营运资本单项指标上的调整是否会导致其他指标的规模变动，因此单项指标不能科学、全面地衡量和评价企业的营运资本规模。为了解决上述问题，Richard 和 Laughlin（1980）提出用现金周期来衡量营运资本规模，现金周期综合了营运资本的各个单项指标，从整体上反映了企业的营运资本规模。在此基础上，Shin 和 Soenen（1998）、Kieschnick（2013）、Caballero 和 Teruel（2014）、Nihat Aktas（2015）均选用净营运资本作为评价营运资本的综合指标，而不是单独地考虑营运资本的某一组成部分。

国内学术界对营运资本规模的研究还没有较大的突破，总体来看，大多数学者停留在对营运资本的某个组成部分的研究，对营运资本规模的系统性研究较为少见。毛付根（1995）指出对营运资本规模的研究应考虑到流动资产和流动负债两者之间的相互联系，将企业流动资产的配置和其资金来源结合起来，从整体上对营运资本规模进行分析和研究。王竹泉、刘文静等（2007）对营运资本进行了重新分类，将营运资本分为经营活动营运资本和理财活动营运资本，又将经营活动营运资金按供应链关系分为营销渠道营运资本、生产渠道营运资本和采购渠道营运资本，建立了营运资本总体管理绩效和经营活动营运资本管理绩效的指标评价体系，具体来说，营运资本周转期越短，表明企业营运资本周转速度越快，资本的变现能力越强，营运资本投资规模越小。但是目前中国的各大数据库中缺少营运资本分类和其他相关的研究数据，所以本章采用上述分类并不现实。

基于目前的研究，本章根据 Shin 和 Soenen（1998）、Caballero 和 Teruel（2014）、孔宁宁（2009）的研究，选取净营运周期（net trade cycle，NTC）作为衡量营运资本规模的指标，具体定义为：净营运周期 = 应收账款周转期 + 存货周转期 - 应付账款周转期。净营运周期作为衡量营运资本规模的综合性指标，应用范围较广，且更加科学。因为净营运周期与企业的生产经营周期一致，反映营运资本规模的动态变化，而且净营运周期考虑了应收账款、存货和应付账款之间的内在联系，规避了营运资本单项指标之间会互相产生影响的指标构建缺陷。该指标计算简便，给营运资本规模的度量提供了便利，净营运周期越短表示营运资本规模越小；反之，净营运周期越长代表营运资本规模越大。本章采用净营运周期作为营运资本规模的衡量指标，为了深入分析企业是否存在营运资本最优规模，本章将引入营运资本规模的二次项，在控制其他潜在影响因素的基础上,检验是否存在营运资本最优规模使企业绩效达到最大化。

2. 融资约束的变量定义与说明

Kaplan 和 Zingales(1997)最早提出对融资约束进行了定量测度的思想,即首先根据小样本企业的财务报告及附注等财务信息,定性地将样本企业按融资约束程度分组,然后选取能够反映企业特征的相关变量,分析得出融资约束程度与这些变量之间的数量关系,即构建出融资约束指数,最后将该融资约束指数应用到更大的样本中,计算出每个样本企业的融资约束指数,反映企业的相对融资约束程度。显然,这种方法构建的融资约束指数只能评价一组样本企业的相对融资约束程度,并不是衡量融资约束的绝对指标。具有代表性的定性测度方法有 KZ 指数(Lamont et al.,2001)、WW 指数(Whited and Wu,2006)和 SA 指数(Hadlock and Pierce,2009)。KZ 指数和 WW 指数共同的缺点在于选取的反映企业特征的变量很多都具有内生性,如现金流和资产负债率等,但是企业融资约束与现金流和杠杆率等金融变量会相互影响。为了避免这些金融变量对融资约束的测度产生内生性问题,Hadlock 和 Pierce(2009)参照 Kaplan 和 Zingales(1997)的思想,根据样本企业的财务报告及附注等财务信息划分样本企业的融资约束类型,然后只选取两个相对稳定且外生性很强的变量即企业规模和企业年龄,构建出 SA 指数来衡量企业的相对融资约束程度,具体如下:

$$SA = -0.737 \times Size + 0.043 \times Size^2 - 0.04 \times Age \qquad (5-1)$$

为了避免现金持有量、杠杆率与融资约束之间存在的内生性关系对融资约束指数的构建造成干扰,本章选取 SA 指数来测度样本企业的相对融资约束程度。另外,计算每个企业的 SA 指数的数据容易取得,计算简便;而且 SA 指数的结果具有稳健性,根据 SA 指数划分的不同融资约束程度组与使用 WW 指数、投资—现金流敏感度得出的结果一致。SA 指数的绝对越大表示企业面临的融资约束程度越弱。在此基础上,本章借鉴卢太平(2014)采用的相对融资约束程度的衡量方法,SA 指数大于行业年度均值的企业表示企业面临的融资约束程度强,SA 指数低于行业年度均值的企业表示企业面临的融资约束程度弱。

为了证明本章的研究结论不受融资约束指数选择的影响,本章选用 WW 指数进行了稳健性检验。

3. 企业绩效的变量定义与说明

自经济学家托宾在1969年提出"托宾Q"系数，便得到了理论界和实务界的广泛应用，托宾Q逐渐成为衡量企业绩效的一项重要指标。托宾Q值是企业市场价值对其资产重置成本的比率。如果托宾Q值大于1，说明企业的市场价值要高于资本的重置成本，会增加企业投资的需求；反之，如果托宾Q值小于1，说明企业的市场价值要低于资本的重置成本，如果企业想获得资本，从现有市场中并购其他的企业获取旧的资本品会比设立新企业的成本低，从而会减少企业的投资需求。托宾Q值越高，表明企业的成长性越好，企业经营绩效也越好。国内外诸多学者都采用托宾Q作为企业绩效的代理变量，如Caballero和Teruel（2014）在研究营运资本最优规模时也运用托宾Q来度量企业绩效。使用市场价值指标衡量企业绩效能够避免使用股票收益度量企业绩效产生的由于投资者期望不同造成的事后偏差。相比采用会计利润指标，采用托宾Q这一指标研究企业绩效更能反映企业的实际经营状况。因为会计实务操作具有一定的主观性，不同的会计处理方法会影响企业的利润率，如果公司治理结构不合理会导致会计信息失真，这些都说明市场价值指标托宾Q值的研究结果更为可靠。因此，本章采用托宾Q来衡量企业绩效，为了证明本章的结论不受企业绩效指标选择的影响，在实证研究中使用ROA进行稳健性检验。

4. 控制变量

本章研究的是营运资本最优规模，参考吴娜（2013）、Caballero和Teruel（2014）、Nihat Aktas等（2015）等的经验研究，选取企业规模、资产负债率、企业年龄、固定资产投资、成长性作为控制变量，同时引入年度和行业的虚拟变量，以控制不同年份、不同行业对营运资本规模造成的影响。具体如下：

（1）企业规模（Size）。在研究营运资本规模影响因素的模型中，加入企业规模变量以控制规模效应对营运资本规模的影响，一般情况下，企业规模越大，相应的营运资本规模也越大。本章用总资产的自然对数表示企业规模。

（2）资产负债率（Lev）。企业的资产负债率越高，表明企业的偿债能力越弱，负债偿还风险越大，企业会尽可能地采取一定措施降低营运资本投资规模，以获取偿还到期债务所需的资金，因此资产负债率高的企业其营运资本规模可能越小。

(3) 企业年龄（Age）。年轻的企业，一般资金相对充足，营运资本政策相对稳健，营运资本规模较大，因此在模型中控制了企业年龄。

(4) 固定资产投资（FA）。企业调整固定资产的成本很高，而营运资本变现能力强，具有可逆性，受融资约束的企业可能会通过减小营运资本规模来满足固定投资的资金需要。

(5) 成长性（Growth）。根据鞠晓生（2013）研究，企业的创新活动在一定程度上依赖于营运资本规模的调整，创新活动对企业的成长至关重要，企业的成长性越好，扩大投资所需的资金就越多，对营运资本的需求也越大。一般的成长性指标都采用销售收入增长率等财务指标，只能从短期绩效来衡量企业的成长性，本章采用无形资产与总资产的比率表示企业的成长性，能弥补短期财务指标的缺陷。

(6) 行业（Ind）。不同行业的营运资本规模存在很大的差异，本章以证监会规定的行业分类为准，剔除金融保险业，分为16个行业，共15个虚拟变量。

各变量具体定义如表5-1所示。

表5-1　　　　　　　　　　变量定义

变量名称	变量代码	变量定义
净营运周期	NTC	NTC = 应收账款周转期 + 存货周转期 - 应付账款周转期
托宾Q	TQ	(权益市场价值 + 负债账面价值)/资产账面价值
企业规模	Size	总资产的自然对数
资产负债率	Lev	总负债/总资产
企业年龄	Age	企业成立年限
固定资产投资	FA	固定资产净值/总资产
成长机会	Growth	无形资产/总资产
产权性质	PRO	虚拟变量，PRO = 0 表示国有企业，PRO = 1 表示民营企业
融资约束	FC	虚拟变量，FC = 0 表示融资约束弱，FC = 1 表示融资约束强
年度	Year	虚拟变量，用以控制年度效应
行业	Ind	虚拟变量，用以控制行业效应

（三）模型建立

1. 营运资本规模影响因素的模型

由前所述，中国外部资本市场尚不完善，企业的内部融资成本高于外部融资成本，因此，企业投资在一定程度上依赖于内部现金流，而营运资本流动性强、调整成本低，常被企业用来缓冲固定资产投资的波动。本章验证产权性质、融资约束对企业营运资本规模的影响，为使回归结果更加可靠，加入企业规模、资产负债率、企业年龄、固定资产投资等影响因素。本章借鉴吴娜（2013）营运资本目标需求模型的研究，模型设计如下：

$$NTC_{i,t} = \beta_0 + \beta_1 PRO_{i,t} + \beta_2 FC_{i,t} + \beta_3 TQ_{i,t} + \beta_4 Size_{i,t} + \beta_5 Lev_{i,t} \\ + \beta_6 Age_{i,t} + \beta_7 FA_{i,t} + + \beta_8 Growth_{i,t} + \sum Year \\ + \sum Ind + \varepsilon_{i,t} \quad (5-2)$$

2. 营运资本最优规模模型

根据前面的介绍中可知，国外已有学者验证了企业存在营运资本最优规模，为了验证这一结论是否适用于中国企业，本章采用 Caballero 和 Teruel（2014）的研究思想，选用净营运周期作为衡量营运资本规模的指标，建立营运资本规模的二次方程模型来检验是否存在营运资本最优规模使企业绩效最大化。为了检验假设 H5 – 1，根据吴娜（2013）、Caballero 和 Teruel（2014）、Nihat Aktas 等（2015）的研究，引入营运资本规模的二次项，同时加入相关控制变量，预期通过回归分析得出营运资本最优规模使企业绩效最大化，建立的回归模型如下：

$$TQ_{i,t} = \beta_0 + \beta_1 NTC_{i,t} + \beta_2 NTC_{i,t}^2 + \beta_3 Size_{i,t} + \beta_4 Lev_{i,t} + \beta_5 Age_{i,t} \\ + \beta_6 FA_{i,t} + \beta_7 Growth_{i,t} + \sum Year + \sum Ind + \varepsilon_{i,t} \quad (5-3)$$

模型中的变量代码与变量定义表一一对应，$\varepsilon_{i,t}$ 为残差项。根据二次方程的特点，如果回归结果显著，就可以确定营运资本规模与企业绩效关系的顶点为 $-\beta_1/2\beta_2$，即企业营运资本规模为 $-\beta_1/2\beta_2$ 为最优规模，此时达到企业绩效最大化，当营运资本规模小于该最优规模时，营运资本规模正向影响企业绩效；反之当营运资本规模大于该最优规模时，营运资本规模反向影响企业绩效。根据前面分析，这需要模型（5 – 3）回归结果中系数 β_2 小于 0，β_1 大于 0。

3. 产权性质对营运资本最优规模的影响模型

根据前面分析，基于我国特殊的制度背景，相比于民营企业，国有企业具有很强的融资优势，而且国有企业的委托 – 代理链条较长，引发了严重的代理问题,容易导致营运资本过度投资。而民营企业受到严重的融资歧视,获取政府补助的难度大,因此民营企业为了预防未来投资资金不足的风险,更倾向于提高营运资本管理效率,当出现好的投资机会时积极调整营运资本规模以获取企业投资所需的资金。由此本章认为相比国有企业,民营企业的营运资本最优规模会大于国有企业的营运资本最优规模。为了检验假设 H5-2a,探讨产权性质对营运资本最优规模的影响,在模型(5-3)的基础上加入产权性质虚拟变量 PRO,得到以下回归模型:

$$
\begin{aligned}
TQ_{i,t} = &\ \beta_0 + (\beta_1 + \gamma_1 PRO) \times NTC_{i,t} + (\beta_2 + \gamma_2 PRO) \times NTC_{i,t}^2 + \beta_3 FC \\
&+ \beta_4 Size_{i,t} + \beta_5 Lev_{i,t} + \beta_6 Age_{i,t} + \beta_7 FA_{i,t} + \beta_8 Growth_{i,t} \\
&+ \sum Year + \sum Ind + \varepsilon_{i,t}
\end{aligned} \quad (5-4)
$$

在国有企业中,因为中央政府和地方政府拥有的权限和控制的资源不同,导致中央政府控制企业和地方政府控制企业的营运资本规模也会有所差异。中央政府控制企业经营的业务一般集中在自然垄断行业,规模较大,往往关系到国家经济和人民生活,资金相对充裕,政府支持力度较大;而地方政府控制企业往往成为地方政府承担发展经济、促进就业等社会承担的重要平台,地方政府虽然会提供资金支持,但是毕竟权力有限,并不能无限制地满足企业增长所需资金,地方政府控制企业投资在一定程度上也需要依赖营运资本规模的调整。因此本章认为地方政府控制企业的营运资本最优规模大于中央政府控制企业的营运资本最优规模。为了检验这种差异是否存在,本章按产权性质将样本企业分为三个子样本,即中央政府控制企业子样本、地方政府控制企业子样本和民营企业子样本。用模型(5-3)对3个子样本分别进行回归,分别得到中央政府控制企业、地方政府控制企业和民营企业的营运资本最优规模,通过比较三者之间的差异,来验证本章的假设 H5-2b。

4. 融资约束对营运资本最优规模的影响模型

如前所述,企业和资本市场间的信息不对称增加了企业外部融资成本,营运资本规模较大需要较强的融资能力,会产生额外的融资费用。而营运资本的流动性比固定资本的流动性强,面临融资约束程度强的企业倾向于调整营运资本以满足固定投资需要,因此企业面临的融资约束程度会对营运资本最优规模产生影响。为了检验企业营运资本最优规模是否受到融资约束程度的影响,给进一步研究基于融资约束角度的产权性质影响营运资本最优规模的机理奠定基础,即不同产权性质企业面临不同的融资约束程度是否导致了营运资本最优规模存在差异。本章在模型（5-3）的基础上加入融资约束虚拟变量 FC，来区别融资约束强和融资约束程度弱的企业，FC=1 时代表企业融资约束程度强，FC=0 时代表企业融资约束程度弱，这样扩展成以下回归方程：

$$TQ_{i,t} = \beta_0 + (\beta_1 + \gamma_1 FC) \times NTC_{i,t} + (\beta_2 + \gamma_2 FC) \times NTC_{i,t}^2 \\ + \beta_3 FC + \beta_4 Size_{i,t} + \beta_5 Lev_{i,t} + \beta_6 Age_{i,t} + \beta_7 FA_{i,t} \\ + \beta_8 Growth_{i,t} + \sum Year + \sum Ind + \varepsilon_{i,t} \quad (5-5)$$

其中所有的自变量和因变量都是之前定义的项目，结合前面分析，融资约束弱的企业营运资本最优规模为 $-\beta_1/2\beta_2$，$-(\beta_1+\gamma_1)/2(\beta_2+\gamma_2)$ 为融资约束强的企业营运资本最优规模。本章认为融资约束程度强的企业营运资本最优规模会高于融资约束弱的企业营运资本最优规模。

产权性质影响营运资本最优规模与企业所受融资约束的程度密切相关，为了确定融资约束对不同产权性质企业营运资本最优规模的影响，将融资约束程度强弱和三种不同产权性质交叉进行分组，总共得到6个子样本组。当 FC=0 时，表示企业的融资约束较弱，按模型（5-3）对3组不同产权性质样本企业分别进行回归，得出融资约束弱的样本企业中中央政府控制企业、地方政府控制企业和民营企业的营运资本最优规模，比较三者之间的差异；同理，当 FC=1 时，表示企业的融资约束较强，按模型（5-3）对3组不同产权性质样本企业分别进行回归，得出融资约束较强的样本企业中中央政府控制企业、地方政府控制企业和民营企业的营运资本最优规模，比较三者之间的差异。按照前面的分析，我们预测由于不同产权性质企业不同程度的融资约束，导致其营运资本最优规模存在差异。

五、民营与国有企业融资约束对营运资本最优规模影响实证检验结果与分析

本章研究的营运资本最优规模是指企业营运资本投资处于最优规模时能使企业达到绩效最大化。本章先对变量进行描述性统计和相关性分析，对样本进行回归分析，确定企业的营运资本最优规模，再进一步检验产权性质对营运资本最优规模的影响，最后基于融资约束分析不同产权性质企业营运资本最优规模的差异。

(一) 描述性统计

1. 营运资本规模的描述性统计分析

本章研究的核心变量是营运资本规模。表5-2为我国2006~2015年各年净营运周期平均值的列表,从表5-2中可以看出,净营运周期大体上呈逐年下降趋势。民营企业净营运周期在2008年前后有较大波动,由于2008年我国上市公司受到全球金融危机的冲击,融资渠道不畅通,外部融资成本不断增加,企业不得不调整营运资本规模,以满足企业固定投资的需要。地方政府控制企业净营运水平较为稳定,而中央政府控制企业的平均净营运周期最短。

表5-2 净营运周期均值分年度描述性统计

年份	2006	2007	2008	2009	2010	2011	2012	2013	2014	2015
全样本	107.17	107.77	90.14	91.88	88.87	88.75	84.30	83.56	90.29	86.01
民营企业	136.99	141.98	87.56	108.27	94.16	99.99	83.26	80.99	94.02	97.09
地方政府控制企业	88.10	88.96	88.65	86.13	90.94	91.98	89.45	89.71	92.83	90.86
中央政府控制企业	111.07	100.41	97.89	80.41	75.51	74.18	73.49	69.86	80.76	60.48

为了使数据更加直观,本章对表5-2的数据进行初步处理,得到图5-2的净营运周期的趋势图。由图5-2可知,在营运资本管理上,民营企业和中央政府控制企业、地方政府控制企业的营运资本规模相差较大,总体来看,民营企业的平均营运资本规模大于地方政府控股企业,地方政府控制企业的平均营运资本规模大于中央政府控制企业,这种趋势表明不同产权性质企业会影响企业营运资本投入,为后面研究产权性质对营运资本最优规模的影响提供依据。

表5-3是对样本上市公司按产权性质分组的营运资本规模的描述性统计,结果显示我国企业的平均净营运周期为91.83天,而西方国家的平均净营运周期为56.48天,说明我国企业的营运资本规模普遍偏大。究其根本,一方面,由于我国是制造业大国,本章的研究样本中制造业占总样本企业的50.13%,制造业企业通常有固定的生产周期,且制造业的行业特点导致其营运周期普遍较长,而西方国家的支柱产业是服务业,服务业的营运资本周转速度较快;另

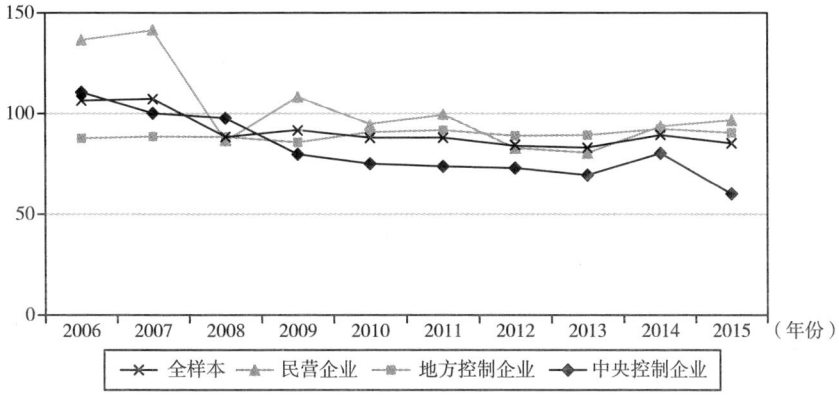

图 5-2 净营运周期均值趋势表

一方面，相比西方国家，我国企业较晚才开始实行公司制管理，粗放式管理的问题还未完全解决，对营运资本管理不够重视，营运资本利用率较低，管理水平较为薄弱，也导致我国企业普遍存在营运资本过度投资的问题。

表 5-3　　　　按产权性质分组的净营运周期描述性统计

NTC	观察值	均值	中位数
全样本	6591	91.8326	61.9799
民营企业	1981	103.0717	71.8257
地方政府控制企业	3303	89.6833	56.2727
中央政府控制企业	1307	80.2289	61.2185

考虑样本企业之间的产权背景特征时，对比民营企业、地方政府控制企业和中央政府控制企业发现，不同产权性质企业的营运资本规模有较大差异，民营企业、地方政府控制企业和中央政府控制企业的平均营运资本投资规模分别为 103.07 天、89.68 天和 80.22 天，民营企业营运资本规模明显高于国有企业，这表明产权性质会影响营运资本规模。

表 5-4 将样本分成融资约束强组和融资约束弱组，对净营运周期进行描述性统计分析，统计显示，融资约束强的企业净营运周期为 110.70 天，融资约束弱的企业净营运周期为 74.85 天，由此可见融资约束强的企业营运资本规模明显大于融资约束弱的企业。而且容易发现，同一融资约束组中民营企业、地方政府控制企业和中央政府控制企业的营运资本规模大小比较接近，由此说明不同产权性质企业的营运资本规模受融资约束的影响。

表 5-4　　　　　　按融资约束分组的净营运周期描述性统计

NTC	融资约束强			融资约束弱		
	观察值	均值	中位数	观察值	均值	中位数
全样本	3122	110.7029	74.0021	3469	74.8498	52.4188
民营企业	1483	111.6363	80.6114	498	77.5677	47.6347
地方政府控制企业	1296	115.6053	68.5960	2031	72.9446	50.5512
中央政府控制企业	343	88.1443	64.1349	964	77.4126	60.3566

2. 其他变量的描述性统计分析

首先对全样本企业的其他变量进行描述性统计，接着分别对不同产权性质企业进行变量描述性统计。统计结果如表 5-5 所示。

表 5-5　　　　　　其他变量的描述性统计分析

描述对象	变量	观测值	均值	中值	标准差	极小值	极大值
全样本	TQ	6591	2.0934	1.6072	1.6489	0.0001	28.8094
	Size	6591	22.4366	22.4081	1.1975	18.1572	26.9546
	Lev	6591	0.5446	0.5606	18.9737	0.0071	1.6547
	Age	6591	15.07	15.00	5.181	4	37
	FA	6591	0.2515	0.2236	0.1824	0	0.9503
	Growth	6591	0.0464	0.0282	0.0668	0	0.7963
民营企业	TQ	1981	2.5405	1.8889	2.2515	0.0169	28.8094
	Size	1981	21.7111	21.7333	1.0868	18.1572	23.9866
	Lev	1981	0.5127	0.5229	20.6568	0.0071	1.6534
	Age	1981	15.09	15.00	5.113	4	37
	FA	1981	0.2122	0.1894	0.1658	0	0.8809
	Growth	1981	0.0478	0.0284	0.0622	0	0.6373
地方政府控制企业	TQ	3303	1.8334	1.4945	1.2029	0.0001	16.2051
	Size	3303	22.8483	22.7174	0.9986	18.6433	26.9545
	Lev	3303	0.5667	0.5829	17.4809	0.0386	1.6547
	Age	3303	14.81	15.00	5.179	4	35
	FA	3303	0.2861	0.2623	0.1930	0.002	0.9709
	Growth	3303	0.0459	0.0280	0.0708	0	0.7963

续表

描述对象	变量	观测值	均值	中值	标准差	极小值	极大值
中央政府控制企业	TQ	1307	2.0731	1.6397	1.3789	0.0030	15.2579
	Size	1307	22.4958	22.1986	1.3014	20.5009	26.7512
	Lev	1307	0.5368	0.5527	19.1986	0.0436	1.4924
	Age	1307	15.69	15.00	5.222	4	32
	FA	1307	0.2568	0.2209	0.1835	0.003	0.8645
	Growth	1307	0.0455	0.0284	0.0629	0	0.5888

结果显示，民营企业、地方控制企业和中央控制企业平均托宾Q值分别为2.5405、1.8334和2.0731，可见民营企业的企业绩效明显高于国有企业，在国有企业中，地方政府控制企业绩效低于中央政府控制企业。一方面，由于国有股权的存在，国有企业常常成为政府实现其社会目标的重要平台，而为了帮助政府实现地区经济发展、稳定就业等社会目标，国有企业有时候需要放弃那些能提高企业价值的项目，而民营企业旨在实现企业绩效最大化，其经营与投融资决策都围绕这一目标的实现，管理方式更为灵活，使民营企业的盈利能力较强。另一方面，国有企业的委托代理关系较为复杂，管理层级较多，监督难度大，加剧了代理问题的严重程度，导致管理者行为短期化，利用企业资源为自己谋取利益，降低了企业的经营效率，而民营企业的薪酬激励机制更为完善，股东更有动机对管理层实施监督，在一定程度上保证了企业的经营效率。在国有企业中，中央政府控制企业多为关系国民经济的垄断行业，国家的监管力度较大，内部治理结构更完善，与中央政府控制企业相比，地方政府控制企业较少受到外部监管，而地方政府又会把政绩考核的压力转嫁给其控制的企业，所以地方政府控制企业的委托代理问题更加突出，导致地方政府控制企业绩效较为低下。

企业的资产负债率均值为54.46%，说明样本企业整体的负债水平较低，财务风险较低，对比三种产权性质企业发现，地方政府控制企业的资产负债率都要远大于其他企业，这主要是由于地方政府面临政绩考核和晋升目标的压力，有强烈的动机向地方银行施压满足其控制企业的投资需求，以达到业绩指标。观察发现，民营企业的规模也明显小于国有企业，说明国有企业的投资更为庞大，拥有的资源较多。民营企业、地方政府控制企业和中央政府控制企业的固定资产投资均值分别为0.2122、0.2861和0.2568，民营企业的固定投资明显低于国有企业，说明民营企业可能存在固定投资不足的问题，因此，基于预防性动机，民营企业可能更倾向于保持较大的营运资本规模，以适时把握投资机会。

(二) 相关性检验

表5-6列示了模型中主要变量的Person相关性检验的结果，显示各变量之间的相关系数最大值为0.372，明显小于0.8；方差膨胀因子的计算公式为 VIF = 1/（1 - 两变量的相关系数^2），经计算可知，方差膨胀因子均远小于5，说明各变量之间不存在多重共线性问题，本章选取的变量适合做多元线性回归分析。从相关性检验中可得，营运资本规模与企业规模、负债水平、企业年龄、固定资产投资、成长性、产权性质虚拟变量和融资约束虚拟变量都显著相关，说明模型中所选取的控制变量是科学合理的。且营运资本规模与产权性质、融资约束虚拟变量正相关，表明营运资本规模对产权性质和融资约束较为敏感，且相关系数为正说明民营企业的营运资本规模大于民营企业，融资约束强的企业其营运资本规模大于融资约束弱的企业。

表5-6　　　　　　　　　　相关性检验

变量代码	NTC	TQ	Size	Lev	Age	FA	Growth	PRO
TQ	0.051***							
Size	-0.231***	-0.372***						
Lev	-0.026***	-0.218***	0.277***					
Age	0.228***	-0.025**	0.067***	0.010				
FA	-0.039***	-0.012	0.026**	0.005	-0.022*			
Growth	-0.051***	0.173***	-0.057***	-0.037***	-0.022*	-0.009		
PRO	0.034**	0.006	-0.009***	0.014	0.020*	-0.155***	-0.001	
FC	0.066***	0.105***	-0.248***	-0.087***	0.039***	-0.019	-0.006	0.037***

注：***、**、*分别表示在1%、5%、10%的水平上显著。

(三) 回归检验与分析

基于描述性统计和相关性检验的分析可知，营运资本规模与产权性质、融资约束均显著相关，为了进一步检验营运资本规模受到产权性质和融资约束的影响，本章首先建立模型（5-2）对营运资本规模的影响因素进行回归分析。在此基础上用模型（5-3）进行回归检验营运资本规模与企业绩效之间的倒"U"形关系，即企业的营运资本最优规模，然后用模型（5-3）检验产权性质对营运资本最优规模的影响，并且基于融资约束角度分析产权性质影响营运资本最优规模的机理，用模型（5-5）回归检验面临融资约束程度的差异对不同产权性质企业营运资本最优规模的影响作用。

1. 营运资本规模影响因素的回归结果与分析

表 5-7 列示了营运资本规模影响因素的回归结果，从表中可以看出，样本组通过了显著性水平为 1% 的显著性检验，说明回归模型具有统计意义。各变量的方差膨胀因子 VIF 均远远小于 10，表明该回归方程不存在严重的多重共线性问题。调整后的 R^2 不高，但也具有一定的代表性。表 5-7 中的模型 1 回归结果显示，营运资本规模受产权性质的影响，且系数为正，说明民营企业的营运资本规模大于国有企业的营运资本规模；模型 1 回归结果显示营运资本规模与融资约束存在显著的正相关关系，说明面临融资约束程度越强，营运资本规模越大。模型 3 中同时考虑产权性质和融资约束因素，结论仍然成立。这说明，企业营运资本规模确实受到产权性质和融资约束的影响，这为后面要检验的产权性质、融资约束与营运资本最优规模的关系提供了证据支持。

表 5-7　　营运资本规模影响因素的回归结果

变量	模型 1	模型 2	模型 3
PRO	0.066 ** (1.968)	0.091 *** (2.686)	
FC		0.153 *** (4.258)	0.136 *** (3.845)
TQ	-0.010 (-1.096)	-0.009 (-0.933)	-0.010 (-1.043)
Size	-0.219 *** (-15.331)	-0.185 *** (-11.269)	-0.176 *** (-10.943)
Lev	0.002 ** (2.395)	0.002 ** (2.525)	0.002 ** (2.496)
Age	-0.058 *** (-20.757)	-0.060 *** (-21.140)	0.060 *** (21.291)

续表

变量	模型 1	模型 2	模型 3
FA	-0.411*** (-5.362)	-0.446*** (-5.786)	-0.415*** (-5.445)
Growth	-0.926*** (-4.396)	-0.930*** (-4.418)	-0.920*** (-4.369)
Year	控制	控制	控制
Ind	控制	控制	控制
R^2	0.123	0.126	0.125
Adj-R^2	0.122	0.124	0.124
F 值	102.903***	94.667***	104.286***

注：***、**、* 分别表示在 1%、5%、10% 的水平上显著；括号中为 t 值。

2. 营运资本最优规模的回归结果与分析

表 5-8 列示了营运资本最优规模的回归分析结果，回归结果显示，调整的 R^2 为 0.198，虽然拟合优度不高，但在可接受范围内，不影响系数的显著性判断。F 统计量为 181.477，且在 1% 水平上显著，说明该回归模型具有统计意义。方差膨胀因子 VIF 均小于 10，说明各变量之间不存在严重的多重共线性问题。

本部分根据 Caballero 和 Teruel（2014）的研究，用 SPSS 进行后续的回归分析时 NTC 取值均为净营运周期除以 100，NTC^2 即 NTC 的平方值。根据表 5-8，表中的模型 1 的营运资本规模的系数为 0.187，大于 0，且在 1% 的水平上显著，营运资本规模二次项的系数为 -0.063，小于 0，在 1% 的水平上显著，说明营运资本规模与企业绩效呈倒"U"形相关关系，当营运资本规模等于 $-\beta_1/2\beta_2$ 时，企业绩效达到最大化，经计算为 148.41 天。当企业的营运资本规模小于该最优规模时，企业为了尽早回笼资金会提高销售收入、加大折扣力度，营运资本规模正向影响企业绩效；超过该最优规模后，随着企业的融资成本和利息费用的不断增加，营运资本规模越大企业绩效反而越小。回归方程在控制了产权性质和融资约束因素之后（回归结果见模型 2 和模型 3），该结论仍然成立，可以看出不管企业是何种产权性质，面临的融资约束程度如何，企业均存在营运资本最优规模，使企业绩效达到最大化，从而有力地支持了本章的假设 H5-1。

表 5-8　　　　　　营运资本最优规模的回归结果（全样本）

变量代码	模型1	模型2	模型3
NTC	0.187*** (6.453)	0.192*** (6.651)	0.193*** (6.692)
NTC^2	-0.063*** (-8.966)	-0.065*** (-9.165)	-0.064*** (-9.056)
Size	-0.521*** (-28.313)	-0.498*** (-25.756)	-0.536*** (-23.389)
Lev	-0.009*** (-9.183)	-0.009*** (-9.201)	-0.009*** (-9.280)
Age	0.008** (1.994)	0.007* (1.767)	0.009** (2.255)
FA	0.005 (0.961)	0.072 (0.695)	0.062 (0.217)
Growth	3.741*** (13.044)	3.745*** (13.073)	3.769*** (13.163)
PRO		0.171*** (3.927)	0.199*** (4.483)
FC			-0.154*** (-3.126)
Year	控制	控制	控制
Ind	控制	控制	控制
R^2	0.188	0.190	0.191
$Adj-R^2$	0.187	0.188	0.190
F值	169.336***	154.278***	141.328***

注：***、**、*分别表示在1%、5%、10%的水平上显著；括号中为t值。

3. 产权性质对营运资本最优规模的影响回归结果与分析

为了检验产权性质对营运资本最优规模的影响，本章进行了进一步的实证研究。表 5-9 报告了不同产权性质样本组间营运资本规模均值的单因素方差分析检验结果，F 统计量为 8.297，在 1% 水平上显著，说明营运资本规模的均值在不同产权性质样本组间有显著差异，这在一定程度上也说明产权性质会影响企业营运资本规模。

表 5-9　　　　　　　　　单因素方差分析检验

	平方和	df	均方	F	显著性
组间	237992.768	2	118996.384	8.297	0.000
组内	94482261.359	6588	14341.570		
总数	94720254.128	6590			

由模型（5-2）的回归结果可知，产权性质会影响营运资本规模，而模型（5-3）发现控制了产权性质因素后企业存在营运资本最优规模的结论依然成立，为了进一步分析产权性质对营运资本最优规模的影响，本章构建了模型（5-4）。根据变量的定义，PRO＝1 表示民营企业，PRO＝0 表示国有企业，表 5-10 分别列示了民营企业和国有企业的营运资本最优规模的回归结果。调整后的 R^2 为 0.198，虽然拟合优度不高，但在可接受范围内，不影响系数的显著性判断。F 统计量为 136.287，且在 1% 水平上显著，说明该回归模型具有统计意义。方差膨胀因子 VIF 均小于 10，说明各变量之间不存在严重的多重共线性问题。NTC、PRO 和 $NTC^2 \times PRO$ 指标的回归系数在 5% 的水平上显著，NTC^2 和 $NTC \times PRO$ 在 1% 的水平上显著，说明关键变量都通过了显著性检验。NTC 和 $NTC \times PRO$ 的系数大于 0，NTC^2 和 $NTC^2 \times PRO$ 的系数小于 0，说明不同产权性质企业的营运资本规模与企业绩效均呈倒"U"形相关关系，即不同产权性质企业都存在营运资本最优规模。由模型（5-4）可知，$-(\beta_1+\gamma_1)/2(\beta_2+\gamma_2)$ 代表民营企业的营运资本最优规模；$-\beta_1/2\beta_2$ 代表国有企业的营运资本最优规模。经计算可知，民营企业的营运资本最优规模为 246.84 天，国有企业的营运资本规模为 57.26 天，说明民营企业的营运资本最优规模大于国有企业的营运资本最优规模，即产权性质会影响营运资本最优规模，在控制了融资约束因素之后，结果依然成立（回归结果见模型 2），这说明企业营运资本最优规模确实受产权性质的影响。因此本章的假设 H5-2a 成立。

表 5-10　　　　　产权性质对营运资本最优规模的影响回归结果

变量代码	模型 1	模型 2
NTC	0.071** (2.105)	0.070** (2.072)
NTC × PRO	0.398*** (6.362)	0.407*** (6.498)

续表

变量代码	模型 1	模型 2
NTC^2	-0.062*** (-7.283)	-0.060*** (-7.064)
$NTC^2 \times PRO$	-0.033** (-2.195)	-0.036** (-2.391)
PRO	-0.141** (-2.504)	-0.114*** (-3.137)
Size	-0.511 (-26.500)	-0.549 (-24.045)
Lev	-0.009*** (-9.076)	-0.009*** (-9.156)
Age	0.000 (0.080)	0.002 (0.432)
FA	0.038 (0.379)	0.029 (0.278)
Growth	3.772*** (13.241)	3.797*** (13.331)
FC		-0.154*** (-3.137)
Year	控制	控制
Ind	控制	控制
R^2	0.199	0.200
$Adj-R^2$	0.198	0.199
F 值	136.287***	126.729***

注：***、**、*分别表示在1%、5%、10%的水平上显著；括号中为t值。

在国有企业中，由于地方政府拥有的权利和控制的资源都不如中央政府，地方政府控制企业和中央政府控制企业的营运资本最优规模仍存在一定差异，为了进一步检验这种差异，本章根据控股主体产权性质分类，分样本回归分析如表5-11所示。

表5-11分别列示了不同产权性质的营运资本最优规模的回归结果。不同产权性质企业的调整后的R^2均在可接受范围内，F统计量均在1%的水平上显著，说明不同产权性质下各样本组的回归效果显著。回归结果显示，民

营企业、地方政府控制企业和中央政府控制企业的 NTC 系数均为正数，NTC^2 的系数均为负数，且都在 1% 的水平上显著。经计算可知，民营企业营运资本最优规模为 217.48 天，地方政府控制企业营运资本最优规模为 134.43 天，中央政府控制企业营运资本最优规模为 67.55 天。控制了融资约束因素后，结论依然成立，由此可知，营运资本最优规模受到产权性质的影响，不同产权性质企业其营运资本最优规模不同，具体表现为民营企业的营运资本最优规模大于国有企业的营运资本最优规模，说明假设 H5 - 2a 仍然成立，在国有企业中，地方政府控制企业的营运资本最优规模大于中央政府控制企业的营运资本最优规模，因此本章的假设 H5 - 2b 成立。

表 5 - 11　　营运资本最优规模的回归结果（分产权性质）

变量代码	民营企业		地方控制		中央控制	
	模型 1	模型 2	模型 1	模型 2	模型 1	模型 2
NTC	0.448 *** (5.854)	0.462 *** (6.118)	0.164 *** (5.312)	0.164 *** (5.305)	0.204 *** (3.021)	0.201 *** (2.963)
NTC^2	-0.103 *** (-5.478)	-0.097 *** (-5.226)	-0.061 *** (-8.964)	-0.061 *** (-8.917)	-0.151 *** (-6.242)	-0.150 *** (-6.197)
Size	-0.914 *** (-20.760)	-1.240 *** (-20.125)	-0.268 *** (-12.243)	-0.296 *** (-10.312)	-0.453 *** (-5.947)	-0.366 *** (-2.925)
Lev	-0.004 * (-1.914)	-0.005 ** (-2.458)	-0.014 *** (-11.965)	-0.014 *** (-12.027)	-0.012 *** (-5.742)	-0.012 *** (-5.771)
Age	0.002 (0.171)	0.014 (1.357)	0.005 (1.083)	0.006 (1.385)	-0.004 (-0.465)	-0.008 (-0.763)
FA	-0.363 (-1.294)	-0.380 (-1.375)	0.152 (1.483)	0.150 (1.466)	0.025 (0.115)	0.026 (0.119)
Growth	3.644 *** (5.039)	3.408 *** (4.773)	3.211 *** (11.856)	3.211 *** (11.859)	5.795 *** (7.973)	5.787 *** (7.961)
FC		-1.148 *** (-7.600)		-0.083 (-1.515)		0.130 (0.875)
Year	控制	控制	控制	控制	控制	控制
Ind	控制	控制	控制	控制	控制	控制
R^2	0.227	0.249	0.173	0.174	0.154	0.154
Adj - R^2	0.224	0.245	0.171	0.171	0.148	0.148
F 值	64.467 ***	65.191 ***	76.700 ***	69.287 ***	26.227 ***	23.677 ***

注：*** 、** 、* 分别表示在 1%、5%、10% 的水平上显著；括号中为 t 值。

营运资本最优规模受到产权性质的影响，主要原因在于：第一，民营企业受融资约束程度较强，进行外部融资的难度高于内部融资，保持较大的营运资本规模有利于企业把握好的投资机会，提高企业绩效；第二，国有企业由于其特殊的产权背景，在融资渠道上有天然的优越性，融资成本低，同时又能获得更多的政府补助，基于流动资产低收益的特征，企业保持较小的营运资本投资规模能提高企业绩效。而在国有企业中，由于各级政府的权限和拥有的资源不同，中央政府控制企业和地方政府控制企业对营运资本规模的需求存在差异，相较于中央政府，地方政府难以无限制地满足其控制的上市公司的投资需求，地方政府控制企业在一定程度上也依赖于营运资本规模的调整来获取资金，所以地方政府控制企业的营运资本最优规模大于中央政府控制企业的营运资本最优规模。

4. 基于融资约束视角的产权性质对营运资本最优规模的影响回归结果与分析

表 5-12 报告了企业面临较强融资约束和较弱融资约束时的回归结果。回归方程的 R^2、调整后的 R^2 显示方程拟合度较好，F 值均大于 2 且在 1% 的水平上显著，说明模型具有统计意义。方差膨胀因子 VIF 均远小于 10，说明模型变量之间不存在严重的多重共线性。NTC、NTC×FC、FC、NTC^2 和 NTC^2×FC 指标的回归系数至少在 5% 的水平上显著，NTC 和 NTC×FC 的系数大于 0，NTC^2 和 NTC^2×FC 的系数小于 0。由模型 (5-4) 可知，融资约束强的企业营运资本最优规模为 $-(\beta_1+\gamma_1)/2(\beta_2+\gamma_2)$，融资约束弱的企业营运资本最优规模为 $-\beta_1/2\beta_2$。

经计算可知，融资约束强的企业营运资本最优规模为 188.82 天，融资约束弱的企业营运资本最优规模为 77 天，说明融资约束会影响营运资本最优规模，且融资约束强的企业其营运资本最优规模大于融资约束弱企业的营运资本最优规模。营运资本最优规模受到企业融资约束程度的影响，且面临融资约束程度越强，营运资本最优规模越大，在某种程度上也说明了相较于中央政府控制企业和地方政府控制企业，民营企业营运资本最优规模较大的原因是民营企业面临的融资约束程度强于国有企业，而地方政府和中央政府控制资源的不同导致企业获取资金的能力不同，使地方政府控制企业的营运资本最优规模大于中央政府控制企业。这为进一步研究基于融资约束角度的产权性质影响营运资本最优规模的机理提供了证据支持。

表 5-12　融资约束对营运资本最优规模的影响回归结果

变量代码	模型 1	模型 2
NTC	0.077 ** (2.024)	0.087 ** (2.287)
NTC × FC	0.244 *** (4.346)	0.236 *** (4.205)
NTC^2	-0.050 *** (-5.156)	-0.053 *** (-5.430)
NTC^2 × FC	-0.035 ** (-2.452)	-0.032 ** (-2.253)
FC	-0.257 ** (-4.457)	-0.299 *** (-5.136)
Size	-0.554 (-24.376)	-0.539 (-23.498)
Lev	-0.009 *** (-9.005)	-0.009 *** (-9.049)
Age	0.009 ** (2.255)	0.009 ** (2.155)
FA	-0.024 (-0.233)	0.047 (0.453)
Growth	3.758 *** (13.126)	3.770 *** (13.185)
PRO		0.196 *** (4.414)
Year	控制	控制
Ind	控制	控制
R^2	0.191	0.194
Adj-R^2	0.190	0.192
F 值	126.789 ***	121.641 ***

注：***、**、* 分别表示在 1%、5%、10% 的水平上显著；括号中为 t 值。

为了验证不同产权性质企业面临不同程度的融资约束导致其营运资本最优规模不同，本章根据前面所述的分类方案，将 6 组子样本分别进行回归，回归结果如表 5-13 所示。结果显示，调整后的 R^2 都在可接受的范围内，F 统计量远大于 2，均在 1% 的水平上显著，说明各样本的回归都具有统计意义。各变量的方差膨胀因子都小于 10，不存在共线性问题。

表 5-13　融资约束对不同产权性质企业营运资本最优规模的影响

变量代码	FC = 1			FC = 0		
	民营企业	地方控制	中央控制	民营企业	地方控制	中央控制
NTC	0.540*** (5.943)	0.204*** (3.187)	0.306* (1.775)	0.261** (2.118)	0.099*** (3.258)	0.205*** (2.771)
NTC^2	-0.110*** (-5.067)	-0.078*** (-5.743)	-0.199*** (-3.379)	-0.140* (-1.740)	-0.062*** (-8.959)	-0.138*** (-5.152)
Size	-1.335*** (-19.093)	-0.723*** (-8.434)	-0.914** (-2.484)	-0.075 (-0.674)	-0.188*** (-7.479)	-0.222 (-1.643)
Lev	-0.003 (-1.127)	-0.009** (-4.556)	-0.002 (-0.483)	-0.012*** (-4.387)	-0.017*** (-13.887)	-0.017*** (-6.865)
Age	0.014 (1.064)	0.019** (2.180)	0.010 (0.539)	0.016 (1.424)	-0.003 (-0.663)	-0.008 (-0.653)
FA	-0.595* (-1.718)	0.531*** (2.627)	-0.158 (-0.365)	-0.278 (-0.921)	-0.093 (-0.907)	0.112 (0.444)
Growth	4.460*** (5.075)	4.552*** (9.901)	7.182*** (6.879)	0.011 (0.013)	1.691*** (5.456)	4.163*** (4.210)
Year	控制	控制	控制	控制	控制	控制
Ind	控制	控制	控制	控制	控制	控制
R^2	0.244	0.169	0.256	0.086	0.196	0.107
Adj-R^2	0.240	0.163	0.236	0.069	0.192	0.099
F 值	52.895***	28.991***	12.656***	5.079***	54.050***	12.728***
N	1483	1296	343	498	2031	964

注：***、**、*分别表示在1%、5%、10%的水平上显著；括号中为t值。

民营企业、地方政府控制企业和中央政府控制企业的 NTC 系数均大于 0，NTC^2 的系数均小于 0，且 NTC 和 NTC^2 都至少在 10% 水平上的显著，说明各子样本组均存在营运资本最优规模。经计算可知，在融资约束强的样本组中，民营企业的营运资本最优规模为 245.45 天，地方政府控制企业的营运资本最优规模为 130.77 天，中央政府控制企业的营运资本最优规模为 76.88 天；在融资约束弱的样本组中，民营企业的营运资本最优规模为 93.21 天，地方政府控制企业的营运资本最优规模为 79.84 天，中央政府控制企业的营运资本最优规模为 74.28 天。分析结果显示，不管是融资约束强的企业还是融资约束弱的企业，民营企业的营运资本最优规模均高于国有企业的营运资本最优规模,进一步说明本章的假设 H5-2 成立。而不同产权性质企业面临相同融资约束程度时,营运资本最优规模的差距变小,尤其是融资约束弱的样本组中,这种效果更为显著。由此可知,由于不同产权性质企业面临不同的融资约束导致其营运资本最优规模存在差异,本章的假设 H5-3 成立。

为了使实证结果更加直观,本章对营运资本最优规模的数据进行初步处理,得到图 5-3,容易发现相同融资约束的不同产权性质企业其营运资本最优规模差距较小。

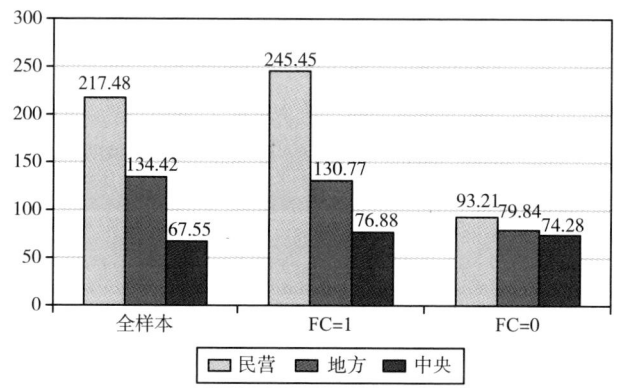

图 5-3　不同产权性质企业的营运资本最优规模

六、稳健性检验

为了验证本章结论的可靠性,本章做了以下稳健性测试。首先,本章选取托宾 Q 作为企业绩效的代理变量,很多学者在营运资本规模的研究中采用资产收益率 ROA 衡量企业绩效,为证明结果不受企业绩效指标选择的影响,本章在稳健性检验中采用 ROA 作为企业绩效的代理变量;其次,为证明本章结论不受融资约束指数选择的影响,本章采用 WW 指数做了稳健性测试。

表 5-14 是以 ROA 作为因变量检验营运资本最优规模的回归结果,结果显示,调整后的 R^2 为 0.183,F 值为 164.935,在 1% 的水平上显著,说明回归结果具有统计意义。NTC 系数为 0.445,大于 0,且在 1% 水平上显著,NTC^2 系数为 -0.144,小于 0,在 1% 水平上显著,说明营运资本规模与企业绩效之间存在倒"U"形关系,在控制了产权性质和融资约束因素后(回归

结果见模型 2 和模型 3），该结论仍成立。因此本章得出的企业存在营运资本最优规模的研究结果具有稳健性。

表 5-14　　企业绩效指标的稳健性检验

变量代码	模型 1	模型 2	模型 3
NTC	0.445*** (11.896)	0.453*** (12.124)	0.454*** (12.148)
NTC^2	-0.144*** (-15.800)	-0.146*** (-16.030)	-0.146*** (-15.957)
Size	-0.608*** (-25.536)	-0.573*** (-22.958)	-0.603*** (-20.346)
Lev	-0.011*** (-8.548)	-0.011*** (-8.570)	-0.011*** (-8.614)
Age	0.015*** (2.887)	0.013*** (2.630)	0.015** (2.901)
FA	-0.046 (0.349)	-0.046 (0.388)	-0.044 (0.329)
Growth	4.361*** (11.758)	4.361*** (11.792)	4.386*** (11.841)
PRO		0.251*** (4.452)	0.273*** (4.741)
FC			-0.119* (-1.873)
Year	控制	控制	控制
Ind	控制	控制	控制
R^2	0.184	0.186	0.187
$Adj-R^2$	0.183	0.185	0.186
F 值	164.935***	150.848***	137.506***

注：***、**、*分别表示在 1%、5%、10% 的水平上显著；括号中为 t 值。

以 ROA 作为企业绩效的代理变量研究产权性质对营运资本最优规模的影响，表 5-15 分别列示了产权性质对营运资本最优规模的回归结果。调整后的 R^2 均在可接受的范围内，F 值均远大于 2，且在 1% 的水平上显著，说明不同产权性质企业样本回归结果具有统计意义。民营企业、地方政府控制企业和中央政府控制企业的 NTC 系数均大于 0，且在 1% 水平上显著，NTC^2 系数均小于0，在1%水平上显著，说明不同产权性质企业都存在营运资本最优规模。经计算可知，民营企业的营运资本最优规模为258.74天、地方政府控制企业的营运资本最优规模为126.04天、中央政府控制企业的营运资本最优规模为61.09天，对比分析可知民营企业的营运资本最优规模大于国有企业的营运资本最优规模，而在国有企业中，地方政府控制企业的营运资本最优规模大于中央政府控制企业的营运资本最优规模，与前面的实证结果一致，证明本章得出的产权性质对营运资本最优规模的研究结果具有稳健性。

表5-15　企业绩效指标的稳健性检验（分产权性质）

变量代码	民营企业		地方控制		中央控制	
	模型1	模型2	模型1	模型2	模型1	模型2
NTC	0.740*** (8.578)	0.778*** (9.076)	0.426*** (9.622)	0.426*** (9.616)	0.347*** (3.970)	0.343*** (3.919)
NTC^2	-0.143*** (-7.063)	-0.150*** (-7.438)	-0.169*** (-17.364)	-0.169*** (-17.321)	-0.284*** (-9.113)	-0.283*** (-9.070)
Size	-0.988*** (-18.508)	-1.307*** (-17.414)	-0.380*** (-12.128)	-0.412*** (-10.040)	-0.542*** (-5.502)	-0.447*** (-2.764)
Lev	-0.005** (-1.984)	-0.007** (-2.514)	-0.016*** (-9.925)	-0.016*** (-9.974)	-0.012*** (-4.470)	-0.012*** (-4.494)
Age	0.007 (0.555)	0.022* (1.771)	0.005 (0.730)	0.006 (0.979)	-0.007 (-0.613)	-0.011 (-0.848)
FA	-0.228 (-0.678)	-0.242 (-0.726)	0.029 (0.200)	0.027 (0.185)	0.035 (0.124)	0.036 (0.127)
Growth	3.484*** (3.973)	3.307*** (3.803)	3.803*** (9.814)	3.803*** (9.815)	8.406*** (8.942)	8.397*** (8.931)
FC		-1.105*** (-5.993)		-0.096 (-1.232)		0.142 (0.738)
Year	控制	控制	控制	控制	控制	控制
Ind	控制	控制	控制	控制	控制	控制
R^2	0.214	0.228	0.199	0.199	0.188	0.188
$Adj-R^2$	0.210	0.224	0.197	0.197	0.182	0.182
F值	59.503***	58.093***	90.795***	81.880***	33.290***	30.005***

注：***、**、*分别表示在1%、5%、10%的水平上显著；括号中为t值。

为证明本章结论不受融资约束指数选择的影响，本章采用 WW 指数做了稳健性测试。回归结果如表 5-16 所示，NTC 的系数均大于 0，NTC^2 的系数均小于 0，NTC 和 NTC^2 都至少在 10% 的水平上显著，说明不同融资约束样本组均存在营运资本最优规模。经计算可知，在融资约束强的样本组中，民营企业的营运资本最优规模为 259.55 天，地方政府控制企业的营运资本最优规模为 173.77 天，中央政府控制企业的营运资本最优规模为 79.34 天；在融资约束弱的样本组中，民营企业的营运资本最优规模为 102.27 天，地方政府控制企业的营运资本最优规模为 104.09 天，中央政府控制企业的营运资本最优规模为 71.37 天。

表 5-16　　　　　　　融资约束指数的稳健性检验

变量代码	FC = 1			FC = 0		
	民营企业	地方控制	中央控制	民营企业	地方控制	中央控制
NTC	0.462*** (5.755)	0.212*** (3.758)	0.311* (1.845)	0.360** (2.304)	0.127*** (3.501)	0.177** (2.451)
NTC^2	-0.089*** (-4.687)	-0.061*** (-4.801)	-0.196*** (-3.731)	-0.176** (-2.566)	-0.061*** (-7.693)	-0.124*** (-4.478)
Size	-0.953*** (-17.907)	-0.329*** (-8.564)	-0.240 (-1.143)	-0.927*** (-11.980)	-0.219*** (-8.313)	-0.456*** (-5.212)
Lev	-0.004 (-1.429)	-0.013*** (-5.957)	-0.020*** (-4.375)	-0.009** (-2.061)	-0.014*** (-10.487)	-0.009*** (-3.940)
Age	0.014 (0.252)	0.016* (1.928)	-0.050* (-1.918)	-0.029 (-1.314)	-0.002 (-0.471)	0.002 (0.169)
FA	-0.316 (-1.005)	0.478** (2.433)	-0.564 (-1.153)	-0.157 (-0.262)	-0.021 (-0.176)	0.230 (0.937)
Growth	3.855*** (4.635)	3.840*** (8.397)	7.065*** (5.535)	2.665* (1.906)	2.747*** (8.257)	5.092*** (5.689)
Year	控制	控制	控制	控制	控制	控制
Ind	控制	控制	控制	控制	控制	控制
R^2	0.222	0.197	0.259	0.387	0.164	0.115
Adj-R^2	0.218	0.191	0.239	0.369	0.160	0.106
F 值	52.014***	33.047***	13.290***	21.048***	45.095***	13.581***
N	1646	1222	353	335	2081	954

注：***、**、* 分别表示在 1%、5%、10% 的水平上显著；括号中为 t 值。

为了使融资约束对产权性质和营运资本最优规模的影响结果更加直观，本章对营运资本最优规模的数据进行了与前面类似的处理，得到图 5-4。容易发现相同融资约束的不同产权性质企业的营运资本最优规模差距较小，结果稳健。

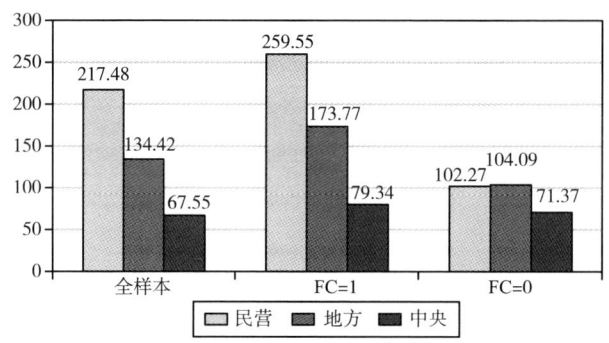

图 5-4　不同产权性质企业的营运资本最优规模（稳健性检验）

综上所述，营运资本规模过大或者过小都会对企业绩效产生负面影响，因此企业存在一个营运资本规模的平衡点使企业绩效达到最大化，回归检验结果也支持了营运资本规模与企业绩效之间的倒"U"形相关关系，即企业存在营运资本最优规模。而在中国制度背景下，不同产权性质的企业表现出不同的特征，其营运资本规模也会存在差异，本章通过营运资本规模的影响因素模型的回归结果也验证了产权性质会对营运资本规模产生影响，那么不同产权性质企业的营运资本最优规模是否也会有所差异。在接下来的回归分析中，引入产权性质虚拟变量，检验产权性质对营运资本最优规模的影响，发现民营企业的营运资本最优规模大于国有企业的营运资本最优规模。在国有企业中，中央政府控制企业多是自然垄断行业，关系国计民生，政府支持力度大，而地方政府控制企业较难无限制地获得外部资金，因此地方政府控制企业和中央政府控制企业对营运资本的需求也会存在差异。本章将样本按产权性质分组，得到3个子样本，对子样本分别进行回归，结果显示民营企业的营运资本最优规模大于地方政府控制企业的营运资本最优规模，地方政府控制企业的营运资本最优规模大于中央政府控制企业的营运资本最优规模。诸多学者研究发现不同产权性质企业面临的融资约束程度不同，而营运资本影响因素的回归结果显示融资约束会影响营运资本规模，那么不同产权性质企业的营运资本最优规模存在差异是否与面临不同的融资约束程度有关。本章采用 SA 指数测度了相对融资约束程度，分别检验了融资约束强的民营企业、地方政府控制企业、中央政府控制企业的营运资本最优规模和融资约束弱的不同产权性质企业的营运资本最优规模，对比发现，面临相同融资约束程度的不同产权性质企业的营运资本最优规模差距较小，说明由于不同产权性质企业面临不同的融资约束程度导致营运资本最优规模存在差异。

七、结　　论

本章以筛选后的我国 A 股非金融业上市公司 2006～2015 年的数据为样本，对企业的营运资本最优规模进行了实证分析检验，同时考虑了中国制度背景下产权性质对营运资本最优规模的影响，并基于融资约束角度分析不同产权性质企业营运资本最优规模的差异。研究结果发现，企业存在营运资本最优规模；民营企业的营运资本最优规模要高于国有企业的营运资本最优规模，在国有企业中，地方政府控制企业的营运资本最优规模高于中央政府控制企业的营运资本最优规模；不同产权性质企业的营运资本最优规模存在差异与面临不同的融资约束程度有关。样本企业中民营企业的实际营运资本规模要低于最优规模，国有企业的实际营运资本规模要高于最优规模，说明现实中民营企业存在营运资本投资不足问题，而国有企业存在营运资本过度投资问题。本章的研究在证实了企业存在营运资本最优规模的同时，对企业基于不同产权性质和融资约束条件下确定合理的营运资本规模具有一定参考价值。具体结论如下：

第一，企业存在营运资本最优规模企业绩效达到最大化。当企业营运资本规模小于最优规模时，增加营运资本投资能提供较宽松的信用期限，增加销售收入，提高顾客的忠诚度，还能提高存货库存量，降低缺货成本，满足预期之外的订单需求，这些都能使企业绩效得到提高；当企业营运资本规模大于最优规模时，增加营运资本投资反而会降低企业绩效，因为营运资本规模过大，使企业需要额外的融资，相应地会增加企业的融资成本和机会成本，营运资本规模较大的企业会面临较高的利息费用和破产风险。

第二，产权性质会影响企业营运资本最优规模。一方面，实证结果进一步证实不同产权性质企业存在营运资本最优规模；另一方面，民营企业的营运资本最优规模大于国有企业的营运资本最优规模，而在国有企业中，地方政府控制企业的营运资本最优规模大于中央政府控制企业的营运资本最优规模。民营企业受自身规模和社会关系等因素的影响，获取外部资金的能力较弱，因此更需要保持较大营运资本规模，以满足投资所需资金。

第三，由于不同产权性质企业面临不同的融资约束程度导致其营运资本最优规模存在差异。这进一步解释了民营企业持有较多的营运资本是由于面临较大的融资约束，进行外部融资的难度较大。因此，民营企业应适当增加营运资本投资，以降低资本成本，缓解外部融资约束造成的企业投资不足问题。而国有企业拥有的资源较多，较易获得银行贷款和政府补助，因此，应重点关注提高营运资本周转速度，提高经营效率。

本章不仅丰富了营运资本规模的理论研究，对企业实践也具有一定的指导意义，企业作为以盈利为目的的组织，其经营活动、投资活动和融资活动都是为了实现企业价值最大化。营运资本作为企业资本中流动性最强的组成部分，营运资本的投入和回收都是不断循环的过程，保证营运资本的高效运转和有效管理才能使企业得以生存和持续发展，因此应当高度重视对营运资本的管理。

第一，管理层应从整体上关注营运资本规模，而不是只考虑营运资本的各个组成部分，如应收账款和存货等。因为营运资本各个组成部分之间存在内在联系，如企业放松信用政策，会促进存货的销售，加速存货的周转，但反过来也会降低应收账款周转速度，增加应收账款金额。因此，管理层制定营运资本管理政策也应从整体出发，充分考虑流动资产的配置和其资金来源之间的相互联系，将企业的经营状况和投资能力、融资能力相结合，积极调整企业营运资本规模，使企业绩效达到最大化。

第二，研究发现企业存在营运资本最优规模。因此，企业可以将与本公司经营相同或类似业务、经营效率领先的标杆企业的营运资本规模作为自身的参考标准，把本企业的营运资本规模与标杆企业的营运资本规模进行对比分析，据此确定企业的营运资本最优规模。一般情况下，如果企业实际营运资本规模低于该最优规模，则企业应制定较为宽松的信用政策，增加应收账款，提供更高的产品质量保证，使企业与购买者之间的长期合作关系更加稳固，同时提高存货库存，避免因库存不足会减少销售收入，对企业绩效造成不利影响。这时候增加营运资本投资的收益大于成本，应扩大营运资本规模。如果企业实际营运资本规模低于该最优规模，则应制定严格的营运资本投资策略，缩短信用期限，减少应收账款和存货。这时候营运资本规模越大所占用的资金越多，相应地对企业的融资能力要求较高，也会增加企业的融资成本，应减少营运资本投资。

第三，研究中得到产权性质影响营运资本最优规模，这为不同产权性质企业制定合理科学的营运资本投入提供了新思路。民营企业自身受到的信贷歧视较为严重，要重视营运资本管理和自身盈余资金积累，提高资金利用效率、降低资本成本，使企业投资资金的获取更依赖于营运资本规模的积极调整。中央政府控制企业，大多属于掌握国民经济命脉的垄断性行业，能够得到政府的大力支持与国有商业银行充足的资金支持，应充分发挥其融资优势提高投资效率，提高企业整体绩效；地方政府控制企业常常成为地方政府解决其政策负担和实现社会目标的重要平台，其面临的融资约束介于民营企业和中央政府控制企业之间，因此应做好营运资本管理，使营运资本规模接近最优规模，提高经营效率，实现企业价值最大化。

第四，研究结果发现，由于不同产权性质企业面临不同的融资约束程度导致其营运资本最优规模存在差异。因此，企业在制定营运资本策略时，要充分考虑企业内外部融资成本的差异，确定企业投资资金的获取对营运资本的依赖程度，积极调整营运资本规模以达到企业绩效最大化。我国资本市场存在结构失衡问题，金融市场作为外部融资渠道之一起到的作用不大，信贷资金主要控制在四大国有银行手中，使国有企业具有较大的融资优势，但是国有企业的绩效却普遍低于民营企业，说明国有企业的资金利用效率低下。国有企业和民营企业之间的不公平竞争，不利于市场的有效健康发展，政府应加大对国有企业的监管力度，提高国有企业的经营效率和投资效率，同时加快完善资本市场的步伐。

第六章 区域金融生态环境对企业资产结构异化的治理作用研究

一、问题提出

区域金融发展、金融稳定性、经济基础、法治环境、地方政府公共服务、企业诚信、诚信文化、社会中介服务和社会保障等多因素有机关联、交互作用而客观存在的耦合机制，犹如生态系统的运作机理，其影响区域系统环境本身的同时也制约着区域系统内部参与主体的行为与后果。正是与生态系统客观存在的机理相似，"金融生态环境"术语可以用来较好地描述区域金融系统健全程度与内在机理。所谓金融生态环境，其既包括宏观层面的金融环境也包括微观层面的金融环境。前者主要强调金融运行的外部环境，是金融运行的一些基础条件，具体指与金融业生存、发展具有互动关系的社会、自然因素的总和，包括政治、经济、文化、地理、人口等一切与金融业相互影响、相互作用的统称。后者主要涉及微观层面的金融系统环境，包括法律制度、行政管理体制、社会诚信状况、会计与审计准则、中介服务体系、企业的发展状况及银企关系等方面的内容。

我国地域广阔，地区之间制度环境和市场化进程差异较大，这其中自然也包括金融生态环境的区域差异。金融生态环境作为区域制度环境最重要的具体体现，其不仅影响区域宏观经济的发展，也将对区域内微观企业行为带来深远的影响。资产结构在一定程度上决定资产的流动性与收益水平从而决定了资产的质量。企业资产结构问题，以往的文献主要从企业微观角度进行相关的理论与实证研究，而较少考虑所处地区其金融生态环境这一重要的因素所带来的影响。金融生态环境的区域差异能否较好解释企业总资产中现金资产占比、无形资产占比以及长期非金融性资产占比的区域差异，是一个亟待理论与实证研究的问题。基于此，本章在理论论证区域金融生态环境对企业资产结构的作用机理基础上，以我国 30 个省区市的制造业上市公司为样本，检验区域金融生态环境对区域内企业资产结构的实际影响。本章的贡献在于从金融生态环境的区域差异探寻企业资产结构的影响因素的证据，在深化企业金融结构认识的同时也可以丰富金融生态环境相关研究文献，有助于将区域地理制度环境与微观主体行为结合进行交叉、边缘性研究。

二、区域金融生态环境对优化企业资产结构研究现状

直接研究企业资产结构或资产期限结构（assets maturity structure）的文献相对较少。相关文献主要集中在权衡理论、代理理论、融资约束理论、资产专用性理论等方面。权衡理论主要是从资产流动性与收益性权衡角度确定企业的资产结构，即流动性资产（短期资产）尤其现金资产流动性最大而收益性最差，确定企业资产结构（流动资产或长期资产占总资产的比例）本质上是企业对风险与收益的权衡。遵循此逻辑，行业、规模、成长性、盈利能力、风险水平等企业特征均影响具体企业的资产结构。代理理论认为企业现金资产等流动性资产越充足，越有可能为经理人追逐私有收益提供激励。这一理论的典型代表是 Jensen 提出的自由现金流假说（free cash flow hypothesis）——经理人出自利己动机倾向维持较充足的自由现金流而导致企业资产流动性过剩。因此，代理问题较为严重的公司存在相对较大规模流动性资产。融资约束理论则提供了企业非效率地维持规模较大的现金等流动资产的另一种解释，即企业由于外部融资能力有限或外部融资成本不经济，促使企业更多地依赖内部融资，即从现金流中储备足够多的现金等强变现能力的流动资产以满足未来投资需求。换言之，流动资产尤其现金资产相对规模较大客观上反映了企业面临一定的融资约束。与权衡理论、代理理论、融资约束理论均从企业流动资产持有动机和原因角度解释企业资产结构生成机理所不同，资产专用性理论主要是从长期资产形成机理入手研究企业资产结构。该理论认为当企业内部机会主义与代理冲突越小，越有利于企业资产专用性投入与形成，进而企业越有效率。而资产专用性投入的结果是企业长期非金融性资

产相对规模较大。但这些文献共同存在的问题,均未考虑外部环境尤其金融环境对企业资产结构的影响。

事实上,研究金融生态环境对身置其中的微观企业财务行为的影响的文献较为罕见。谢德仁等较早将金融生态环境与企业微观财务行为结合起来研究,发现我国转型时期区域间存在差异的金融生态环境可以解释企业债务治理效应差异以及财务困难的根本原因。解维敏、方红星、王维、郑巧慧、乔朋华等先后研究了金融生态环境与企业研发(R&D)投入以及中小企业创新技术创新之间的关系,实证检验了区域金融发展积极推动了企业研发投入,有力促进了企业技术创新。魏志华、曾爱民、李博以上市公司为样本实证检验了金融生态环境对于企业融资约束的影响。张敏、谢露、马黎珺研究金融生态环境对我国商业银行盈余质量的影响,研究结果显示良好的金融生态环境有助于改善商业银行盈余质量。这些研究将宏观与微观结合,从金融生态环境寻找企业微观财务行为差异的原因,具有一定的创新性。

上述文献主要从企业特征以及企业内部因素研究资产结构形成的机理与决定因素而未考虑外部金融环境带来的影响。为数不多的已有研究金融生态环境对企业行为影响的文献却并未关注资产结构方面的问题。基于此,本章从金融生态环境的区域差异寻找影响企业资产结构的因素的经验证据,一方面可以深化企业金融结构认识;另一方面也可以丰富将区域地理制度环境与微观主体行为结合进行交叉、边缘性研究的文献。

三、区域金融生态环境影响资产结构的理论分析

(一)区域金融生态环境与企业流动性储备

作为描述宏观金融环境优劣的金融生态环境由金融发展、政府治理、经济基础、制度文化等多维度构成(李扬和张涛,2009)。其中,金融发展是金融生态环境最直接、最核心的维度。在良好的区域金融生态环境下,金融中介与银行业得到发展,带来的结果之一是储蓄动员能力增强,促使信贷、融资租赁等间接融资规模的扩大;同时,发展相对充分的金融中介使区域内企业股权直接融资和债权直接融资机会增多,有力拓宽了企业外部融资渠道。

另外，在良好的区域金融生态环境下，发展相对充分的金融中介和银行更有效收集、筛选、评估企业相关信息，大大节约信息成本，有助于缓解资金供给与需求双方的信息不对称，弱化了信贷配给效应。因此，良好的金融生态环境可以有效缓解融资约束，提升企业融资能力而使企业现金资产相对充足。

因此，**假设 H6–1**：在其他条件不变条件下，良好的金融生态环境，有助于企业流动性储备而持有充足的现金资产。

（二）区域金融生态环境、研发投入与无形资产

研发投入决定企业无形资产的相对规模，但研发需要大量的资金。区域金融生态环境促进研发投入，进而促进无形资产相对规模的机理主要在以下三个方面：第一，良好的区域金融生态环境将带来高的区域储蓄动员能力。金融契约和金融工具的丰富程度和创新深度是储蓄动员能力的主要体现。多样化的金融契约和金融工具为成千上万居民提供持有分散化的金融资产组合，提供回报率更高的企业以及增加资产流动性的机会。高的储蓄动员能力增加了银行等金融机构资金来源而有利于扩大工商企业的信贷规模，同时也优化了资本配置，有力推动了企业研发等创新活动的投入。第二，良好的区域金融生态环境降低了企业研发项目融资的交易成本，提高了融资效率。区域金融生态环境改善客观上缩短了融资交易双方的地理距离，更有利于金融机构或市场投资者对研发融资项目的信息收集、估值、监控以及各种评估，降低价值发现成本使定价更准确和更有效率，进而有助于高风险的研发项目获得足够多的融资支持。第三，良好的区域金融生态环境有助于缓解融资交易双方信息不对称，有助于提高企业治理能力和风险管控能力，最终有助于扩大企业债务或股权融资规模，缓解企业研发投入的资金约束。

基于此，提出**假设 H6–2**：在其他条件不变条件下，良好的金融生态环境，有助于企业研发投入，从而提高了总资产中无形资产占比。

（三）区域金融生态环境、投资者权益保护与资产专用性

企业内部机会主义盛行、代理冲突严重、资产专用性形成的"准租金"容易被机会主义所攫取，则为企业事前关系型专用性投入提供负面激励。因此，企业治理水平直接关系着企业资产专用性大小程度。资产专用性的结果

是企业资产期限的长期化和高效率。良好的区域金融生态环境意味着区域金融发展、政府治理、经济基础、制度文化等正式制度和非正式制度的供给较为充分且有效率。作为企业外部治理环境的正式制度和非正式制度供给充分且有效率,有助于提高公司治理效应,促进企业利益相关者和谐共生,尤其有助于抑制控股股东和企业管理当局对股权投资者、债权投资者以及其他产权主体的利益攫取,从而有助于企业关系型专用性投资而提高企业资产专用性。如前所述,良好的区域金融生态环境有助于提高企业信息的透明度,缓解信息不对称,有助于抑制代理成本,也可促进企业资产专用性的提升。同时,良好的区域金融生态环境,培育相对发达的金融机构,它们以中介或机构投资者身份参与公司投资运作和管理决策,凭借专业优势和规模优势,充分发挥治理和监督功能,不仅促进公司效率提升,也可以提高公司资产专用性。在一个金融生态环境良好的区域里,企业股权治理、债权治理、外部治理、内部治理、独立审计治理、资本市场治理、产品市场治理、经理市场治理等多维度治理体系形成良性互动,综合发挥作用,也将促进企业资产专用性的提升。

因此,假设 **H6-3**:在其他条件不变条件下,良好的金融生态环境,有助于企业资产专用性投入,从而提高了总资产中长期非金融性资产占比。

四、研究设计

(一)区域金融生态环境的计量

本章对区域金融生态环境的计量采用中国社科院中国城市/地区金融生态环境评价专题项目发布的《中国地区金融生态环境评价》。至今对外公开发布五次全国各地区金融生态环境评价报告。最近的报告为2015年王国刚、冯光华等编撰并发布的《中国地区金融生态环境评价(2013~2014年)》。在该报告中对地区金融生态环境由地方政府债务对金融稳定的影响、地区经济基础、金融发展、制度与诚信文化四个方面所构成,并对四个方面的相关指标进行单因素数据筛选分析,以及通过构建多因素评价模型,最后得出地区金融生态环境的综合得分(见表6-1)。

表6-1　中国区域金融生态环境评价　　　　　　　　　　　　　　　　　　　　单位：分

综合排名	省份	地方债务对金融稳定的影响	经济基础	金融发展	制度与诚信文化	综合得分
1	上海	0.529	0.785	0.673	0.892	0.727
2	北京	0.438	0.778	0.572	0.654	0.617
3	浙江	0.501	0.572	0.655	0.590	0.587
4	广东	0.544	0.549	0.591	0.558	0.563
5	江苏	0.603	0.541	0.499	0.572	0.549
6	福建	0.522	0.486	0.585	0.541	0.537
7	天津	0.376	0.517	0.576	0.602	0.528
8	山东	0.627	0.415	0.530	0.515	0.517
9	重庆	0.403	0.447	0.584	0.568	0.510
10	辽宁	0.604	0.414	0.488	0.422	0.476
11	安徽	0.639	0.281	0.472	0.495	0.463
12	河北	0.573	0.277	0.379	0.386	0.394
13	吉林	0.623	0.263	0.339	0.396	0.391
14	湖北	0.510	0.292	0.378	0.409	0.390
15	内蒙古	0.584	0.260	0.365	0.384	0.387
16	江西	0.519	0.266	0.400	0.387	0.387
17	山西	0.418	0.266	0.464	0.378	0.384
18	云南	0.413	0.253	0.486	0.367	0.383
19	四川	0.301	0.297	0.488	0.407	0.383
20	广西	0.450	0.243	0.415	0.424	0.381
21	湖南	0.439	0.300	0.343	0.440	0.376
22	河南	0.469	0.260	0.378	0.409	0.374
23	海南	0.577	0.269	0.224	0.417	0.354
24	陕西	0.383	0.262	0.365	0.384	0.348
25	新疆	0.481	0.175	0.405	0.321	0.342
26	黑龙江	0.498	0.238	0.332	0.325	0.340
27	甘肃	0.416	0.198	0.330	0.367	0.323
28	宁夏	0.625	0.243	0.255	0.232	0.320
29	贵州	0.418	0.163	0.299	0.350	0.302
30	青海	0.248	0.085	0.292	0.364	0.249

从中国地区金融生态环境评价综合得分表明,上海综合得分最高,达到 0.727 分。东部沿海省市金融生态环境均良好,综合得分靠前。金融生态环境较差的大部分分布在西部和中部地区,其中综合得分最低的 10 个省区市中,西部有 6 个,分别为陕西、新疆、甘肃、宁夏、贵州、青海,综合得分低于 0.348 分。中部地区有 2 个,分别为湖南、河南,综合得分分别为 0.376、0.474 分。东北部的黑龙江以及东部省份的海南得分也较低,分别为 0.340 分、0.354 分,也在得分最低的省份之列。很明显,上海、北京以及东部大部分省区市金融生态环境较好。

(二) 企业样本与数据

为检验区域金融生态环境影响微观企业资产结构,本章在万得数据库(Wind)选取 2013~2014 年参与地区生态环境综合评分的来自全国 30 个省区市的制造业上市公司作为研究样本。之所以选择制造业而非全体上市公司主要是为了克服行业带来的资产结构行业差异影响,同时此制造业有效样本量大。本章剔除了缺省值和极端值的样本,最后共选取了 3798 个有效观测值。

(三) 模型构建

金融生态环境以及构成金融生态环境各个方面对企业资产结构的影响,本章构建以下模型:

$$A\_structure = \beta_0 + \beta_1 L\_Debt + \beta_2 Economy + \beta_3 F\_development + \beta_4 Insitution + \beta_5 F\_S + \beta_6 C\_Intensity + \beta_7 Size + \beta_8 Growth + \beta_9 Leverage + \beta_{10} ROE + \beta_{11} Ocf/Sals + \varepsilon \quad (6-1)$$

其中,被解释变量为 A_structure,代表资产结构各项具体指标,分别为流动资产比(Current – asset)、无形资产比(Intangible – Asset)、长期非金融性资产比(L – nonfinancial Asset)。L_Debt、Economy、F_development、Insitution、F_S 分别为地方政府债务对金融稳定的影响、地区经济基础、金融发展、制度与诚信文化等金融生态环境的四个方面以及金融生态环境综合得分,它们是主测试变量。企业资本密集度 C_Intensity、规模 Size、成长性 Growth 和财务杠杆 Leverage 理论上也会影响企业资产结构,故将 C_Intensity、Size、Growth、Leverage 作为控制变量引进模型。模型涉及的变量描述与定义如表 6-2 所示。

表 6-2　　　　　　　　　　　变量描述与定义

变量类型	变量	变量描述	变量定义
因变量	Cash	现金资产比	现金资产占总资产比
	Intangible – Asset	无形资产比	无形资产占总资产比
	L – nonfinancial Asset	长期非金融资产比	固定资产、无形资产、长期待摊费用、在建工程之和占总资产之比
主测试变量	L – Debt	地方政府债务对金融稳定的影响	参照《中国地区金融生态环境评价（2013~2014）》
	Economy	地区经济基础	同上
	F – development	金融发展	同上
	Institution	制度与诚信文化	同上
	F – S	金融生态环境综合得分	同上
控制变量	C – Intensity	资本密集度	营业收入与总资产之比
	Size	规模	资产的自然对数
	Growth	成长性	同比营业收入增长率
	Leverage	债务杠杆	资产负债率
	ROE	盈利水平	净资产收益率
	OCF/Sales	经营现金实现水平	经营现金净流量与营业收入之比

五、区域金融生态环境影响资产结构的实证检验

（一）区域生态环境与企业资产结构描述统计分析

为了更好地揭示区域金融生态环境与企业资产结构的关系，依据金融生态环境综合得分，将我国地区金融生态环境分为五个等级，在此基础上对企业资产结构进行描述统计分析。上海、北京综合得分在 0.600 以上，金融生态环境相对最为理想，属于Ⅰ级；浙江、广东、江苏、福建、天津、山东、重庆等七个省市综合得分在 0.500~0.600，金融生态环境相对良好，属于Ⅱ级；辽宁、安徽两省综合得分在 0.400~0.499，金融生态环境相对一般，属

于Ⅲ级；河北、吉林、湖北、内蒙古、江西、山西、云南、四川、广西、湖南、河南、海南等十二省区综合得分在 0.350~0.399，金融生态环境欠佳，属于Ⅳ级。金融生态环境相对最差的是陕西、新疆、黑龙江、甘肃、宁夏、贵州、青海等七省区，综合得分在 0.350 以下，属于Ⅴ级。

表 6-3 地区企业资产结构描述统计

等级	综合得分	样本量	资产结构变量	中位	标准差	最小值	最大值
Ⅰ	>0.600	578	Cash	15.736	13.83	0.36	77.89
			Intangible – Asset	4.378	3.737	0.000	23.074
			L – nonfinancial Asset	36.752	16.100	2.166	83.709
Ⅱ	0.500~0.600	1890	Cash	15.335	13.116	0.872	91.478
			Intangible – Asset	4.588	3.843	0.000	32.994
			L – nonfinancial Asset	37.241	15.463	0.419	84.242
Ⅲ	0.400~0.499	220	Cash	14.899	10.835	1.019	73.289
			Intangible – Asset	4.369	3.711	0.000	25.582
			L – nonfinancial Asset	36.242	17.779	0.109	85.602
Ⅳ	0.350~0.399	866	Cash	13.740	12.073	0.136	66.235
			Intangible – Asset	4.350	4.883	0.000	45.261
			L – nonfinancial Asset	35.307	17.899	0.305	87.729
Ⅴ	<0.350	244	Cash	12.608	11.533	0.095	56.743
			Intangible – Asset	3.893	4.869	0.000	41.848
			L – nonfinancial Asset	32.884	19.961	2.699	86.797

从描述统计来看，金融生态环境等级不同的地区，资产结构中位数表出不同的特征。从总资产中现金资产相对规模（Cash）来看，金融生态环境较好的上海、北京，企业流动资产占比明显较大，中位数到达 15.736%，而金融生态环境最差、综合得分最低的陕西、新疆、黑龙江、甘肃、宁夏、贵州、青海等地区现金资产相对规模也最小，中位数为 12.608%。如图 6-1 所示，现金资产相对规模的地区递减趋势与金融生态环境地区等级递减趋势完全一致，与假设 H6-1 非常吻合。

无形资产相对规模（Cash）、长期非金融性资产相对规模（L – nonfinancial Asset）与相应的地区金融生态环境不完全一致，即等级为Ⅱ的地区无形资产相对规模和长期非金融性资产相对规模高于等级为Ⅰ的地区。但是，很明显，Ⅰ、Ⅱ、Ⅲ级的金融生态环境较好的地区，即上海、北京、浙江、广东、江苏、福建、天津、山东、重庆等省和辽宁、安徽两省,无形资产、长期非金融性资产的相对规模均高于金融生态环境等级为Ⅳ、Ⅴ的地区,在一定程度上也说明了良好的金融生态环境,有助于企业研发投入,提高无形资产相对规模,也有助于企业资产专用性投入,从而提高总资产中长期非金融性资产占比。

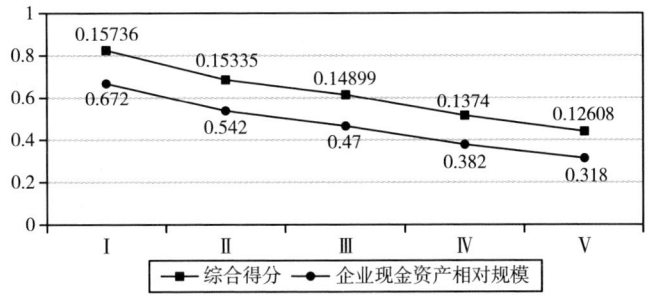

图 6-1　地区金融生态环境平均得分与现金资产相对规模比较

(二) 地区生态环境对企业资产结构影响的回归检验

为了更严谨地揭示金融生态环境对微观企业资产结构的影响,首先以构成地区金融生态环境的四个方面,即金融发展 (F-development)、地区经济基础 (Economy)、地方政府债务对金融稳定的影响 (L-Debt)、制度与诚信文化 (Institution) 等金融生态环境的四个方面为主测试变量,分别以现金资产、无形资产以及长期非金融性资产的相对规模为被解释变量进行回归,具体为表 6-4 中的模型 1、模型 3、模型 5。

表 6-4　　　　　　　　　　　回归检验结果

因变量	cash Asset		Intangible-Asset		L-nonfinancial Asset	
解释变量	模型 1	模型 2	模型 3	模型 4	模型 5	模型 6
F-S		3.444* (1.917)		2.662*** (4.231)		22.394*** (9.055)
F-development	3.098 (0.975)		2.302** (2.068)		16.843*** (3.87)	
Economy	6.439** (2.351)		1.23 (1.283)		20.199*** (5.386)	

续表

因变量	cash Asset		Intangible - Asset		L - nonfinancial Asset	
解释变量	模型1	模型2	模型3	模型4	模型5	模型6
Institution	2.977 (0.818)		2.218* (1.739)		5.344 (1.072)	
L - Debt	3.678 (1.595)		-0.888 (-1.1)		6.624** (2.098)	
C - Intensity	0.069** (2.055)	0.072** (2.168)	-0.005 (-0.467)	-0.005 (-0.425)	0.007 (0.154)	-0.002 (-0.033)
Size	-0.121 (-0.705)	-0.135 (-0.785)	-0.591*** (-9.797)	-0.601*** (-9.986)	0.788*** (3.337)	0.774*** (3.269)
Growth	0.002 (0.335)	0.002 (0.3)	-0.003 (-1.423)	-0.003 (-1.411)	-0.019** (-2.512)	-0.018** (-2.42)
Leverage	-0.241** (-22.249)	-0.241*** (-22.329)	0.011*** (2.967)	0.012*** (3.072)	0.138*** (9.334)	0.142*** (9.523)
ROE	0.006 (0.788)	0.005 (0.743)	-0.003 (-1.074)	-0.002 (-0.968)	-0.054*** (-5.374)	-0.052*** (-5.147)
OCF/Sales	0.064*** (7.226)	0.064*** (7.218)	0.002 (0.721)	0.002 (0.809)	0.107*** (8.856)	0.108*** (8.916)
Constant	32.069*** (8.182)	28.592*** (7.69)	18.446*** (13.437)	18.971*** (14.568)	12.353** (2.301)	23.653*** (4.622)
F	84.84***	119.80***	106***	134**	109***	97***
Adj R^2	18.2%	12.1%	18.5%	13.5%	17.5%	12.7%
D - W	1.92	1.90	2.02	1.97	1.90	2.13

注：*、**、*** 分别表示在10%、5%、1%水平下显著。括号内为T值。

其次，以地区金融生态环境综合得分（F-S）为主测试变量解释反映资产结构的各变量，具体为表6-4中的模型2、模型4、模型5。同时，将影响企业资产结构的企业资本密集度（C-Intensity）、规模（Size）、成长性（Growth）、债务杠杆（Leverage）、盈利能力（ROE）、营业收入收现比（OCF/S）等各变量作为控制变量进入模型。从F值和Adj R^2来看，各模型整体显著，且有一定的解释力。各模型的D-W值表明不存在自相关问题。主要解释变量在进入模型之前经检测也不存在严重的多重共线性问题。具体回归结果如表6-4所示，具体而言：

(1) 模型1和模型2是检测区域金融生态环境对企业现金资产相对规模的影响。模型1中组成区域金融生态环境的四个方面的变量符号均为正，且Economy在5%水平下显著，表明经济基础好的区域企业更可能具备充足的现金资产。模型2中主测试变量区域金融生态环境综合得分（F-S）在10%水平下显著为正，表明金融生态环境越好的区域企业现金资产越充足。

(2) 模型3和模型4是检测区域金融生态环境对企业无形资产相对规模的影响。模型3中虽然地方政府债务对金融稳定影响（L-Debt）回归系数为负（不显著），但区域金融发展（F-development）、经济基础（Economy）、制度与文化（Institution）回归系数均为正，且金融发展、制度文化因素分别在5%、10%水平下显著为正，表明金融发展、制度文化因素较好的区域，有利于该区域公司无形资产的形成。在模型4中，区域金融生态环境综合得分（F-S）回归系数为2.662，且在1%水平下显著为正，充分表明良好的金融生态环境，有助于企业研发投入，从而提高了总资产中无形资产占比。

(3) 模型5和模型6是检测区域金融生态环境对长期非金融性资产相对规模的影响。在模型4中，除了制度与文化（Institution）变量不显著外，金融稳定影响（L-Debt）、经济基础（Economy）以及地方债务对金融稳定的影响（L-Debt）均5%水平下显著为正。在模型6中，金融生态环境综合得分（F-S）回归系数为22.394，且在1%水平下显著为正，有力支持了本章假设H6-3，即其他条件不变条件下，良好的金融生态环境，有助于企业资产专用性投入，从而提高了总资产中长期非金融性资产占比。

（三）稳健测试

为测试实证结果的稳定性，回归模型主测试变量区域金融生态环境综合得分以哑变量处理。首先求得30个省区市金融生态环境综合得分平均数为0.42940分。高或等于30个省区市平均得分，设F-S为1，代表金融生态环境良好区域；低于30个省区市平均得分，设F-S为0，代表金融生态环境欠佳区域。以金融生态环境综合得分哑变量为主测试变量，以企业资本密集度、规模、成长性、债务杠杆、盈利能力、营业收入收现比等各变量作为控制变量，分别以现金资产、无形资产以及长期非金融性资产的相对规模为被解释变量进行回归。回归结果与上述模型2、模型4、模型6基本保持一致。

六、结　论

基于以往文献主要从企业微观角度探寻资产结构的决定因素，而较少考虑区域金融生态环境这一重要因素的影响的研究现状。本章理论论证区域生态环境对企业资产结构的作用机理基础上，以我国 30 个省区市 2013~2014 年的制造业上市公司为样本，检验区域金融生态环境对区域内企业资产结构的影响。检验结果显示，金融生态环境越好的区域企业现金资产越充足。同时检验结果也显示区域金融生态环境有助于区域内企业研发投入，进而提高总资产中无形资产占比。最后，检验结果也支持金融生态环境有助于企业资产专用性投入，从而提高了总资产中长期非金融性资产占比的假设。研究表明金融生态环境对区域内微观企业行为会带来系统性影响，因此不断建设和完善区域生态环境是引导、塑造和优化包括资产结构在内的企业行为重要的途径。具体而言，本章检验结果有三个方面的重要启示：（1）地方政府在治理地方金融风险，避免企业资金链断裂，降低企业流动性风险方面，应当着力于系统性优化区域金融生态环境。区域金融生态环境的持续优化可以缓解企业的融资约束，提高企业资产的流动性，有助于企业乃至区域经济健康稳定发展。（2）地方政府可以通过建设良好的区域金融生态环境实现区域经济内涵式增长。提高企业研发投入，进而提高企业科技含量，获取核心竞争力，确保企业可持续性增长，不仅取决企业内部的资源投入，更取决外部的区域金融生态环境的改善。（3）地方政府解决实体经济"空心化"，鼓励实体经济的发展，提高长期非金融性资产专用性投入的一个重要途径就是持续优化区域金融生态环境。区域内正式制度和非正式制度供给充分且有效率，可以激活各种内外部治理机制，有助于为长期专用性投入提供激励。

参 考 文 献

[1] 本杰明·克莱因. 契约与激励: 契约条款在确保履约中的作用. 契约经济学 [M]. 经济科学出版社, 1999.

[2] 蔡晓慧. 融资约束的度量及其检验——基于债务融资溢价视角 [J]. 浙江社会科学, 2013 (6).

[3] 曹华, 刘立志. 上市公司董事会治理与债务杠杆及期限的选择 [J]. 北京邮电大学学报: 社会科学版, 2011 (1): 71 - 79.

[4] 曹敏, 何佳, 潘启明. 金融中介及关系银行——基于广东外资企业银行融资数据的研究 [J]. 经济研究, 2003 (3): 44 - 53.

[5] 陈德球, 李思飞, 王丛. 政府质量、终极产权与公司现金持有 [J]. 管理世界, 2011 (11): 127 - 141.

[6] 陈菲. 融资约束与现金持有文献综述 [J]. 中国证券期货, 2013 (4): 200.

[7] 陈媛. 控股股东性质及机构投资者对公司融资约束的影响 [D]. 西南财经大学, 2013.

[8] 程宏伟. 隐性契约、专用性投资与资本结构 [J]. 中国工业经济, 2004 (8).

[9] 程六兵, 刘峰. 银行监管与信贷歧视——从会计稳健性的视角 [J]. 会计研究, 2013 (1): 28 - 34.

[10] 程仲鸣, 夏新平, 余明桂. 政府干预, 金字塔结构与地方国有上市公司投资 [J]. 管理世界, 2008 (9): 37 - 47.

[11] 戴璐, 汤谷良. 长期"双高"现象之谜: 债务融资, 制度环境与大股东特征的影响——基于上海科技与东盛科技的案例分析 [J]. 管理世界, 2007 (8): 129 - 139.

[12] 戴璐. 股权再融资后的"双高"现象研究: 超额短期借款融资的视角 [J]. 经济科学, 2008 (3): 85 - 96.

[13] 方军雄. 民营上市公司, 真的面临银行贷款歧视吗? [J]. 管理世界, 2010 (11): 123-131.

[14] 方军雄. 所有制、市场化进程与资本配置效率 [J]. 管理世界, 2007 (11): 27-35.

[15] 高雷, 张杰. 公司治理、政府控制与现金持有 [J]. 中大管理研究, 2008, 3 (1).

[16] 韩忠雪, 周婷婷. 产品市场竞争、融资约束与公司现金持有: 基于中国制造业上市公司的实证分析 [J]. 南开管理评论, 2011, 14 (4): 149-160.

[17] 赫丽君. 货币政策对企业营运资金持有水平影响的研究 [D]. 西南财经大学, 2013.

[18] 洪怡恬, 陈金龙. 社会资本、企业所有权属性与融资约束 [J]. 财会通讯, 2014 (15).

[19] 胡援成, 程建伟. 中国上市公司债务期限结构决定: 基于行业和面板数据的实证分析 [D]. 2006.

[20] 黄珺, 黄妮. 过度投资、债务结构与治理效应——来自中国房地产上市公司的经验证据 [J]. 会计研究, 2012 (9): 67-72.

[21] 计方, 刘星. 集团控制、融资优势与投资效率 [J]. 管理工程学报, 2014 (1): 26-38.

[22] 江龙, 刘笑松. 经济周期波动与上市公司现金持有行为研究 [J]. 会计研究, 2011 (9).

[23] 江伟, 李斌. 制度环境, 国有产权与银行差别贷款 [J]. 金融研究, 2006, 11: 116-126.

[24] 江伟, 沈艺峰. 大股东控制、资产替代与债权人保护 [J]. 财经研究, 2005 (12).

[25] 解维敏, 方红星. 金融发展、融资约束与企业研发投入 [J]. 金融研究, 2011 (5): 171-183.

[26] 鞠晓生, 卢荻, 虞义华. 融资约束、营运资本管理与企业创新可持续性 [J]. 经济研究, 2013 (1): 4-15.

[27] 孔宁宁, 张新民, 吕娟. 营运资本管理效率对公司盈利能力的影响——基于中国制造业上市公司的经验证据 [J]. 南开管理评论, 2009 (6): 21-126.

[28] 况学文, 彭迪云, 何恩良. 外部融资约束与公司现金持有量研究 [J]. 山西经大学学报, 2009 (5).

[29] 况学文, 施臻懿, 何恩良. 中国上市公司融资约束指数设计与评价 [J]. 山西财经财经大学学报, 2010 (5).

[30] 雷新途. 我国企业资产专用性研究——来自制造业上市公司经验证据 [J]. 中南财经政法大学学报, 2010 (1): 101 – 106.

[31] 雷新途. 资产专用性、声誉与企业财务契约自我履行: 一项实验研究 [J]. 会计研究, 2012 (9): 59 – 66.

[32] 李朝晖. 商业信用、产权性质与企业现金持有量 [J]. 经济与管理, 2012 (9): 33 – 37.

[33] 李洁. 中小企业营运资本管理效率对绩效的影响 [J]. 经济经纬, 2011 (4): 96 – 100.

[34] 李青原, 陈晓, 王永海. 产品市场竞争、资产专用性与资本结构 [J]. 金融研究, 2007 (4): 100 – 113.

[35] 李青原, 王永海. 资产专用性与公司资本结构 [J]. 会计研究, 2006 (7): 66 – 71.

[36] 李玮玮, 石倩, 胡丹婷. 上市公司短融长投相关问题研究——以浙江省为例 [J]. 中外企业家, 2011, 24: 023.

[37] 李焰, 张宁. 用综合财务指标衡量企业融资约束 [J]. 中国管理科学, 2008 (3).

[38] 李扬, 张涛. 中国地区金融生态环境评价 (2008 – 2009) [M]. 北京: 中国金融出版社, 2009 (7): 6 – 55.

[39] 李云鹤. 公司过度投资源于管理者代理还是过度自信 [J]. 世界经济, 2014 (12), 95 – 115.

[40] 厉冬娟. 企业多元化经营对现金持有行为及价值的影响 [D]. 浙江工商大学, 2013.

[41] 连玉君, 彭方平, 苏治. 融资约束与流动性管理行为 [J]. 金融研究, 2010 (10): 158 – 171.

[42] 连玉君, 苏治和丁志国. 现金—现金流敏感性能检验融资约束假说吗? [J]. 统计研究, 2008 (10).

[43] 林毅夫, 李志赟. 政策性负担、道德风险与预算软约束 [J]. 经济研究, 2004 (2), 17 – 27.

[44] 凌利. 营运资本需求的影响因素及经济后果研究 [D]. 南京财经大学, 2013.

[45] 刘浩, 唐松, 楼俊. 独立董事: 监督还是咨询?——银行背景独立董事对企业信贷融资影响研究 [J]. 管理世界, 2012 (1): 141-156.

[46] 刘怀义. 营运资本管理政策影响因素实证研究 [J]. 南开经济研究, 2010 (3): 105-115+134.

[47] 刘康兵. 融资约束、营运资本与公司投资: 来自中国的证据 [J]. 复旦学报 (社会科学版), 2012 (2): 43-53.

[48] 刘名旭. 企业财务柔性研究 [D]. 西南财经大学, 2014.

[49] 刘瑞明, 石磊. 国有企业的双重效率损失与经济增长 [J]. 经济研究, 2010 (1).

[50] 刘志远, 李海英. 理财目标、股东权利配置与投资者保护 [J]. 会计研究, 2010 (7).

[51] 刘志远, 张西征. 投资/现金流敏感性能反映公司融资约束吗?——基于外部融资环境的研究 [J]. 经济管理, 2010 (5).

[52] 卢太平, 张东旭. 融资需求、融资约束与盈余管理 [J]. 会计研究, 2014 (1): 35-41.

[53] 罗党论, 唐清泉. 中国民营上市公司制度环境与绩效问题研究 [J]. 经济研究, 2009, 2 (108): 106-118.

[54] 罗琦, 胡志强. 控股股东道德风险和公司现金策略 [J]. 经济研究, 2011 (2): 125-137.

[55] 毛付根. 论营运资金管理的基本原理 [J]. 会计研究, 1995 (1): 38-40.

[56] 钱春海, 贺旭光. 交易费用、资产专用性与企业融资决策 [J]. 上海管理科学, 2002 (2): 46-48.

[57] 饶育蕾, 赵鹏, 汪金凤. 我国短期融资券募集资金是否存在短融长投——对中国上市公司的实证研究 [J]. 财务与金融, 2008 (4): 1-7.

[58] 时龙龙. 融资约束、财务柔性与公司绩效 [D]. 东北财经大学, 2013.

[59] 宋常, 刘笑松, 黄蕾. 中国上市公司高额现金持有行为溯因: 融资约束理论抑或委托代理理论 [J]. 当代财经, 2012 (2).

[60] 孙兆斌. 股权集中、股权制衡与上市公司的技术效率 [J]. 管理世

界，2006（7），115-124.

[61] 孙铮，刘凤委，李增泉. 市场化程度、政府干预与企业债务期限结构——来自中国上市公司的经验证据 [J]. 经济研究，2005（5）.

[62] 谭燕，陈艳艳，谭劲松，等. 地方上市公司数量，经济影响力与过度投资 [J]. 会计研究，2011（4）：43-51.

[63] 汤颖梅，魏文娟. 金融发展、企业控股权性质与商业银行长期信贷资金分配 [J]. 金融论坛，2011（11）.

[64] 唐松，杨勇，孙铮. 金融发展、债务治理与公司价值——来自中国上市公司的经验证据 [J] 财经研究，2009（6）：4-16.

[65] 唐雪松，周晓苏，马如静. 上市公司过度投资行为及其制约机制的实证研究 [J]. 会计研究，2007，7：44-52.

[66] 唐雪松，周晓苏，马如静. 政府干预，GDP 增长与地方国企过度投资 [J]. 金融研究，2010（8）：33-48.

[67] 田利辉. 国有产权、预算软约束和中国上市公司杠杆治理 [J]. 管理世界，2005，07：123-128+147.

[68] 佟爱琴，余尚华和洪双燕等. 产权性质、融资约束与营运资本政策激进程度——基于制造业沪深两市 A 股上市公司的数据 [J]. 新智慧：财经版，2014，0（10）.

[69] 童盼，陆正飞. 负债融资、负债来源与企业投资行为——来自中国上市公司的经验证据 [J]. 经济研究，2005（5）.

[70] 王成亮. 银企关系对企业现金持有量的影响研究 [D]. 华侨大学，2013.

[71] 王福胜，宋海旭. 终极控制人、多元化战略与现金持有水平 [J]. 管理世界，2012（7）.

[72] 王国刚，冯光华. 中国地区金融生态环境评价（2013-2014）[M]. 北京：社会科学文献出版社，2015（5）.

[73] 王维，郑巧慧，乔朋华：金融环境、政府补贴与中小企业技术创新 [J]. 科技进步与对策，2014（5）：87-92.

[74] 王彦超. 融资约束、现金持有与过度投资 [J]. 金融研究，2009（7）：121-133.

[75] 王永海，范明资产专用性视角下的资本结构动态分析 [J]. 中国工业经济，2004（1）：93-98.

[76] 王竹泉, 逄咏梅, 孙建强. 国内外营运资金管理研究的回顾与展望 [J]. 会计研究, 2007 (2): 85-90.

[77] 王竹泉, 刘文静和王兴河等. 中国上市公司营运资金管理调查: 2007-2008 [J]. 会计研究, 2009 (9).

[78] 王竹泉, 孙莹和王秀华等. 中国上市公司营运资金管理调查: 2012 [J]. 会计研究, 2013 (12).

[79] 魏锋, 刘星. 融资约束、不确定性对公司投资行为的影响 [J]. 经济科学, 2004 (2): 61-69.

[80] 魏志华, 曾爱民, 李博: 金融生态环境与企业融资约束——基于中国上市公司的实证研究 [J]. 会计研究, 2014 (5): 73-80.

[81] 闻树瑞. 预算软约束与债务杠杆治理研究 [D]. 南京财经大学, 2008.

[82] 吴娜. 经济周期、融资约束与营运资本的动态协同选择 [J]. 会计研究, 2013 (8): 54-61.

[83] 吴宗法. 所有权性质、融资约束与企业投资——基于投资现金流敏感性的经验证据 [J]. 经济与管理研究, 2011 (5): 72-77.

[84] 肖作平, 廖理. 大股东, 债权人保护和公司债务期限结构选择——来自中国上市公司的经验证据 [J]. 管理世界, 2007 (10): 99-113.

[85] 肖作平, 廖理. 公司治理影响债务期限水平吗？——来自中国上市公司的经验证据 [J]. 管理世界, 2008 (11): 143-156.

[86] 肖作平. 行业类别和公司债务期限结构选择——来自中国上市公司的经验证据 [J]. 证券市场导报, 2009 (9): 50-56.

[87] 谢德仁, 张高菊. 金融生态环境、负债的治理效应与债务重组: 经验证据 [J]. 会计研究, 2007 (12): 43-50.

[88] 谢德仁, 陈运森. 金融生态环境、产权性质与负债的治理效应 [J]. 经济研究, 2009 (5): 118-129.

[89] 辛清泉, 林斌, 王彦超. 政府控制、经理薪酬与资本投资. 经济研究, 2007 (8): 110-122.

[90] 辛清泉, 郑国坚, 杨德明. 企业集团、政府控制与投资效率 [J]. 金融研究, 2007 (10): 123-142.

[91] 许罡, 朱卫东, 张子余. 财政分权、企业寻租与地方政府补助——来自中国资本市场的经验证据 [J]. 财经研究, 2012 (12): 11-22.

[92] 杨华军,胡奕明. 制度环境与自由现金流的过度投资 [J]. 管理世界, 2007 (9): 99-106.

[93] 杨洁,夏新平,余明桂. 政策性负担、预算软约束与杠杆治理: 基于中国上市公司的实证研究 [J]. 管理评论, 2007, 10: 3-9+63.

[94] 杨棉之,黄世宝. 股权结构,董事会治理与债务期限选择——基于中国上市公司的经验证据 [J]. 安徽大学学报:哲学社会科学版, 2013 (5): 149-156.

[95] 杨胜刚,何靖. 中国上市公司债券期限结构影响因素的实证研究 [J]. 经济评论, 2007 (5): 88-93.

[96] 余明桂,夏新平,邹振松. 管理者过度自信与企业激进负债行为 [J]. 管理世界, 2006 (8).

[97] 余明桂,潘红波. 政治关系,制度环境与民营企业银行贷款 [J]. 管理世界, 2008 (8): 9-21.

[98] 俞红海,徐龙炳,陈百助. 终极控股股东控制权与自由现金流过度投资 [J]. 经济研究, 2010, 8: 103-114.

[99] 喻坤,李治国,张晓蓉,徐剑刚:企业投资效率之谜:融资约束假说与货币政策冲击 [J]. 经济研究, 2014 (1): 106-119.

[100] 袁淳,荆新,廖冠民. 国有公司的信贷优惠:信贷干预还是隐性担保?——基于信用贷款的实证检验 [J]. 会计研究, 2010 (8): 49-54.

[101] 袁卫秋. 上市公司债务期限结构的实证研究——来自汽车制造业的证据 [J]. 经济评论, 2005 (3): 75-80.

[102] 曾爱民,魏志华. 融资约束、财务柔性与企业投资—现金流敏感性——理论分析及来自中国上市公司的经验证据 [J]. 财经研究, 2013 (11): 48-58.

[103] 曾秋根. 企业债务期限结构错配的风险及对策困境分析——以华源集团为例 [J]. 审计与经济研究, 2006, 21 (5): 86-90.

[104] 曾三云,刘文军,龙君. 制度环境、CEO背景特征与现金持有量 [J]. 山西财经大学学报, 2015 (4): 57-66.

[105] 曾义. 营运资本能够平滑公司资本性投资吗?——基于产权性质和金融发展的经验证据 [J]. 中央财经大学学报, 2015 (2): 60-68.

[106] 翟淑萍,耿静和韩雨珊. 融资约束指数设计与有效性评价——基于中国A股上市公司平行面板数据的实证分析 [J]. 现代财经(天津财经大

学学报),2012 (7).

[107] 翟月春. 营运资本影响因素研究 [D]. 新疆财经大学, 2011.

[108] 张长征, 黄德春. 企业规模、控制人性质与企业融资约束关系研究 [J]. 经济经纬, 2012 (4).

[109] 张朝洋. 不确定性、产权性质与企业融资约束——以中国制造业上市公司为例 [J]. 金融与经济, 2014, 12: 23-28.

[110] 张纯, 吕伟. 信息披露, 信息中介与企业过度投资 [J]. 会计研究, 2009 (1): 60-65.

[111] 张敦力, 李四海. 社会信任、政治关系与民营企业银行贷款 [J]. 会计研究, 2012, (8): 17-24.

[112] 张功富, 宋献中. 我国上市公司投资: 过度还是不足?——基于沪深工业类上市公司非效率投资的实证度量 [J]. 会计研究, 2009 (5): 69-77.

[113] 张功富. 企业的自由现金流量全部用于过度投资了吗?——来自中国上市公司的经验证据 [J]. 经济与管理研究, 2007 (6): 11-l6.

[114] 张横峰, 戴志敏, 刘亦陈. 金融民主化、公司所有权性质与融资约束 [J]. 华东经济管理, 2014 (4).

[115] 张敏, 谢露, 马黎珺: 金融生态环境与商业银行的盈余质量——基于我国商业银行的经验证据 [J]. 金融研究, 2015 (5): 117-131.

[116] 张文君. 经济周期、融资约束与现金持有的动态调整 [J]. 广东财经大学学报, 2014 (5).

[117] 章晓霞, 吴冲锋. 融资约束影响我国上市公司的现金持有政策吗——来自现金—现金流敏感度的分析 [J]. 管理评论, 2006 (10).

[118] 赵丽荣, 张俊瑞, 李彬, 马晨. 资产流动性与债务期限结构——来自中国上市公司的经验证据 [J]. 会计与财务管理, 2012, 07 (24).

[119] 赵卫斌, 王玉春. 企业现金持有量影响因素分析—基于终极控制人的视角 [J]. 西安财经学院学报, 2009, 22 (2).

[120] 赵治磊. 市场化进程、产权性质和企业融资约束 [D]. 石河子大学, 2014.

[121] 中国海洋大学企业营运资金管理研究课题组, 王竹泉. 中国上市公司营运资金管理调查: 2009 [J]. 会计研究, 2010 (9).

[122] 钟田丽, 马娜, 胡彦斌. 企业创新投入要素与融资结构选择——基

于创业板上市公司的实证检验 [J]. 会计研究, 2014 (4): 66 - 73.

[123] 周铭山, 任哲, 李涛. 产权性质、融资约束与现金调整: 兼论货币政策有效性 [J]. 国际金融研究, 2012 (6): 83 - 91.

[124] 周小川. 影响我国金融生态环境的若干法律问题 [R]. "经济学50人论坛"演讲稿, 2004 (12).

[125] 周煜皓, 张盛勇. 金融错配、资产专用性与资本结构 [J]. 会计研究, 2014 (8): 75 - 80.

[126] 朱敏. 我国上市公司融资约束衡量指标的构建及其应用 [D]. 浙江大学: 浙江大学, 2012.

[127] Aderson R., Mansi S., and Reeb D. Founding family ownership and the agency cost of debt. [J]. Journal of Financial Economics, 2003 (68): 263 - 285.

[128] Almeida, H., M. Campello, and M. Weisbach. The cash flow sensitivity of cash [J]. The Journal of Finance, 20049 (4): 1777 - 1804.

[129] Balakrishnan, S., and Fox, I. Asset specificity, firm hetero - geniality and capital structure [J]. Strategic Management Journal, 1993, 14 (1): 623 - 632.

[130] Banos - Caballero - S, Garcia - Teruel - P, Pedro - J, Martinez - Solano - P. Working capital management, corporate performance, and financial constraints [J]. Journal of Bussiness Research, 2014, 67 (3): 332 - 338.

[131] Banos - Caballero - S, Garcia - Teruel - P, P. J., Martinez - Solano. P. How does working capitalmanagement affect the profitability of Spanish SMEs? [J]. Small Bussiness. Economics, 2012, 39 (1): 517 - 529.

[132] Berkovitch E., and Kim E. Financial contracting and leverage induced over - and vnder - investment incentives [J]. Journal of Finance, 1990 (45): 765 - 794.

[133] Blinder, A. S., Maccini, L. J. The resurgence of inventory research: what have we learned? [J]. Journal of Economic Surveys, 1991, 5 (4): 291 - 328.

[134] Brealey R, and Myers S. Principles of corporate finance [J]. McGraw - Hill, 2000.

[135] Brennan, M., Maksimovic, V., Zechner, J. Vendor financing [J]. Journal of Finance, 1988, 43 (2): 1127 - 1141.

[136] Caggese. Testing financing constraints on firm investment using variable capital [J]. Journal of Financial Economics, 2007, 86 (3): 683 – 723.

[137] Chirinko, Robert S. Business fixed investment spending: Modeling strategies, empirical results, and policy implications [J]. Journal of Economic Literature 1993, 31 (4): 1875 – 1911.

[138] Choate, G. M. The governance problem, asset AS and corporate financing decisions [J]. Journal of Economic Behavior and Organization, 1997, 33: 75 – 90.

[139] Collis. D. J. and Montgomery. C. A. Corporate strategy: Resources and the scope of the firm [M]. The McGraw – Hill Companies, 1997.

[140] Cooper, M. J., Gulen, H., Schill, M. J. Asset growth and the cross – section of stock returns [J]. Journal of Finance, 2008, 63 (5): 1609 – 1651.

[141] Corsten, Gruen, T. Stock – outs cause walkouts [J]. Harvard Business Review, 2004, 82 (3): 26 – 28.

[142] Cushing, W. W. J., McCarty, D. E. Asset specificity and corporate governance: An empirical test [J]. Managerial Finance, 1996, 22 (2): 16 – 28.

[143] Deloof, M. Does working capital management affect profitability of Belgian firms? [J]. Journal of Business Finance & Account, 2003, (30): 573 – 587.

[144] Denis D. J., Sibilkov V. Financial constraints, investment, and the value of cash holdings [J]. Review of Financial Studies, 2010, 23 (1): 247 – 269.

[145] Diamond, D. W. and R. C. Rajan. Liquidity risk, liquidity creation and financial fragility: A theory of banking [J]. Journal of Political Economy, 2001 (4): 109.

[146] Diamond, D. W. Debt maturity and liquidity risk [J]. Quarterly Journal of Economics, 1991, 106 (3): 709 – 737.

[147] Easterwood, J. C. and P. Kadapakkam. Agent conflicts, issue costs and debt maturity [J]. Quarterly Journal of Business and Economics, 1994 (33): 9 – 80.

[148] Ek, R., Guerin, S. Is there a right level of working capital? [J]. Journal of Corporate Treasury Management, 2011, (4): 137-149.

[149] Ernst, Young. All tied up: working capital management report. [Z]. Available at: www.ey.com, 2012.

[150] Fama E. F., Miller M. H. The Theory of Finance (New York, Holt, Rinehart and Winston) [J]. 1972.

[151] Fazzari, S. M., Hubbard, R. G., Petersen, B. C. Financing constrains and corporate investment [J]. Brookings Paper on Economic Acitivity, 1988, 6 (1): 141-206.

[152] Fazzari, S. M., Petersen, B. C. Working capital and fixed investment: New eviden-ce on financing constraints [J]. The RAND Journal of Economics, 1993, 24 (4): 328-342.

[153] Firth. M, X. Lin. Leverage and investment under a state-owned bank lending environment: Evidence from China [J]. Journal of Corporate, 2008, 14 (5): 642-653.

[154] Flannery, M. Asymmetric information and risk debt maturity structure choice [J]. Journal of Finance, 1986 (41): 18-38.

[155] Garcia-Teruel, P. J., and P. Martinez-Solano. A dynamic, approach to accounts receivable: A study of Spanish SMEs [J]. European Financial Management 2010, 16 (3): 400-421.

[156] Gavish Bezale1, and Avner Kalay. On the asset substitution problem [J]. Journal of Financial and Quantitative Analysis, 1983 (18): 21-30.

[157] Gill, N. Biger, N. Mathur. The Relationship between working capital mana-gement and profitability: Evidence from the United States [J]. Business and Economics Journal, 2010, 62 (10): 1-9.

[158] Gopalan, R., Kadan, O., Pevzner, M. Asset liquidity and stock liquidity [J]. Journal of Financial and Quantitative Analysis, 2012, 47 (2): 333-364.

[159] Goswami, G., T. H. Noe and M. J. Rebello. Debt financing under asymmetric information [J]. Journal of Finance, 1995, 50 (2): 633-659.

[160] Grossman, S., Hart, O. The cost and benefits of ownership: A theory of vertical and lateral integration [J]. Journal of Political Economy, 1986, 94:

691 – 719.

[161] Groth J. C. The operating cycle: Risk, return and opportunities [J]. Management Decision, 1992, 39 (3): 3 – 11.

[162] Hart, O. Firms, contracts and financial structure [M]. Oxford University Press, 1995.

[163] Hart, O., Moore, J. Property rights and the nature of the firm [J]. Journal of Political Economy, 1990, 98: 1119 – 1158.

[164] Huberman, G. External Financing and Liquidity [J]. Journal of Finance, 1984, 39 (3): 895 – 908.

[165] Jensen, Meckling. Theory of the firm: Managerial behavior, agency costs and ownership structure [J]. Journal of financial economics, 1976, 3 (4): 305 – 360.

[166] Jensen, M. C. Agency costs of free cash flow, corporate finance, and takeovers [J]. American Economic Review, 1986 (2): 323 – 329.

[167] Jose M. L., Lancaster C., Stevens J. L. Corporate returns and cash conversion cycles [J]. Journal of Economics and finance, 1996, 20 (1): 33 – 46.

[168] Kale, J. R., and T. H. Noe. Risk debt maturity choice in a sequential equilibrium [J]. Journal of Financial Research, 1990 (13): 155 – 165.

[169] Kaplan S. N., Zingales L. Do investment – cash flow sensitivities provide useful measures of financing constraints? [J]. The Quarterly Journal of Economics, 1997, 112 (1): 169 – 215.

[170] Karaduman et al. The relationship between working capital management and profitability, evidence from an emerging market [J]. international Research Journal of Finance and Economics, 2011, 62 (3): 61 – 67.

[171] Keynes J. M. The general theory of employment, interest, and money [M]. London: Macmillan, 1936.

[172] Kieschnick, R., Laplante, M., Moussawi, R. Working capital management and shareholders' wealth [J]. Review of Finance, 2013, 17 (5): 1827 – 1852.

[173] Kokkelenberg, and C. Bischoff. Expectations and factor demand [J]. Review of Economics and Statistics, 1986, 68 (3): 423 – 431.

[174] Lazaridis and Tryofonidis. . Relationship between working capital management and profitability of listed companies in the athens stock exchange [J]. Journal of Financial Management and Analysis, 2006 19 (1): 26 – 35.

[175] Lee, C. F. and C. Wu. Expectations formation and financial ratio adjustment processes [J]. The Accounting Review, 1986, 68 (3): 423 – 431.

[176] Levine, R. Financial development and economic growth: Views and agenda [J]. Journal of Economic Literature, 1997 (6): 688 – 726.

[177] Lichtenberg, The private R&D investment response to federal design and technical competitions [J]. American Economic Review, 1998, 78 (3): 550 – 559.

[178] Lin. J. Y., Z. Li. Policy burden, privatization and soft budget constraint [J]. Comparative. Economics. 2008, 36 (11), 90 – 102.

[179] Long, M. S., Malitz, I. B., Ravid, S. A. Trade credit, quality guarantees and product marketability. Financ. Manag. 1993, 22: 117 – 127.

[180] Mang, P. Y. Expoiting innovation option: an empirical analysis of R&D – intensive firms, Journal of Economic, Behavior and Organization, 1998, 35: 229 – 242.

[181] Mccabe George M. The empirical relationship between investment and financing: A new look [J]. Journal of Financial and Quantitative Analysis. 1979, 14: 119 – 135.

[182] Minkler, L., and J. Vilasuso. Agency costs, asset specificity and capital structure of the firm [J]. Journal ofEconomic Behavior and Organization. 2001 (1): 55 – 69.

[183] Modigliani. F., M. H. Miller. The cost of capital, corporation finance, and the theory of investment [J]. American. Economic Review. 1958, 48 (3), 261 – 297.

[184] Morris, J. On corporate debt maturity strategies [J]. Journal of Finance, 1976a: 29 – 37Morris, J. Factors Affecting the Maturity Structure of Corporate Debt [J]. Working Paper, University of Corporate at Denver, 1992, 50 (2): 609 – 631.

[185] Myers S. C., Majluf N. S. Corporate financing and investment decisions when firms have information that investors do not have [J]. Journal of finan-

cial economics, 1984, 13 (2): 187 – 221.

[186] Myers, S. C. Determinants of corporate borrowing [J]. Journal of Financial Economics, 1977 (5): 147 – 175.

[187] Nihat Aktas, Ettore Croci, Dimitris Petmezas. Working capital management value – enhancing? Evidence from firm performance and investments. [J]. Journal Corporate. Finance, 2015. 30 (15): 98 – 113.

[188] Ozkan, Aydin. An empirical analysis of corporate debt maturity structure [J]. European Financial Management, 2000, 6 (2): 197 – 212.

[189] Ozkan, Aydin. The determinants of corporate debt maturity: Evidence from UK firms [J]. Applied Financial Economics, 2002, 12 (1): 19 – 24.

[190] Peles, Y. C., and M. I. Schneller. The duration of the adjustment process of financial ratios [J]. The Review of Economics and Statistics, 1989, 71 (3): 527 – 532.

[191] Petersen M., and R. Rajan. Trade credit: Theories and evidence [J]. Review of Financial Studies, 1997, 10 (3): 661 – 691.

[192] Richard V. D. and E. J. Laughlin. A cash conversion cycle approach to liquidity analysis [J]. Financial Management, 1980, 5 (11): 190 – 194.

[193] Richardson S. Over – investment of free cash flow [J]. Review of Accounting Studies, 2006 (11): 159 – 189.

[194] Richardson, Scott A. Corporate governance and the over – investment of surplus cash [J]. Working Paper, Michigan University, 2003.

[195] Shin, H., Soenen, L. Efficiency of working capital management and corporate profitability [J]. Finance Practice & Education, 1998, 8 (2): 37 – 45.

[196] Song, Z., Storesesletten, K., and Zilibotti, F. Growing like China [J]. American Economics Review, 2011, 101 (6): 202 – 241.

[197] Stiglitz and Weiss. A., Credit Rationing in markets with imperfect information [J]. American. Economic Review, 1981, 71 (3): 393 – 410.

[198] Stohs, M. H. and D. C. Mauer. The determinants of corporate debt maturity structure [J]. Journal of Business. 1996 (69): 279 – 312.

[199] Summers, B., Wilson, N. Trade credit terms offered by small firms: Survey evidence and empirical analysis [J]. Journal of Business Finance & Ac-

count, 2002, 29 (4): 317 –335.

[200] Wang Y. J. Liquidity management, operating performance, and corporate value: Evidence from Japan and Taiwan [J]. Journal of Multinational Financial Mana – gement, 2002, 12 (2): 159 –169.

[201] Williamson, O. E. The economic institutions of capitalism [M]. New York: Free Press, 1985.

[202] Williamson, O. E. Corporate finance and corporate governance [J]. Journal of Finance, 1988 (3): 567 –591.

[203] Williamson, O. E. The mechanism of governance [M]. Oxford University Press, 1996.

[204] Williamson, O. Transaction Cost Economics: The government of contractual relations [J]. Journal of Law and Economics, 1979 (2): 233 –261.